普通高等学校"互联网+"立体化教材

民航公共体育教程

主编　李会超　陈学东

北京体育大学出版社

策划编辑：魏　北
责任编辑：李云虎
责任校对：文　茜
版式设计：马　亮

图书在版编目（CIP）数据

民航公共体育教程 / 李会超, 陈学东主编 . —— 北京：
北京体育大学出版社, 2021.8
　　ISBN 978-7-5644-3465-6

　　Ⅰ.①民… Ⅱ.①李… ②陈… Ⅲ.①体育 – 高等学
校 – 教材 Ⅳ.① G807.4

中国版本图书馆 CIP 数据核字 (2021) 第 164474 号

民航公共体育教程
MINHANG GONGGONG TIYU JIAOCHENG

李会超　　陈学东　主编

出版发行：北京体育大学出版社
地　　址：北京市海淀区农大南路 1 号院 2 号楼 2 层办公 B-212
邮　　编：100084
网　　址：http://cbs.bsu.edu.cn
发 行 部：010-62989320
邮 购 部：北京体育大学出版社读者服务部 010-62989432
印　　刷：三河市聚河金源印刷有限公司
开　　本：787mm×1092mm　1/16
成品尺寸：185mm×260mm
印　　张：17.75
字　　数：443 千字
版　　次：2021 年 8 月第 1 版
印　　次：2021 年 8 月第 1 次印刷
定　　价：39.00 元

《民航公共体育教程》编委会

前 言

2020年，中共中央办公厅、国务院办公厅印发的《关于全面加强和改进新时代学校体育工作的意见》中指出："学校体育是实现立德树人根本任务、提升学生综合素质的基础性工程，是加快推进教育现代化、建设教育强国和体育强国的重要工作，对于弘扬社会主义核心价值观，培养学生爱国主义、集体主义、社会主义精神和奋发向上、顽强拼搏的意志品质，实现以体育智、以体育心具有独特功能。"

高校体育是高等教育的重要组成部分，不仅承担着给大学生传授体育知识、强健大学生体魄、培养大学生终身体育能力的重要任务，还担负着立德树人的重要使命。为了贯彻落实立德树人根本任务，加强高校体育工作，实现体育的育人功能，我们组织相关人员编写了《民航公共体育教程》这本教材。本教材是针对中国民航大学学生的公共体育课程配套使用教材，有以下特点。

1. 指导思想明确

本教材以"立德树人"为指导思想，旨在帮助学生在体育锻炼中享受乐趣、增强体质、健全人格、锤炼意志，使学生成为德智体美劳全面发展的社会主义建设者和接班人。

2. 结构合理

本教材包括体育基础理论篇和运动技能实践篇。体育基础理论篇主要包括体育课程的育人功能、认识高等学校体育、大学生体育保健和《国家学生体质健康标准》简介；运动技能实践篇针对大学生的身心发展特点，既讲述了健康体适能的锻炼方法，又介绍了一些大学生喜闻乐见的运动项目和课程，主要包括足球运动、篮球运动、排球运动、乒乓球运动、羽毛球运动、网球运动、游泳运动、健美运动、健美操运动、形体与舞蹈、瑜伽运动、传统武术、散打运动、轮滑运动、毽球运动、极限飞盘运动、拓展训练、综合训练课等，力求使大学生在校期间可以掌握1至2项运动技能，为终身参与体育锻炼打好坚实的基础。

3. 可读性强

本教材在运动技能实践篇插入二维码体育微课，全方位、系统性地将大学生应知应会的体育知识提供给学生。学生通过扫描二维码，可以进行课前预习、课中学习、课后复习，从而达到"课内外"一体化的体育教学效果。

本教材编写人员的具体分工：陈学东（第一章）、李会超（第二章、第六章）、李艳（第三章）、折娜（第四章第一节和第二节、第十二章）、申顺发（第四章第三节、第二十二章）、谢丹（第五章）、王占杰（第七章第一、二、三节）、韩立森（第七章第

四、五节）、王博民（第八章）、张芜（第九章）、于博远（第十章）、王小锋（第十一章）、王谦（第十三章）、韩颖（第十四章）、黄晋萱（第十五章）、王燕华（第十六章）、刁乃松（第十七章）、潘治国（第十八章）、张晓初（第十九章）、刘明灿（第二十章）、赵坤（第二十一章）、刘超（第二十三章）。

在本教材的编写过程中，我们参考了众多体育教材和资料，得到了北京体育大学出版社的大力支持，在此向有关作者致以真诚的感谢。由于编者水平有限，书中若有疏漏之处，恳请有关专家、学者和广大读者批评指正。

目录

上　篇
体育基础理论篇

第一章

体育课程的育人功能

第一节　培养爱国主义和团队精神

一、体育与爱国主义精神

早在古代，我国就弘扬爱国主义精神，赞颂先人的家国情怀，倡导"修身、齐家、治国、平天下"的家国抱负。在战争年代，爱国主义精神集中体现在浴血奋战、保家卫国的抗争上，是一种崇高的民族精神和爱国情怀。在和平年代，爱国主义精神有着团结人民、凝聚共识的作用。对于大学生而言，加强爱国主义教育，不仅能展现他们对祖国的深厚感情，还能促使他们发愤图强，为祖国的繁荣和富强贡献自己的力量。因此，加强对大学生的爱国主义教育，培养大学生对祖国的自豪感和信心很有必要。

体育不仅是一种强身健体的手段，还具有一定的社会功能，即增强国民的体质，激发国民的爱国热情，促进民族兴旺和国家昌盛。体育可以唤起人们的民族归属感、认同感，增强民族凝聚力。在体育赛场上，升国旗、奏国歌的场景总能激发人们的民族自豪感和爱国热情，同时使爱国主义精神得到弘扬。

（一）体育为开展中华民族优秀传统文化教育提供了土壤

中华民族的优秀传统文化是文明发展沉淀下来的精神财富，是经历了五千多年历史发展的文化瑰宝。弘扬中华民族的优秀传统文化是爱国主义的一个重要体现。因此，大学生的爱国主义教育不能忽视优秀传统文化的作用。通过中华民族优秀传统文化教育，大学生能够增强对中华民族优秀文化的认同和自信，增强爱国主义精神。

早在我国古代，人们就已经认识到了体育的重要性，只是古人对体育的认知呈现多元化，训练士兵、传承技艺、养生保健成为古人实践体育的主要目的。随着时间的推移和社会的变迁，以"养生"和"武术"为代表的古代体育文化一直传承到今天，成为中华民族优秀传统文化中浓墨重彩的一笔。

武术是中华民族传统文化的优秀代表，武术运动源远流长、博大精深。例如，太极拳的拳理就是以中国传统文化为理论基础的，"天人合一""虚实转换""阴阳平衡""以柔克刚"等技艺精髓无不建立在中国古代哲学观的基础之上。这些体育活动发展到今天，更加展现了民族文化的传承和发展，更加有力地弘扬了自强不息、不卑不亢、顽强拼搏的民族精神。因此，充分利用体育活动传承体育精神，使大学生对中华优秀传统文化有更深的认识是必要的，也是可行的。

（二）体育为实现祖国繁荣富强的愿望提供了情感寄托

实现祖国的繁荣富强是每一个中华儿女的殷切期盼和共同愿望，也是每一个中华儿女的使命和责任。当代大学生作为祖国未来发展的希望，与祖国的命运前途紧密相连。因此，培育大学生的家国情怀、唤醒其时代担当，便是当下教育刻不容缓的使命；而参加体育活动或观看体育比赛，便是大学生爱国主义情感寄托的重要实现途径和方式，是培育爱国主义精神不容忽视的手段。大学生在观看体育比赛时总能不自觉地将自己与祖国联系起来。例如，当我国运动健儿取得优异成绩时，当赛场上升起中国的国旗，奏响中国的国歌时，大学生心中便会产生强烈的民族自豪感，并对祖国繁荣富强的信心倍增。这种民族自豪感无疑是爱国主义教育最为生动的一课。

二、体育与团队精神

团队精神是指一个团队为完成某个既定目标而需要实现的思想和行为，它是一种团队为达到既定目标所表现出来的自愿合作和协同努力的作风。

现代体育运动的发展基本是以团队的形式进行的，如国家队、省队、校队、院系代表队和班队等，都是以团队参赛的形式来进行的。团队中的成员虽然分工各不一样，但是目标一致，有着共同的精神文化。体育能有效地提升团队的凝聚力。从项目上来看，不管是集体项目，还是个人项目，其背后都必定有团队的力量存在。

（一）培养大学生团队精神的重要性

团队合作既是人生存和发展的基础和条件，又是人社会化的表现。培养大学生的团队合作精神是学校思政教育的重要内容，其现实意义在于以下几点：① 使大学生体会到互相帮助、互相学习是大有裨益的；② 提升大学生的成就感，培养其自尊心，改善大学生之间及其与教师的关系；③ 具有深远的社会意义，如学会合作能减少竞争的一些负面作用。

（二）体育课程如何培养团队精神

在体育课程的绝大多数教学内容和教学方式中，团队意识的培养和强化是极为重要的一部分。体育团队营造"赢"的文化，讲求合作意识和团队精神，关注如何争取一切可能去实现目标。在足球、篮球、排球、接力跑等各项体育运动中，团队意识的强弱是决定一支队伍生命力强弱的重要因素之一。

1.在集体活动中培养大学生的团队精神

体育教学有着严格的组织形式和活动规则，它要求参加者自觉遵守活动规则，尤其是在集体运动项目中，每位参加者都在整体活动中扮演着不可或缺的角色，参加者要充分认识到自己的特点、长处和集体的安排，随时观察、注意环境的变化，并了解同伴的情况、状态和战术设计。参加者彼此之间密切联系、合作，围绕共同的目标最大限度地发挥个人水平，从而培养大学生强烈的责任感、组织纪律性，以及团结互助、爱护集体的意识。

2.在体育游戏中培养大学生的团队精神

教师在运用游戏法、比赛法进行体育教学时，大学生需要相互交流、合作练习，从而实现共同提高、战胜对手的目的，因此，体育游戏对大学生团队精神的培养具有独特的作用。

3. 在体育竞赛中培养大学生的团队精神

体育教学中的竞赛活动是培养大学生团队精神的良好机会。在紧张激烈的集体比赛中，虽然个人技术很重要，但是战术配合更为重要，这里的"战术配合"实际上指的就是团队协作。在体育竞赛中，大学生必须融入集体以感受到团队合作的重要性。

第二节　培养意志品质

一、培养大学生意志品质的重要性

（一）良好的意志品质是大学生应具备的基本素质之一

意志品质具有自觉性、果断性、坚韧性和自制性的特点。自觉性强的人，能够自觉地克服困难，执行决定，对行动过程及结果进行自觉反思和评价；果断性强的人，能迅速地作出决断，使意志行动顺利进行；坚韧性强的人能根据目的要求，始终坚持不变，直至达到目的；自制性强的人，能控制自己的情绪，坚持完成意志行动。良好的意志品质是大学生应具备的基本素质之一，对大学生成长、成才有着不可低估的作用。

（二）适应现代社会发展的需要

在竞争日趋激烈的今天，社会对人才的素质要求也越来越高。具有良好的意志品质，是个人在激烈的竞争中取得成功的重要因素。在当前推行素质教育的背景下，为了学生能在今后的人生道路上实现自己的人生价值，学校应当高度重视对学生意志品质的培养。

（三）实现人生目标的有力保证

从一定意义上来说，良好的意志品质是人们实现人生目标的有力保证。意志坚强的人，可以在艰难困苦的环境中奋发图强，取得优异的成绩；意志薄弱的人，往往一遇到困难就畏缩不前，最后一事无成。意志是攀登科学高峰的梯子，意志力是强者制胜的法宝。

二、体育锤炼大学生意志品质的途径

体育课程在培养大学生的意志品质方面具有其他课程不可比拟的优势。体育教学具有较强的竞争性、规范性、实践性、集体性、普及性等特点。大学生充分利用体育活动中的困难因素和体育活动中所需的意志努力，可促进良好意志品质的形成。

（一）体育活动中的困难因素

体育活动本身所具有的特殊性，使体育活动中的困难因素也具有特殊性。体育活动中的困难包括内部困难和外部困难。内部困难是指与目标相冲突的、来自个体自身的障碍，又分为生理方面的困难和心理方面的困难。生理方面的困难包括由个体先天因素造成的运动困难，如身高、体重、协调性、灵敏性等因素的不足，以及对进行某项运动造成一定程度上的困难；还有由剧烈运动造成的生理困难，如高强度的训练造成呼吸困难、运动后的氧耗剧增、乳酸堆积、耐力下降，使得运动者维持现有运动水平存在困难。心理方面的困难源于生理方面的因素和外部困难因素的影响，如个体能力有限，造成其缺乏信心、情绪低落等心理障碍；同时，学生在学习和生活中面临自我价值实现的压力、被人认可的压力、竞争压力等心理问题，这些问题一旦处理不当，就会在一定程度上给学生造成心理障碍。外部困难是指来自外界的障碍，它又可分为"人化"障碍和"物化"障碍。"人化"障碍是由人为因素造成的障碍，如目标达成的速度、远度、高度等要求。"物化"障碍是指由一些自然因素造成的障碍，如炎热或风雨天气、场地条件差等。通常而言，外部困难是通过内部困难而起作用的，生理上的障碍会引发心理上的障碍，两者是辩证统一的。因此，个体主观上不怕困难和危险，并能勇敢地战胜困难和危险，就是意志坚强的表现。

（二）体育活动中所需的意志努力

1. 克服生理"非常态"时的意志努力

"非常态"是相对于平时正常的生理状态而言的。"非常态"是指个体的心率、血压、肺通气量、肌肉的紧张度等指标都超过了正常值。这时，个体想要完成一定的运动任务，就必须付出更多的努力，特别是在高强度运动中出现疲劳、肌肉酸痛，甚至是伤病时，就必须依靠意志努力克服机体的惰性和抑制现象来维持运动状态。

2. 克服心理紧张的意志努力

在体育运动中，许多情况会造成心理紧张，如对手给自己的心理压力所造成的心理紧张，大运动量、高强度的训练任务所造成的心理紧张，高目标、高要求所造成的心理紧张，等等。这些都需要学生控制好情绪状态，自觉减轻心理压力，为此需要进行一定的意志努力。

3. 克服与危险有关的意志努力

体育活动中的许多项目存在一定的危险性，如体操中的单杠、双杠、跳箱、跳马等，水上项目中的游泳、跳水等，冰雪项目中的滑冰、滑雪等，同场对抗项目中的足球、篮球、散打等。一些体育项目所固有的危险性容易使学生产生胆怯、恐慌等消极情绪。要克服这些不良情绪，学生需要进行一定的意志努力。

4. 遵守纪律、规则的意志努力

俗话说："无规矩不成方圆。"体育中的"规矩"就是指体育教学中的纪律、体育比赛中的规则。纪律是体育教学的有力保证，规则是体育比赛的有力保证。这就要求每一个学生必须约束自己的言行，而约束过程本身需要学生意志努力的参与。

第三节　培养公平竞争精神和规则意识

一、体育与公平竞争精神

（一）培养大学生公平竞争精神的意义

竞争精神和竞争能力是人生存和发展的重要素质。竞争精神和竞争能力既有个人生存价值，又有社会教育价值。从个人生存价值方面看，竞争在社会中无处不在，如面临升学、就业等，一个人一旦缺乏竞争精神和竞争能力，就难以立足于社会。从社会教育价值方面看，培养大学生的竞争精神和竞争能力，是教育的培养目标，也是提高教育效率的手段，既有目的价值，又有手段价值。具体表现：第一，竞争可以激发大学生的原始动机和内驱力，推动大学生积极思考、勤奋学习、努力实践、探索创造；第二，竞争可以为大学生提供展示其特长与个性、潜能与价值的机会或舞台；第三，竞争可以为大学生提供模拟的社会竞争环境，为其搭建从大学生内部竞争到社会外部竞争、从仿真竞争到真实竞争实现"软着陆"的平台。

培养大学生的竞争精神和竞争能力，是社会发展对现代人提出的基本要求。未来社会是竞争更加激烈的多元社会。现代化市场经济体系的建立，要求现代人必须形成适应社会经济发展的生存意识和竞争意识。竞争有助于个人潜能的发挥和自身价值的实现，有助于个人适应社会，有助于提升全民族的竞争精神，从而推动社会进步。

（二）体育课程如何培养公平竞争精神

体育课程是竞争精神表现尤为突出的学科，也是培养大学生公平竞争精神的良好途径。竞争是体育的灵魂，没有竞争就没有超越。竞争是体育运动本身固有的属性，是体育的强大生命力。体育竞争激励着人们利用体能、勇气、技术、智慧去奋勇拼搏、积极进取、大胆创新，为集体争取荣誉。在竞技运动中，有严格的竞赛规则，有高超的技术表现、特殊的身体素质要求等，其中竞争精神的体现尤为突出。体育比赛的最大魅力在于竞争，更在于有规则的、公正的、平等的竞争。

在体育教学中，教师要依靠体育自身所特有的竞争性，培养大学生的竞争精神，发挥其他教学手段不可替代的重要作用。体育教学中的竞争无处不在，其形式多种多样。利用比赛，形成竞争；变化形式，突出竞争；抓住差异，引起竞争；遵守规则，平等竞争；注重安全，大胆竞争。此外，在体育课成绩考核与达标测试中，教师也可建立不同层次的竞争机制，使大学生有明确的奋斗目标，从而努力学习，缩小差距。

二、体育与规则意识

在现代社会中，法律是显性的规则，道德是隐性的规则。法律是具有国家强制力的，这种规则对人的约束是刚性的，不存在回旋的余地，它的适用是平等的。道德是一个社会所必不可少的规范人的行为、人与人之间关系的另一种规则。道德不靠特定部门或机构来执行或监督，而是靠人的自觉性来维持，靠社会的舆论来监督。与法律相比，道德对人的约束是柔性的，它的实施和推行，依靠的是人的内在道德自律和个体的精神自觉。集体形成的良好社会道德风尚对个体行为的指导力度是很大的。因此，培养良好的规则意识对一个人的发展十分重要。

（一）培养大学生规则意识的意义

规则是社会运行的基石，是社会有序运转、人与人和谐共处的基本条件，也是促进现代社会良性发展的基本条件。规则无处不在，任何社会个体与外界的交流都离不开规则的限制，不同的社会角色须遵守不同的规则。规则是任何活动有效进行的必要前提和基本保证。

规则意识是个人素质的重要方面，也是素质教育的重要组成部分。随着时代的发展，社会对人才的要求在不断提高且日趋多元化，但无论人才的标准怎么变化，规则意识都是基本要求。大学生所面对的未来社会将是极其讲究规则的社会。从长远来看，在遵守规则的基础上，大学生可以更好地适应将来的社会。因此，大学生的规则意识和执行规则的能力是其适应社会极其重要的内容，也是大学生学习、生活的基础和保证，有利于大学生顺利地成长为社会上有用的人才。

崇高的理想信念和高尚的道德情操教育必须建立在大学生基本的社会规则意识的基础之上。因此，在实施素质教育的过程中，学校的德育改革应将规则意识作为基本价值理念，把规则意识的养成作为底线目标。这是社会发展对人才的迫切要求，是循序渐进地提高大学生道德品质的客观基础，也是促进学校乃至整个社会良性运行、和谐发展的现实要求。

（二）体育课程如何培养规则意识

任何体育项目的顺利开展都是建立在参与者遵守比赛规则的前提下，体育对大学生规则意识的养成有着得天独厚的优势。

规则意识是不可能自然形成的，要依靠后天的教育与培养，学校教育是诸多教育途径中极为重要的一环。体育的特性决定了与体育有关的活动均和规则相关联，加上体育课程在教学内容和教学目标上接近规则意识教育的要求，体育课程便成了规则意识教育的重要渠道之一。在体育教学中，大学生通过严格遵守各项运动规则，将建立起的规则意识逐渐迁移到日常生活和学习之中，从而养成遵守规章制度和法律法规的良好习惯。个人在大学时代具备了遵守规则的强烈意识，将会对其形成终生遵守规则的意识和行为起到促进作用。

根据体育教学中需要规则意识的项目性质，体育课程中的规则意识主要包括以下两个方面。

1. 体育课堂中的规章制度及约定俗成的规范

课堂常规的制订是培养大学生良好的思想作风，向大学生进行文明礼仪教育、组织纪律教育和安全教育的重要渠道。通过课堂常规的贯彻落实，如严格执行考勤、考核制度，加强组织纪律，大学生可以逐步形成遵守规章制度、热爱集体等良好的思想道德品质。体育课堂蕴含着规则教育的因素，课堂常规对提升教学效果和加强思想品德教育的作用不可忽视。

2. 体育比赛规则和体育游戏规则

任何一个运动项目都有其详细的规则，从一个简单的体育游戏、非正规比赛、半正规比赛到正规比赛、职业化比赛，都有不同的规则，并且体育运动对规则的遵守要求很严格。

制定规则是开展体育运动的前提。大学生只有掌握规则并遵守规则，才能进行正常的体育竞赛活动，感受体育运动的魅力，享受体育运动带来的乐趣。

体育活动是在一定的规则约束下和裁判人员的监督下有组织地进行的。这个过程具有严肃性、制约性、公正性、权威性、平等性，要求参与者必须严格遵守与服从。在体育比赛或体育游戏中加强规则意识教育，不仅能培养大学生诚实守纪、热爱集体、关心他人等优秀品质，还能潜移默化地使大学生树立良好的规则意识。

第四节　促进身心健康

一、体育锻炼对身体健康的作用

体育锻炼可以增进身体健康，这是体育的本质功能。运动生理学、运动生物化学的研究结果表明，适宜的体育锻炼能够提高人体各系统的机能水平，促进人体各组织和器官的新陈代谢，促进生长发育，增强免疫力，改善大脑机能，全面提高健康体适能和运动体适能的各项指标，从而提高人们的健康水平。

身体的健康维系于人体各器官系统正常的发育和稳定的代谢，通过体育锻炼，可以提高人体运动系统、呼吸系统、消化系统和神经系统的机能水平。

（一）体育锻炼能提高运动系统的机能水平

运动系统由肌肉、骨骼和关节组成。经常进行体育锻炼可以提高肌肉力量，增加骨密度，加强关节的稳定性和活动范围，从而增强人体的活动能力，提高运动系统的机能。

体育锻炼可以对骨骼的形态和结构产生良性影响。骨骼组成的支架，对人体有支撑作用。经常进行体育锻炼，可使骨密质增厚，骨面肌肉附着处突起明显，骨小梁的排列根据张力和压力的变化变得更加粗壮、坚固，抗折、抗压缩和抗扭转能力都有所提高。

人体骨骼与骨骼连接能够活动的地方称为关节，中间骨末端的软骨和软骨垫等物质作为缓冲物，周围有韧带和肌腱起固定作用。首先，体育锻炼可以增加关节面软骨和骨密质的厚度，并可使关节周围的肌肉力量增强、关节囊和韧带增厚，因而可使关节的稳定性和抗负荷能力增强；其次，科学、系统的体育锻炼还可使韧带和关节周围肌肉的弹性及伸展性提高，从而使关节的运动幅度和灵活性也大大增加。

（二）体育锻炼能提高呼吸系统的机能水平

体育锻炼能提高人体各呼吸器官的功能，改善呼吸系统的机能。人体内的能源物质转化为生命活动所需的能量，是靠氧气的帮助来实现的。人体的呼吸系统主要完成吸入氧气、呼出二氧化碳的工作。参加体育锻炼时，人体对氧气的需求量增加，呼吸频率加快，各个呼吸器官的工作能力也在适应这一需求的过程中得到提高。经常进行体育锻炼，有助于呼吸肌变得发达，肺活量、摄氧量、肺通气量显著提高，呼吸深度加深，呼吸频率降低，有效增强呼吸器官的功能，从而改善呼吸系统的机能。表1-4-1中的对比数据可以直观地反映出经常参加体育锻炼对人体呼吸机能的改善作用。

表 1-4-1　缺乏锻炼者与经常锻炼者在呼吸机能上的差异对比

内容	缺乏锻炼者	经常锻炼者
呼吸系统	呼吸肌不发达，呼吸功能低	呼吸肌发达、强壮有力，呼吸功能高
呼吸频率	12～18 次/分	8～12 次/分
呼吸力	60～100 毫米汞柱	100 毫米汞柱以上
呼吸差	6～8 厘米	9～16 厘米，有的锻炼者达 15～20 厘米
肺活量	女 2500～3000 毫升 男 3500～4000 毫升	女 3000～4000 毫升 男 4000～5000 毫升
摄氧量	运动时 2.5～3 升/分（比安静时大 10 倍）	运动时 4.5～5.5 升/分（比安静时大 20 倍）
肺通氧量	运动时 70～80 升/分	运动时 80～120 升/分

注：呼吸力，即最大吸气后，以最大速度呼气所产生的力；呼吸差，即最大吸气时与最大呼气时的胸围差。

（三）体育锻炼能提高血液循环系统的机能水平

血液循环系统的机能在体育锻炼中能得到很好的改善。血液循环系统由心脏和血管组成。在心脏的动力作用下，血液在血管里流动的同时，把氧气和营养物质传送给人体的各组织和细胞，同时把组织和细胞的代谢物运送至相应器官，此时心脏搏动加快，血液循环加速，使心血管系统的机能在整个血液循环过程中得到锻炼。体育锻炼对血液循环系统机能水平的提高主要表现在以下两个方面。

1. 体育锻炼使心脏容积增大、心肌增厚

经过长期体育锻炼的刺激，心脏容积增大、心肌增厚，从而使心脏的每搏输出量增加，这是心脏具有较高工作能力的标志。在每分输出量一定的前提下，随着每搏输出量的增加，心率就会降低，心脏每次收缩后的间歇也很充分，心脏可以得到充足的休息，使心脏工作出现"节省化"现象。普通人安静时的心率为70～80次/分，经常参加体育锻炼的人心率为50～60次/分。

2. 体育锻炼能增强血管弹性

在运动过程中，人的血压随着运动强度的增加而升高。在长期锻炼的刺激下，血管壁的弹性增加，从而能使血压得到很好的控制，并降低动脉硬化和高血压的发病率。经常进行体育锻炼，可提高血液循环系统的机能水平，从而有效降低疾病的发生率。

（四）体育锻炼能提高神经系统的机能水平

体育锻炼能促进大脑的生长发育。体育锻炼能使血液循环加快，血流量增多，使脑细胞得到充足的氧气和营养物质，从而使脑细胞的体积增大，代谢旺盛，进而促进智力的发展。

体育锻炼可使大脑皮质的兴奋性增强。人的各种行为都受神经系统控制，经常参加体育锻炼，可使神经系统的兴奋性和灵活性得到提高，从而使大脑神经细胞的工作能力提高，反应更加迅速灵活、准确协调。例如，在进行篮球比赛时，比赛场上的情况瞬息万变，这就要求运动员能在复杂的情况下做出判断，使相应的肌肉及时、准确地完成动作。

科学地进行体育锻炼，可以提高运动系统、呼吸系统、循环系统、神经系统的机能水平。这些系统机能水平的改善，可以促进青少年的生长发育，全面提高灵敏性、反应时、速度、爆发力、协调性等运动体适能，从而达到改善身体成分、增加肌肉力量、增强肌肉耐力、提高心血管机能、发展柔韧性等健康体适能的目的，以增强免疫力，全面增进健康。由于不科学的体育锻炼有可能对人体造成伤害，损害人的健康，甚至影响人的寿命，因此，应该科学、系统、有计划地进行体育锻炼。

二、体育锻炼对心理健康的作用

体育锻炼通过身体活动促进人的全面发展。适当的体育锻炼可以消除疲劳、调节情绪，对人的气质和人格的培养起到积极作用。体育锻炼在增进人的相互交往、克服孤独感、培养心理适应能力等方面具有重要作用。

（一）体育锻炼可以提高认知能力，增强自我意识

各个运动项目都有一个共同特点，即在运动中要求运动者既能对外界物体（如球、器械等）做出迅速准确的感知与判断，又能迅速感知、协调自己的身体以保证动作的完成。体育锻炼能促进人的感觉和知觉能力的发展，提高人的反应速度和直觉判断能力，使人变得敏锐、灵活；有些运动项目还能充分锻炼人的思维能力、判断能力和记忆能力，如围棋、国际象棋等；体操、跳水、花样滑冰、健美等运动项目能充分发展运动员的想象力和美的表现力。由此可见，体育锻炼能有效地提高人们的认知能力。

简单地说，自我意识就是有自知之明，拥有自我意识就是能够正确认识自己和评价自己。正是由于人具有自我意识，才能对自己的思想和行为进行自我控制与调节，从而形成独特的个性。体育锻炼可以从如下两个方面提高个人的自我意识：一是在体育锻炼过程中，针对周围人群对自己的评价，加以判断和分析，对自己进行再认识；二是通过体育锻炼，可以改善身体形态和提高运动能力，使自身的精神面貌焕然一新，从而增强自信心。

大学生处在自我意识的发展与完善的重要阶段，经常参加体育锻炼，通过不断地自我认知，自我评价，自我改造，自我完善，有利于形成健康的自我意识，使自己成为更符合社会需要、更能适应社会的人。

（二）体育锻炼能给人以良好的情绪体验

情绪状态是影响心理健康的主要因素之一。良好的情绪使人产生乐观向上的态度；不良情绪可能导致人的生理和心理出现异常，甚至出现行为过激。

体育锻炼能直接给人带来愉快和喜悦的情绪体验，并能减少紧张和不安，起到调控人的情绪状态、改善心理健康的作用。体育锻炼者经常会体验到由于成绩的提高、极限的突破和团队的获胜所带来的愉悦感。科学研究表明，在体育锻炼中，人体会产生一种叫作内啡肽的物质，这种物质可使人产生愉悦的感觉，从而使人心情愉快，精神放松，精神压力得到缓解。

在生活和工作中，总会有不尽人意的事情发生，使人产生不良情绪，体育锻炼中大强度的肌肉刺激、身体对抗和比赛场上的激烈拼争，以及观众在观看比赛时的呐喊助威，都可使这种情绪得到宣泄，进而对不良情绪起到疏导和缓解的作用。

在体育锻炼中，锻炼者经常会因发生对手侵犯、裁判误判、队友指责、发挥失常和状态低迷等现象而产生不良情绪。由于受到项目规则、社交礼仪与道德规范的约束，锻炼者不能随心所欲地发泄个人情绪或者做出过激行为，这样，情绪可以受到控制。久而久之，锻炼

者对情绪的控制能力就会得到提高，使得自己今后在生活中也能较好地控制情绪，从容面对各种突发事件。

（三）体育锻炼能促进人格的全面发展

人格是一个人在一定社会条件下形成的、具有一定倾向的、比较稳定的心理特征的总和。构成人格的要素有思想、态度、兴趣、气质、能力、性格、理想和信念等。人格既有稳定的一面，又有可塑的一面。

体育锻炼能发展人的多方面能力，如身体运动能力、协调能力、操作思维能力、直觉思维能力和应激能力等，从而使人学会竞争、学会合作、学会欣赏、学会分享、学会表现自己。

体育锻炼可以塑造人的性格。经常进行体育锻炼，使人能够弥补傲慢、冲动、胆怯、自卑等性格缺陷，逐渐变得坚强、刚毅、开朗、乐观，逐步形成良好的性格。

体育锻炼能磨炼人的意志品质。体育锻炼的过程，既是一个不断挑战自己生理、心理极限的过程，又是一个长期坚持的过程，因而能培养人顽强、勇敢、拼搏的意志品质。

体育作为高等学校教育的重要手段，在促进学生个性发展方面有着不可替代的作用。大学生正处于性格、气质、理想、信念、世界观等个性心理倾向形成的关键时期，经常进行体育锻炼，可以帮助大学生在人格方面得到发展和完善，为他们走向社会打下坚实的基础。

（四）体育锻炼能促进和谐的人际关系

良好的社会交往能够给个体带来心理上的益处。体育锻炼是人与人之间一种特殊的相互联系、相互交流的方式，它对协调人际关系有很大的帮助。

体育锻炼是在一定社会环境中进行的，因此，锻炼者不可避免地要与队友、教练、裁判员和对手等进行交流。这些交流帮助锻炼者学会更好地与人相处的方法，进而在生活、学习和工作中，与人和谐相处。

（五）体育锻炼可以调适心理障碍

"健康的心理来自健康的身体。"通过体育锻炼，人体的健康水平得到提高，心理健康水平也随之提高。锻炼时，注意力的集中，能够抑制紧张、焦虑等不良情绪，对有心理障碍者和心理疾病者都将起到很好的调适作用。实践证明，体育锻炼中的有氧运动，是缓解轻度或中度抑郁症的有效手段之一。

体育竞赛是磨炼人承受挫折能力的有效方法。体育锻炼者经常参加不同级别、不同规模的体育竞赛，就要不断接受胜利与失败的考验，磨炼心理承受能力，在面临挫折和失败时，不逃避、不惧怕，勇敢地面对，积极主动地适应，顽强地拼搏，承受挫折的能力就会不断得到提高，形成不畏困难、敢于挑战的意志品质。

❓ 思考题

1. 哪一个体育比赛的瞬间会让你升腾浓浓的爱国之情？

2. 体育锻炼如何磨炼大学生的意志品质？

3. 体育是如何培养人的公平竞争精神和规则意识的？

4. 体育锻炼对人的身体健康和心理健康有哪些作用？

第二章

认识高等学校体育

第一节　高等学校体育概述

高等学校体育应充分体现体育和教育的共同属性。一方面，高等学校体育是学校教育的重要组成部分，其目的应与学校教育的总目标相一致；另一方面，高等学校体育应该充分体现体育的属性，即要以身体练习为基本手段，提高人的机能，增强体质，促进身心健康，促使大学生全面发展。总体来讲，高等学校体育的目的就是以身体练习为基本手段，对大学生的机体进行科学的培育，在提高人的生物潜能、心理潜能的过程中促进大学生身心健康全面发展，达到学校教育的总目标。

一、高等学校体育的地位和作用

（一）高等学校体育与全面发展教育

高等学校体育必须为社会主义现代化建设服务，必须与生产劳动相结合，为我国培养德智体美劳全面发展的社会主义事业的建设者和接班人。

随着社会生产力的高速发展，特别是科学技术的突飞猛进和社会生活的新变化，对人们在身心健康、道德健康和社会适应能力方面提出了新的要求。通过多种教学形式和手段，高等学校体育不仅能增进学生健康，增强学生体质，还能启智、育德，培养学生的审美能力，提高学生的社会适应能力，从而促使高等学校体育在培养全面发展中发挥更大作用。

（二）高等学校体育与全民健身

1. 全民健身的根本任务是增强人民体质，高等学校体育是全民健身的基础

大学生正处在青年时期，大多数处于18～25岁这个年龄阶段。大学生的身体形态、代谢功能虽已不断完善、发展，但仍保留有青春期的一些特点，即存在发展的不平衡性和不稳定性，身体发育尚未完全成熟，有待进一步发展，以使身体各系统的功能达到最佳水平。人的生长发育水平受多方面因素（如遗传、生活环境、营养、医疗卫生等）的影响，体育锻炼则是影响人体生长发育最积极、最重要的因素。在学生时期，加强锻炼能促进身体的正常生长和发育，增强体质，为一生健康打下基础。

2. 高等学校体育与我国全民健身事业发展有密切关系

由于青少年是我国人口的重要组成部分，学校体育的发展水平实际上正在成为我国全民健身水平的重要标志。另外，高等学校学生在学校时养成终身体育的意识、能力和习惯，毕业后就可以成为全民健身的骨干和指导力量，就可以直接或间接地推动我国全民健身事业的蓬勃发展，加速扩大体育人口，加速体育社会化进程。

（三）高等学校体育与精神文明建设

精神文明建设主要包括文化建设和思想建设两个方面。高等学校体育既是精神文明建设的重要内容，又是对学生进行精神文明教育的重要途径和手段。

高等学校体育不仅可以为学生的智力开发提供良好的物质基础保证，还可以传播社会文化，提高学生的文化素养。这是因为高等学校体育的内容十分丰富，体育知识、运动技能、运动规则和裁判方法等都是人类在长期体育实践中总结的精神财富，是社会文化的有机组成部分。竞技体育是现代学校体育的重要内容。随着现代竞技运动竞争的加剧，加强竞技体育后备人才的开发和培养显得更为重要。另外，学校开展竞技体育，不仅符合学生的特点和需求，还具有特殊的文化价值，对培养学生的竞争意识及培养学生的拼搏精神、纪律性、团队精神具有重要作用，还能丰富学生的课余文化生活，形成良好的校风和学风。

学校体育是一个开放系统，对思想文化建设有着积极作用，有助于推进社会主义精神文明建设。

（四）高等学校体育与现代医学

体育的主要任务之一是增强人民体质，提高劳动效率，延长工作年限，使人健康长寿。医疗卫生的基本任务是保护人民健康，防治疾病，延长寿命，降低死亡率。可见，体育和医疗卫生都是为增进和保护人民健康、造福于人民服务的。体育的发展与医学的发展有着密切联系。现代医学不仅把体育锻炼运用在健身防病上，还将其作为一种康复医疗方法，运用在治疗疾病上。科学技术的飞速发展进一步改变了人们的生产方式和生活方式，也改变了人们的健康观念和医学模式。体育活动不但成为人们不可缺少的生活内容，而且成为预防疾病的重要手段。在生产力高度发展、物质文明和精神文明相应提高的阶段，预防医学、康复医学的发展是历史的必然。

医学和高等学校体育研究的主体都是人，两者的不同之处在于医学主要研究人体疾病的预防和治疗规律，高等学校体育主要研究运动过程中人体发展的规律和人类运动能力发展的规律。体育与医学相互促进、互相补充，以求达到实现人人健康的共同目的，这是高等学校体育和现代医学发展的重要特征。

二、高等学校体育的目的和任务

（一）高等学校体育的目的

高等学校体育的目的是指在一定时期内，高等学校体育实践所要达到的预期结果。它决定着高等学校体育教学的方向和过程，是评估体育教学工作的重要依据，对学校体育工作的开展起着引导、控制和激励的作用。根据大学生的年龄特点、现代社会对体育的需求及体育的功能，高等学校体育的目的如下：促进学生身心发育，提高学生身体素质，增强学生体质；使学生获得体育卫生保健知识，使其掌握体育的基本技能和方法，为终身体育打下坚实的基础；帮助学生形成正确的人生观和世界观。

（二）高等学校体育的任务

1. 以培养学生的创新精神和实践能力为重点

创新精神和实践能力的培养是高等学校教育的重点任务，应系统地、全方位地完成这项任务。作为高等学校教育的重要组成部分，高等学校体育根据自己的特点，通过体育课教学和课外体育实践活动等多种方式，引导学生积极思考问题，发展创新思维，在实践中解决问题。

2. 促进学生身体素质和生理机能的发展

研究表明，经常参加体育活动，是保持良好活动能力的重要因素。高等学校体育的主要任务之一是提高学生的身体素质（如力量素质、耐力素质、速度素质、柔韧素质、灵敏素质、协调素质等），提高学生的生理机能，使其体质增强，患病减少，学习效率提高。

3. 使学生树立终身体育观念，养成锻炼身体的习惯

终身体育在教育中的地位非常重要。通过终身体育，我们可以在生命过程中始终保持精力旺盛，使生命潜能得到充分发挥，在社会中更好地实现自我价值，并为社会创造更大的价值。

4. 使学生掌握体育的基础知识和基本技能，发展体育能力

高等学校体育使学生明确体育在现代社会中的地位、意义和作用；较全面、系统地掌握有关的体育理论知识，掌握一般体育运动项目的基本技能和科学锻炼身体的方法；能够懂得体育比赛的一些组织方法，提高体育锻炼中自我组织、自我管理、自我评价和监督的能力。高等学校体育使学生可以在未来各种工作环境中具有更大的适应性，对学生今后的生活、工作、社会交往都将产生积极的影响。

5. 对学生进行思想品德教育，培养良好的体育道德风尚和意志品质

高等学校体育通过组织学生参加各种体育竞赛活动，培养学生的竞争意识和法律意识，使其体验竞争的激烈性和残酷性，经受成功和失败的磨炼，培养学生胜不骄、败不馁的良好品质。通过参与体育活动，学生可以受到集体主义和爱国主义教育，培养团结协作、勇于拼搏的精神。

6. 发展学生的专项运动技能，提高专项运动技术水平

在普及群体活动的基础上，学校对一些体育基础较好并具有一定专项运动技能的学生进行系统的科学化训练，提高其专项运动技术水平，使之成为优秀的运动员和大学体育竞赛活动的骨干，进一步推动大学体育的普及和发展。有条件的学校还应该为国家培养竞技体育后备人才。

三、高等学校体育的组织形式

（一）体育课

体育课是师生教与学的双边活动。要保持正常的教学秩序，学校应建立健全体育课教

学质量保证的长效机制。体育课应遵循现代教育理论的原则和方法，充分发挥教师的主导作用和学生的主体作用。在体育教学中，除进行基本技术、技能教学外，教师还应加强对学生的体育基础理论知识教育，让学生掌握体育锻炼的科学知识和卫生保健常识，为终身体育奠定基础。

（二）课外体育活动

课外体育活动是高等学校体育课程的延续和补充，是实现高等学校体育目的的主要组织形式。《中华人民共和国体育法》第二十条规定："学校应当组织多种形式的课外体育活动，开展课外训练和体育竞赛，并根据条件每学年举行一次全校性的体育运动会。"学校应当从实际情况出发，因人、因时、因地制宜地开展多种多样的课外体育活动。

（三）课余体育训练和体育竞赛

课余体育训练是指高等学校利用课余时间，对部分身体素质较好且具有体育专长的学生进行系统训练的一种专门教育过程。课余体育训练是高等学校体育的重要组织形式。

体育竞赛是高等学校课外体育的组成部分，是实现高等学校体育目的的重要组织形式。高等学校开展体育竞赛的重要作用：检验体育教学效果和训练效果，促进经验交流、互相学习，促进运动技术水平的提高；广泛吸引大学生参加体育活动，推动高等学校群众性体育活动的开展，增强体质，增进才智；丰富大学生的课余文化生活，培养勇敢顽强、奋发向上、团结友爱、遵纪守法等优良品质和集体主义精神；推动校园文明建设；等等。

高等学校体育竞赛分校内竞赛和校外竞赛，以校内体育竞赛为主。学校要经常开展校内体育竞赛，如组织各种球类运动、田径等学生喜闻乐见的体育比赛。

第二节 高等学校体育的发展方向

随着健康第一思想的提出，高等学校体育的指导思想、教学目标、教学内容、教学方法、教学组织形式、考核方式等发生了一定变化。

一、指导思想——健康第一

高等学校体育要以健康第一为指导思想，开齐开足体育课，帮助学生在体育锻炼中享受乐趣、增强体质、健全人格、锤炼意志。

二、教学目标——培养适应现代化生产和生活的人

高等学校体育教学要实现教学目标，必须在如下两个方面进行转变：① 在目标的空间上，从单纯追求学生的运动技能水平转移到全面追求学生的身心健康发展上来，即打破以往的以运动技术传授为主线的教学体系，运用合理的运动实践手段，建立增强学生体质、发展

学生身体活动能力和培养学生锻炼习惯的统一协调的新教学体系；② 在目标的时间上，体育教学不仅要完成促进学生生长发育、培养体育技能、传授体育知识的任务，还要培养学生的体育兴趣和体育意识，为学生终身参加体育活动打下基础，即完成对现在和未来两个方面的培养任务。

三、教学内容丰富多彩

在教学内容方面，高等学校体育强调要打破以竞技运动项目（特别是以运动技术结构）为主线的教学体系，改变把"素材"当作教材的错误观念。从育人的角度出发，高等学校体育应该全面结合体育文化的显性教育意义（健身和体育技能培养的功能）和隐性教育意义（对人的社会化、人格和情感培养的作用）。

教学内容的丰富性提高了学生对体育项目的选择性，进而激发了学生的体育兴趣。许多新兴的运动项目（如轮滑、体育舞蹈、登山、攀岩、击剑等）成为高等学校的体育教学内容。

四、教学方法灵活多样

体育教学方法一直是高等学校体育的研究课题之一。目前，高等学校的体育教学方法正向着多样化方向发展。体育教学方法的改进主要如下。

（1）改变过去只强调教师在教学过程的主导作用，忽视学生在教育过程的主体地位的现象，采用有利于学生理解原理、掌握技术和体验乐趣的新的体育教学方法。

（2）改变过去过分强调组织纪律性的呆板教学方法。快乐体育的教学思想被引入课堂。强调体育教育的参与性、娱乐性，降低学习难度，采用多种形式的体育教学方法，让学生在运动中体验快乐。

（3）改变过去"千人一法"的体育教学模式，注重学生的个性发展，强调因材施教的创造性思维。

五、教学组织形式全校园化

高等学校体育过去只重视体育课堂教学，而忽视了学生参加课外体育活动的重要性。目前，高等学校体育在重视课堂教学的同时，重视学生的课外体育活动，并把课外体育活动列入整体体育教育的范畴；鼓励学生自主进行体育锻炼，养成锻炼习惯，树立终身体育意识，同时改变"体育教育只是体育教师的任务"这一观念，应调动学校各部门的积极性，使体育教育全校园化。

六、考核方式科学化

高等学校体育正在从过去以运动技能、运动素质来评价学生的考核方式改变为从运动能力、运动参与度、体质健康等方面对学生进行考核，即从单一的考核转向全面的、综合质量的考核，强化普及教育，加强技术技能评定。

七、体育俱乐部正在成为学生体育锻炼的主要载体

各种体育俱乐部和体育协会在高等学校中方兴未艾。体育俱乐部以其灵活的组织形式吸引有浓厚兴趣的学生长期参与体育锻炼，是大学生今后进行课外锻炼的主要形式。体育俱乐部具有以下功能：为学生提供一个体育活动的场所；为学生提供一个社交的地方；为学生提供一个学习、提高体育技能的场所；组织训练，提高学生的运动技术水平；组织校内外各级各类体育比赛。

八、高等学校体育与大众体育接轨

高等学校体育越来越重视将体育教学与学生的生活和课外活动相联系，重视体育教学与大众体育的联系。这主要表现在如下几点：体育教学的内容向大众体育内容靠拢；非场地型的野外活动日益受到重视；自由表现类运动项目受到重视；体育与现在、未来生活的结合日益受到重视。

第三节　高等学校体育教学的实施途径

一、实施创新体育教学的基本途径

（一）以课堂教学为主实施创新教育

教育是知识创新、传播和应用的主要基地，也是培养创新精神和创新人才的重要摇篮，在培养创新精神和创新人才方面肩负着特殊的使命。每一个学校都要激发学生的好奇心、求知欲，帮助学生养成自主学习、独立思考的习惯，培养学生的探索精神、创新精神，营造崇尚真知、追求真理的氛围，为学生的禀赋和潜能的充分开发创造一种宽松的环境。创新教育是一项涉及方方面面的系统工程。创新精神和创新能力的培养不是一蹴而就的，而是一个长期的、潜移默化的过程。在体育教学中，教师必须从以下方面努力营造一个能开发学生潜在的创新能力的学习环境。

（1）建立活跃、宽松、民主、高效的课堂氛围，给予学生充分的信任。教师要充分调动学生的上课积极性，从而发挥学生的主观能动性，尊重学生的个性和创新精神；积极创造条件，在承认学生具有可以开发的巨大创新潜能的基础上，为其提供乐于思考、主动探索、大胆质疑、敢于标新立异的创新机会和条件，适时地做出有利于促使学生创新的评价，激发学生的创新意识和能力。

（2）让学生有较大的自由度。在课堂上，教师要允许学生自由表达自己的想法，不应对学生在课堂上的随意讨论、相互交流、回答提问等进行过多、过细的限制和要求，避免学生出现因害怕违反教师的有关规定而感到紧张、焦虑甚至压抑的现象。

（3）多肯定，少批评。教师对学生的独创表现，不要轻易地加以否定，对学生在教学过程中表露的与众不同的观点、思维方法，甚至出现的错误不压制、不讽刺、不嘲笑，使学生有一种创新的安全感。

（二）转变观念，不断创新

体育教师要改变传统的体育思想。传统的学校体育是以传授运动技术为中心的，并由此形成了教师以教材和课堂讲授为主的填鸭式教学模式，这种模式阻碍了学生创新能力的发展。体育教师不要因循守旧，安于现状。

（三）修改教学大纲，调整考试内容

以前的体育教学大纲多偏重于技术和理论的教学，忽视学生能力的培养。学生学习的积极性调动不起来的原因主要是应试教育和被动学习。体育教材应体现出创新性、趣味性、专业性，并满足健康第一、终身体育的需要。除正常的体育技能考试外，体育考试还应增加能反映学生创新能力和体育参与度的考核，使考试真正成为检验教学成果和促进教学的一种手段。

（四）革新教法，不断创新

1. 教学目标的确定要创新

体育教学应重视培养学生的创新意识和创新能力，激发学生的求知欲和培养学生的质疑能力、发散性思维、联想能力等。体育教学除了要注重体育基础理论知识的教授外，还要加强对学生基本能力和基本方法的训练，变"授人以鱼"为"授人以渔"；同时，针对不同类型的学生制订不同的教学目标，使其能自由选择相应的目标，既量力而行，又不随心所欲，使其潜能得到充分发挥。

2. 课堂教学要力求有新意

教师要能根据教学内容、要求和目的，选择最佳的教学方法、手段、技术去引导学生，以自己的创新激情感染学生，激发学生学习的主动性。

3. 坚持启发式教学

创新本身也是自主性活动，要求教师在课堂上必须坚持以"导"为主，通过启发式教学，调动学生主动探求知识、摸索规律的主动性和积极性，从而提高学生认识问题、理解问题、解决问题的能力。

（五）建设一支适应创新教育的现代化教师队伍

实施创新教育，一支高素质的、具有创新精神和创新能力的教师队伍必不可少。每一位体育教师都应具有创新意识和创新能力，并自觉地将创新体现在体育教学活动的全过程中，创新性地将体育基础知识、基本运动技能传授给学生，同时创新性地运用现代化教育技术，实施启发式教学，培养学生的创新意识，点燃学生的创新火花。

二、实施"快乐体育"教学的基本途径

（一）积极落实"快乐体育"的教学要求

在教学指导思想上，"快乐体育"主张以育人为出发点，面向终身体育，从情感教学入手，强调乐学、勤学，育体与育心相结合，实现体力、智力的全面发展。

在教学的关系上，"快乐体育"主张把教学的主体从教师转向学生，强调学生是教学的主体，并将教师主导与学生主体相结合。在教学观念的结构上，"快乐体育"主张教学是认知、情感、行为的有机统一，体育教育结构应是融认知、情感与身体发展于一体的三维立体结构。

（二）注重培养学生的体育兴趣

学生的学习兴趣是保证教学成果的重要因素之一。例如，在排球教学中，教师先向学生讲解排球运动最大的特点——队员要有团队精神和拼搏精神，有进取心和荣誉感。由于排球技术各环节的相互联系作用，排球运动对学生的学习、生活乃至整个人生都有着良好的借鉴作用。教师的积极引导提高了学生学习排球的兴趣，为取得良好的教学效果奠定了基础。在体育教学中，教师可以通过目标设置、创设情境、积极反馈、价值寻求等方法来提高学生学习的内在动机。体育动机是指选择、激发、维持并强化一定的体育活动，从而导向一定目标的内在动力。学生参加体育活动属于有目的的行为，教师可以通过设置目标来激发学生的学习动机。

又如，排球双手垫球练习的动作比较简单，有的学生在小学就学习过。当双手垫球练习在中学体育课上再次出现时，之前练习过的学生可能就对双手垫球练习没有多少新鲜感。因此，高等学校体育教学应根据学生的心理设置教学目标，精心组织教学，提高垫球次数等级标准。当将目标转化为学生的内心需要时，学生的练习就会经常处于自我意识控制之下，学生的积极性和自觉性就会随之增加。另外，在练习时，教师可以增加学生对人际关系处理的要求，增加学生对力学知识在排球运动中的应用的要求。

（三）善于发现、培养并保护学生的表现欲

自我表现欲是个人展示自身价值的积极想法。学生的表现欲直接关系到学生对体育教学的参与度。教师如果不能对学生在体育教学中反映出来的表现欲给予正确对待和引导，甚至有意无意地加以扼杀，将会极大地伤害学生的自尊心和自信心，打击学生的积极性，从而影响学生个性的健康发展。

教师要能够及时发现那些内隐、含蓄的学生的表现欲。当学生有了强烈的表现欲时，教师要积极保护学生的表现欲，而不能对学生所表现的行为置之不理，视而不见，甚至用简单的"你不行""就你显能耐"之类的话语给学生"泼冷水"。教师以"我希望你……""我相信你一定能……"的话语来表露对学生的期望，会使其受到鼓舞，增强其参与体育活动的自信心和动力。教师要多表扬、少批评学生，哪怕其有一点点闪光点也要加以

呵护。体育课堂是学生展示个性和潜能的舞台，因此精心培养学生的自信心尤为重要。教师对待学生的态度应该是"不求完美，但求参与"。

思考题

1. 高等学校体育的作用和地位是什么？
2. 高等学校体育的目的和任务有哪些？
3. 高等学校体育的组织形式有哪些？
4. 高等学校体育教学的实施途径有哪些？

第三章　大学生体育保健

第一节　体育锻炼的医务监督

一、主观感觉

（一）一般感觉

一般感觉是人体功能状态，尤其是中枢神经系统功能状况的反映。身体健康的人就会精力充沛、活泼愉快；若人患病或过度疲劳就会精神不振、软弱无力、疲倦、易激动。在记录主观感觉时，若精力充沛可记为"良好"；若未出现不良感觉，可记为"平常"；若精神不振、疲倦等，可记为"不好"。

（二）锻炼心情

心情与精神状况有关。在锻炼过程中，若出现对体育运动不感兴趣，甚至厌倦，这可能是锻炼方法不当或疲劳的表现，也可能是过度疲劳的早期征象。可根据自己的锻炼心情，分别记录为"很想练""愿意练""不想练""冷淡"或"厌倦"等。

（三）不良感觉

在进行健身活动时，出现肌肉酸痛是很正常的，适当减少运动量后，酸痛就会消失。若锻炼后出现头痛、头晕、胸闷、恶心、呕吐或其他部位的疼痛，则说明运动量过大，健康状态不佳。在记录主观感觉时，应写清具体感觉。

（四）睡眠

经常进行健身的人，应当是入睡快，睡得好。

（五）食欲情况

一般由于运动锻炼所消耗的能量较多，食欲往往很好。有时运动量过大出现过度训练或健康不佳时，也会出现食欲下降的情况。在自我监督日记上可记下食欲"良好""一般""减退"或"厌食"等情况。

（六）排汗量

在训练或比赛时，由于能量代谢水平较高，产热量较多，排汗成为散热的一种重要方式，但排汗量受很多因素的影响，如运动量、训练水平、气温、湿度及神经系统的状态等。记录时，可以记下汗"正常""减少""增多"等情况。

（七）体征

锻炼时的外部体征，一般可从以下三个方面去观察：精神（锻炼者的精神、表情、言语、眼神和注意力等）、躯体（面色、呼吸、嘴唇和排汗等）和动作（动作质量、准确性和步态等）。

运动量适宜时，锻炼者一般表现为精神良好、面色稍红和步态轻快等。运动量过大时，锻炼者一般表现为面色红、气喘、满脸流汗、精神差、双目无光，反应迟钝和动作不稳等，此时必须减少运动量。

（八）其他情况

运动量过小的表现：运动后身体无汗、无发热感，脉搏也无大的变化，在运动后两三分钟即恢复至安静状态，说明运动量过小。

运动量适宜的表现：锻炼后有微汗、轻松愉快、感觉良好、睡眠良好、食欲良好，或者虽然稍感疲乏、肌肉疼痛，但休息后会很快消失，次日体力充沛，渴望锻炼，表明运动量适中。

运动量过大的表现：锻炼后大汗淋漓、头晕眼花、胸闷、身体疲倦、睡眠差、食欲下降，脉搏在运动后15分钟尚不能恢复，次日仍觉乏力，不想锻炼，这些表明运动量过大。出现这些情况应注意减少运动量。运动量过大引起的症状表现为以下几个方面。

（1）出现胸闷、胸痛和眩晕等症状。

（2）出现心悸、头晕、血压过于升高或下降等症状。

（3）出现明显的呼吸困难、嘴唇发紫、脸色苍白、出冷汗、头晕、恶心和呕吐等症状。

（4）出现四肢肌肉疼痛、关节疼痛、步态不稳和动作不协调等症状。

二、客观检查

（一）安静时脉搏

每天早晨醒后，先不起床而立即仰卧，测1分钟的脉搏数，这就是安静时脉搏，也可以称为"晨脉"。用安静时脉搏来检查身体机能状态十分必要，若安静时脉搏比平时高12次以上，可能与过度训练有关，应立即改变锻炼方法和减少运动量；若比平时高6～8次，说明运动量过大了，应当进行调整；若比平时高四五次，就不要再增加运动量了。

（二）锻炼后即刻脉搏

锻炼后即刻脉搏应控制在锻炼法规定的脉搏数以内。若连续几天超过规定数，身体又有不适感，则说明运动量大了，应进行调整；若几天均未达到规定数，身体感觉良好，可适当增加运动量。

（三）体重变化情况

刚进行健身锻炼，锻炼者的体重会逐渐减轻，尤其是身体肥胖者，这是由于机体的水分和脂肪减少，经过一段时间的锻炼，体重应逐渐趋于稳定。若出现体重不断减轻，并有其他异常感觉，可能与过度训练或患有慢性消耗性疾病有关，应减小运动量并到医院检查。体重每周测一两次，测体重应在每天的同一时间进行，穿的衣服也应一致。

（四）血压、肺活量、心电图

健身运动爱好者的血压应趋于稳定。锻炼后收缩压上升20～25毫米汞柱，舒张压下降5～10毫米汞柱，应视为正常。测肺活量时应连续测5次，每次测的结果是逐渐上升的，说明呼吸机能良好；若逐渐下降，说明呼吸肌耐力差，是反应不良的表现。若血压突然升高、肺活量明显下降、心电图出现异常，则应减小运动量，并到医院进行检查。

第二节　运动中常见的生理反应及其预防和处理

一、"极点"和第二次呼吸

（一）原因和征象

人体在剧烈运动的开始阶段，内脏器官的活动能力落后于器官的运动需要，往往会产生一种非常难受的感觉，此时人们会感到呼吸困难、肌肉酸痛、动作迟缓、情绪低落，不愿意再继续运动下去，这种状态叫作"极点"。

当"极点"出现后，锻炼者要以顽强的意志继续运动，同时加强呼吸，调整运动速度。这样，经过一段时间后，锻炼者的呼吸会变得均匀，动作重回轻松状态，不适感消失，这就是第二次呼吸状态。

（二）预防和处理

【预防】运动或比赛前，应保证良好的睡眠和体力的积蓄，赛前不要过多地进食和饮水。做好充分的准备活动，体适能状况得到改善后，"极点"就会推迟或减轻，甚至不再出现。

【处理】出现"极点"时，千万不要因此停止运动，应该保持冷静并有意识地进行深而长的呼气。这样，第二次呼吸就会很快到来。

二、肌肉酸痛

（一）原因和征象

运动后肌肉酸痛是运动时肌肉活动量过大，引起局部肌纤维及结缔组织的细微损伤，以及部分肌纤维的痉挛所致。这种酸痛不是发生在运动结束后即刻，而是发生在运动结束1～2天以后，也被称为延迟性肌肉酸痛。这种酸痛现象只是局部肌纤维的细微损伤和痉挛，不影响整块肌肉的运动功能，因此发生肌肉酸痛后，经过肌肉内部对细微损伤的修复，肌肉组织会变得更加强壮，以后承受同样的负荷将不易再发生酸痛。

（二）预防和处理

【预防】锻炼时，应根据自身的身体状况安排运动负荷，尽量避免局部肌肉负担过重；锻炼时，要充分做好运动前的准备活动和运动后的整理活动。

【处理】当出现肌肉酸痛时，可采用以下方法缓解：① 热敷；② 伸展练习；③ 按摩；④ 口服维生素C；⑤ 针灸、电疗。

三、运动中腹痛

（一）原因和征象

运动中腹痛多数在中长跑时发生，主要原因：准备活动做得不充分，开始时运动过于剧烈，或者跑得过快，内脏器官功能尚未达到运动状态，致使脏腑功能失调；也有的锻炼者在运动前吃得过饱、饮水过多，以及腹部受凉，导致胃肠痉挛；少数锻炼者运动时间过长或过于剧烈，使下腔静脉压力上升，血液回流受阻，或因肝脾淤血，膈肌运动异常，致使两肋胀痛。

（二）预防和处理

【预防】饭后1小时方可进行运动，并且要做好准备活动；运动量要循序渐进，并注意控制呼吸节奏；夏季运动要适当补充水分；对于各种慢性疾病引起的腹痛应就医检查，病愈初期，可在医生和体育教师的指导下进行适宜锻炼。

【处理】如果没有器质性病变迹象，一般可采用降低跑速、加深呼吸、按摩疼痛部位、弯腰跑等方法，疼痛便可减轻或消失。若疼痛仍不减轻甚至加重，则应去医院做进一步检查。

四、运动性贫血

（一）原因和征象

血液中红细胞数和血红蛋白量低于正常值的现象，称为贫血。由运动引起的血红蛋白量减少的现象，称为运动性贫血。造成运动性贫血的原因如下。

（1）运动时，肌肉对蛋白质和铁的需求量增加，一旦需求量得不到满足，即可引发运动性贫血。

（2）运动时，脾脏释放的溶血卵磷脂会使红细胞的脆性增加，加上剧烈运动时血流加速，易引起红细胞破裂，致使红细胞的新生与衰亡之间的平衡遭到破坏，从而导致运动性贫血。

运动性贫血发病缓慢，其症状表现为头晕、恶心、呕吐、气喘、体力下降、运动后心悸、心率加快、脸色苍白等。

（二）预防和处理

【预防】遵循循序渐进和区别对待原则；合理膳食；如果运动时经常出现头晕现象，应及时诊断治疗，以便正常参加体育锻炼。

【处理】如果运动中（后）出现头晕、无力、恶心等现象，应适当减小运动量，必要时暂停运动，并及时就医。

五、运动性昏厥

（一）原因和征象

在运动中，脑部血液突然供给不足而引起的暂时性知觉丧失现象，叫作运动性昏厥。运动性昏厥是剧烈运动或长时间运动时，大量血液积聚在下肢，回心血量减少所致，也与剧烈运动后引起的低血糖有关。

运动性昏厥表现为全身无力、头昏耳鸣、眼前发黑、面色苍白、失去知觉、突然晕倒、手足发凉、脉搏慢且弱、血压降低、呼吸缓慢等。

（二）预防和处理

【预防】平时要坚持体育锻炼，以增强体质；久蹲后不要突然起立；不要带病参加剧烈运动；疾跑后不要立即停下来；不要在饥饿的情况下参加剧烈运动；等等。

【处理】应立即使患者平卧，脚略高于头部，并进行由小腿向大腿和心脏方向的按摩或拍击，同时用手指点压人中、合谷穴等穴位。如果患者出现呕吐，则应将患者头部偏向一侧；如果患者停止呼吸，则应立即进行人工呼吸，并拨打急救电话，尽快送医治疗。

六、肌肉痉挛

（一）原因和征象

在进行体育锻炼时，人体的肌肉受到寒冷的强烈刺激，可能发生肌肉痉挛。肌肉痉挛常发生在游泳或冬季进行户外锻炼时；准备活动不充分、肌肉猛力收缩、收缩与放松不协调等，也可能引发肌肉痉挛；也有的肌肉痉挛是锻炼者情绪过分紧张所致。

肌肉痉挛时，肌肉会突然变得坚硬，令人疼痛难忍。

（二）预防和处理

【预防】运动前做好准备活动，对容易发生痉挛的部位，应事先做适当按摩；夏季进行长时间运动时要注意补充水分；冬季锻炼时要注意保暖；游泳下水前应淋浴，游泳时不要在水中停留过长时间；疲劳和饥饿时，不要进行剧烈运动。

【处理】对痉挛部位的肌肉做牵引。例如，腓肠肌发生痉挛时，应伸直膝关节，并配合按摩、揉捏、叩打及点压委中穴、涌泉穴等，以加快痉挛的缓解和消失。

第三节　常见的运动损伤及其处理方法

一、挫伤

（一）挫伤部位及征象

挫伤多发生在头部、胸部和四肢。受伤后，伤处会出现局部红肿、疼痛等症状。皮肤破裂的，发生挫伤的当下就会出血；没有破裂的，会出现淤血。

（二）发生挫伤的主要原因

发生挫伤的主要原因：① 运动前，准备活动做得不充分，肌肉、关节没有得到充分活动；② 运动时用力过猛，超过了肌肉、关节、韧带的负荷限度；③ 参加运动的人员过于拥挤或没有按正确的方法运动；④ 场地不平或器械设备不安全，并且没有做好保护工作。

（三）处理

若发生挫伤，应根据情况及时处理。如果皮肤出血，则应立即停止运动，先用酒精或碘伏将伤口消毒，然后用净布包扎。如果受伤部位红肿疼痛，则可先用冷水或冰袋进行局部冷敷，抬高受伤部位，必要时加压包扎，24小时以后改用热敷和按摩来活血、消肿、止痛。经过治疗，待伤势减轻以后，可通过针对性的活动使关节、肌肉的功能得以恢复，避免伤后关节不灵活或发生肌肉萎缩。

二、肌肉损伤

（一）损伤征象

肌肉损伤分主动收缩损伤和被动拉伤两种。主动收缩损伤是肌肉做主动的猛烈收缩时，其力量超过了肌肉本身所能承受的范围所致；被动拉伤主要是做力量牵伸时超过了肌肉本身的伸展限度所致。肌肉损伤如果是细微的损伤，则症状较轻；如果是肌纤维完全断裂，则症状较重。肌肉损伤一般表现为伤处疼痛、局部肿胀、压痛、肌肉紧张或痉挛，伤后肌肉功能减弱或丧失。

（二）发生肌肉损伤的主要原因

发生肌肉损伤的主要原因：① 准备活动不充分，肌肉的生理机能尚未达到剧烈运动所需的状态；② 体质较弱，肌肉的弹性、伸展性和力量较差，过度疲劳；③ 运动水平低，技术姿势不正确，动作不协调，用力过猛，超过了肌肉活动范围；④ 气温过低或过高、场地太硬等。

（三）处理

肌肉损伤治疗要根据具体情况而定。肌纤维少量断裂者，应立即冷敷，局部加压包扎，并抬高受伤部位。肌纤维大部分或完全断裂者，应加压包扎后立即送医院进行手术缝合。

三、关节韧带损伤

（一）损伤征象

关节韧带发生损伤后，一般表现为压痛、自感疼痛。轻者韧带部分纤维断裂，重者韧带纤维完全断裂，造成关节半脱位或完全脱位，导致关节功能障碍。

（二）损伤部位及主要原因

上肢关节以肩关节、肘关节、腕关节损伤最为常见，如掷标枪时，引枪后的翻肩动作错误造成肩关节、肘关节扭伤。下肢关节以髋关节、膝关节、踝关节的损伤较多。例如，从高处跳下，平衡缓冲不够，使膝关节、踝关节受伤；做下腰练习时，过分提腰造成腰椎损伤；等等。

（三）处理

发生关节韧带损伤时，应当在24小时内冷敷，必要时加压包扎，24小时后进行理疗、热敷、按摩、针灸治疗等。待疼痛减轻后，可增加功能性练习。就急性腰部损伤的情况而言，如果出现剧烈疼痛，切不可轻易处理，可让患者平卧，并用担架抬送至医院就诊。

四、骨折

（一）损伤征象

骨折可分为完全性骨折（骨完全断裂）和不完全性骨折（骨未完全断裂，如裂缝骨折）两种，是运动中一种比较严重的损伤。常见的骨折部位有肱骨、尺骨、桡骨、指骨、胫骨、腓骨、肋骨等。骨折后会出现如下症状。

（1）肿胀和皮下淤血：由骨折处血管破裂、骨膜下出血及周围软组织损伤引起。

（2）疼痛：由骨膜撕裂和肌肉痉挛引起，尤其在活动时更加剧烈，甚至可引起休克。

（3）功能障碍：骨折后，肢体丧失了原来的功能，再加上剧烈疼痛和肌肉痉挛，肢体多不能活动。

（4）出现畸形和假关节：因骨折断端发生移位和重叠，伤肢出现变形。完全骨折的地方可出现假关节，移位时可产生骨折摩擦音。

（5）压痛和震痛：骨折断端有明显的压痛，在远离骨折处轻轻捶击，骨折处往往出现震痛。

（二）发生骨折的主要原因

运动时发生骨折的主要原因是身体某部位受到直接或间接暴力作用，或肌肉强烈收缩。

（三）处理

一旦出现骨折，暂勿随意移动伤肢，应先用夹板或其他代用品固定伤肢。固定动作要轻柔、缓慢，不要乱拉乱拽，以免造成错位。如果是上肢骨折，则可用木板托住伤肢，用绷带扎紧骨折处的上下两端。如果是下肢骨折，则先将伤腿轻轻放好，然后用宽布条或其他代用品将两条腿绑在一起，将伤者慢慢抬到硬板担架上，送往医院救治。如果是头部、颈部或脊椎骨发生骨折，运送时就要更小心，以免损伤神经和脊椎，造成肢体瘫痪。搬运时，伤者头部应用枕头或衣服塞紧固定，防止头部移动。固定好骨折处以后，伤者不能扭动肢体。在送往医院的路上要保持平稳。

五、关节脱位

（一）原因与征象

因受外力作用，使构成关节的上下两个骨端失去正常的位置关系，出现了错位，称作关节脱位，又称脱臼。关节脱位可分为完全脱位和半脱位两种。严重的关节脱位伴有关节囊撕裂，甚至神经损伤征象。运动中发生的关节脱位大都由间接外力撞击所致，如摔倒时用手撑地，造成肘关节或肩关节脱位。关节脱位后常出现关节处畸形，与健肢相比不对称，因软组织损伤而出现炎症反应，局部疼痛、压痛和关节肿胀，并失去正常活动功能，甚至发生肌肉痉挛等现象。

（二）处理

用长度和宽度相称的夹板固定伤肢。如果没有夹板，则可将伤肢固定在躯干或健肢上，防止伤肢发生震动，随后及时送医院治疗。

？ 思考题

1. 体育锻炼前的客观检查包括哪些项目？

2. 在体育锻炼中，如何防止出现肌肉痉挛；如果出现，如何处理？

3. 在运动中为什么会发生肌肉损伤？如何处理？

4. 发生骨折的原因是什么？如何处理？

第四章 《国家学生体质健康标准》简介

第一节 《国家学生体质健康标准》的实施说明

一、说明

《国家学生体质健康标准》（以下简称《标准》）从身体形态、身体机能和身体素质等方面综合评定学生的体质健康水平，是促进学生体质健康发展、激励学生积极进行身体锻炼的教育手段，是国家学生发展核心素养体系和学业质量标准的重要组成部分，是学生体质健康的个体评价标准。

本标准将适用对象中高校部分分为如下组别：大学一、二年级为一组，三、四年级为一组。

大学各组别的测试指标均为必测指标。其中，身体形态类中的身高、体重，身体机能类中的肺活量，以及身体素质类中的50米跑、坐位体前屈为各年级学生共性指标。

本标准的学年总分由标准分与附加分之和构成，满分为120分。标准分由各单项指标得分与权重乘积之和组成，满分为100分。附加分根据实测成绩确定，即对成绩超过100分的加分指标进行加分，满分为20分；大学的加分指标测试项目为男生引体向上和1000米跑，女生1分钟仰卧起坐和800米跑，各指标加分幅度均为10分。

根据学生学年总分评定等级：90.0分及以上为优秀，80.0～89.9分为良好，60.0～79.9分为及格，59.9分及以下为不及格。

每个学生每学年评定一次，记入《〈国家学生体质健康标准〉登记卡》。特殊学制的学校，在填写登记卡时可以按规定和需求相应地增减栏目。学生毕业时的成绩和等级，按毕业当年学年总分的50%与其他学年总分平均得分的50%之和进行评定。

学生测试成绩评定达到良好及以上者，方可参加评优与评奖；成绩达到优秀者，方可获体育奖学分。测试成绩评定不及格者，在本学年度准予补测一次，补测仍不及格，则学年成绩评定为不及格。普通高等学校学生毕业时，《标准》测试的成绩达不到50分者按结业或肄业处理。

二、单项指标与权重

单项指标与权重见表4-1-1。

表 4-1-1　单项指标与权重

测试对象	单项指标	权重
大学各年级	体重指数（BMI）	15%
	肺活量	15%
	50 米跑	20%
	坐位体前屈	10%
	立定跳远	10%
	引体向上（男）/1 分钟仰卧起坐（女）	10%
	1000 米跑（男）/800 米跑（女）	20%

注：体重指数（BMI）＝ 体重（千克）/ 身高^2（米^2）。

第二节　《国家学生体质健康标准》的测试方法

一、身高

图 4-2-1

受试者赤足，以立正姿势站在身高计的底板上（上肢自然下垂，脚跟并拢，脚尖分开约60°）。脚跟、骶骨部及两肩胛区与立柱相接触，躯干自然挺直，头部保持正直，耳屏上缘与眼眶下缘成水平位。（图4-2-1）

二、体重

测试时，电子秤应放在平坦的地面上。受试者赤足，男性受试者身着短裤，女性受试者身着短裤、短袖衫，站在秤台中央。（图4-2-2）

图 4-2-2

三、肺活量

要告知受试者不必紧张，并且要尽全力，以中等速度和力度吹气效果最好。受试者面对肺活量计站立，手持吹气口嘴。测试过程中，口嘴或鼻处不能漏气，若漏气，则应调整口嘴或使用鼻夹（或自己捏鼻孔）；测试前，受试者深吸气（避免耸肩提气，应该像闻花似的慢吸气）。受试者进行一两次较平日深一些的呼吸后，更深地吸一口气，屏住气向口嘴处慢慢呼出至不能再呼为止，防止此时从口嘴处吸气。测试过程中不得中途二次吸气。吹气完毕后，液晶屏上最终显示的数字即肺活量毫升值。记录以毫升为单位，不保留小数。

四、50 米跑

受试者至少2人1组进行测试，采用站立式起跑姿势，听到"跑"的口令后开始起跑。发令员在发出口令的同时要摆动发令旗。计时员视旗动开表计时，当受试者的躯干到达终点线的垂直面时停表。记录以秒为单位，保留1位小数。

五、坐位体前屈

受试者坐在平地上，两腿伸直，两脚分开10～15厘米，平蹬测试纵板，上体前屈，两臂伸直，用两手中指指尖逐渐向前推动游标，直到不能前推为止（图4-2-3）。测试计的测试纵板内沿平面为0点，向内为负值，向前为正值。记录以厘米为单位，保留1位小数。测试2次，取最好成绩。

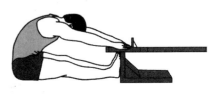

图 4-2-3

六、立定跳远

受试者两脚自然分开站立，站在起跳线后，脚尖不得踩线（最好用线绳做起跳线）。两脚原地同时起跳，不得有垫步或连跳动作。丈量起跳线后缘至最近着地点后缘的垂直距离，记录以厘米为单位，不计小数。

七、引体向上（男）

受试者跳起，两手正握杠，两手与肩同宽成直臂悬垂。静止后，两臂同时用力引体（身体不能有附加动作），上拉至下颌超过横杠上缘为完成1次。记录引体次数。

八、1 分钟仰卧起坐（女）

受试者仰卧，两腿屈膝约成90°角，两手轻轻地扶在两耳侧。脚底紧贴地面。受试者坐起时，两肘触及或超过两膝为完成1次；仰卧时，两肩胛必须触地。（图4-2-4）

图 4-2-4

九、1000 米跑（男）、800 米跑（女）

受试者至少两人一组进行测试，采取站立式起跑姿势。当听到"跑"的口令后开始起跑。计时员看到旗动可开表计时，当受试者的躯干到达终点线的垂直面时停表。以分、秒为单位记录测试成绩，不保留小数。

第三节 《国家学生体质健康标准》的测试评分表

《国家学生体质健康标准》的测试评分表见表4-3-1至表4-3-7。

表4-3-1 体重指数（BMI）单项评分表 （单位：千克／米²）

等级	单项得分	大学男生	大学女生
正常	100	17.9 ～ 23.9	17.2 ～ 23.9
低体重	80	≤ 17.8	≤ 17.1
超重		24.0 ～ 27.9	24.0 ～ 27.9
肥胖	60	≥ 28.0	≥ 28.0

表4-3-2 大学男生各测试项目评分表（大一、大二适用）

等级	单项得分／分	肺活量／毫升	50米跑／秒	坐位体前屈／厘米	立定跳远／厘米	引体向上／次	耐力跑1000米／（分·秒）
优秀	100	5040	6.7	24.9	273	19	3′17″
	95	4920	6.8	23.1	268	18	3′22″
	90	4800	6.9	21.3	263	17	3′27″
良好	85	4550	7.0	19.5	256	16	3′34″
	80	4300	7.1	17.7	248	15	3′42″
及格	78	4180	7.3	16.3	244		3′47″
	76	4060	7.5	14.9	240	14	3′52″
	74	3940	7.7	13.5	236		3′57″
	72	3820	7.9	12.1	232	13	4′02″
	70	3700	8.1	10.7	228		4′07″
	68	3580	8.3	9.3	224	12	4′12″
	66	3460	8.5	7.9	220		4′17″
	64	3340	8.7	6.5	216	11	4′22″
	62	3220	8.9	5.1	212		4′27″
	60	3100	9.1	3.7	208	10	4′32″
不及格	50	2940	9.3	2.7	203	9	4′52″
	40	2780	9.5	1.7	198	8	5′12″
	30	2620	9.7	0.7	193	7	5′32″
	20	2460	9.9	−0.3	188	6	5′52″
	10	2300	10.1	−1.3	183	5	6′12″

表 4-3-3 大学男生各测试项目评分表（大三、大四适用）

等级	单项得分 / 分	肺活量 / 毫升	50 米跑 / 秒	坐位体前屈 / 厘米	立定跳远 / 厘米	引体向上 / 次	耐力跑 1000 米 / （分·秒）
优秀	100	5140	6.6	25.1	275	20	3′15″
	95	5020	6.7	23.3	270	19	3′20″
	90	4900	6.8	21.5	265	18	3′25″
良好	85	4650	6.9	19.9	258	17	3′32″
	80	4400	7.0	18.2	250	16	3′40″
及格	78	4280	7.2	16.8	246		3′45″
	76	4160	7.4	15.4	242	15	3′50″
	74	4040	7.6	14.0	238		3′55″
	72	3920	7.8	12.6	234	14	4′00″
	70	3800	8.0	11.2	230		4′05″
	68	3680	8.2	9.8	226	13	4′10″
	66	3560	8.4	8.4	222		4′15″
	64	3440	8.6	7.0	218	12	4′20″
	62	3320	8.8	5.6	214		4′25″
	60	3200	9.0	4.2	210	11	4′30″
不及格	50	3030	9.2	3.2	205	10	4′50″
	40	2860	9.4	2.2	200	9	5′10″
	30	2690	9.6	1.2	195	8	5′30″
	20	2520	9.8	0.2	190	7	5′50″
	10	2350	10.0	−0.8	185	6	6′10″

表 4-3-4　大学女生各测试项目评分表（大一、大二适用）

等级	单项得分／分	肺活量／毫升	50 米跑／秒	坐位体前屈／厘米	立定跳远／厘米	1 分钟仰卧起坐／次	耐力跑 800 米／（分·秒）
优秀	100	3400	7.5	25.8	207	56	3′18″
	95	3350	7.6	24.0	201	54	3′24″
	90	3300	7.7	22.2	195	52	3′30″
良好	85	3150	8.0	20.6	188	49	3′37″
	80	3000	8.3	19.0	181	46	3′44″
及格	78	2900	8.5	17.7	178	44	3′49″
	76	2800	8.7	16.4	175	42	3′54″
	74	2700	8.9	15.1	172	40	3′59″
	72	2600	9.1	13.8	169	38	4′04″
	70	2500	9.3	12.5	166	36	4′09″
	68	2400	9.5	11.2	163	34	4′14″
	66	2300	9.7	9.9	160	32	4′19″
	64	2200	9.9	8.6	157	30	4′24″
	62	2100	10.1	7.3	154	28	4′29″
	60	2000	10.3	6.0	151	26	4′34″
不及格	50	1960	10.5	5.2	146	24	4′44″
	40	1920	10.7	4.4	141	22	4′54″
	30	1880	10.9	3.6	136	20	5′04″
	20	1840	11.1	2.8	131	18	5′14″
	10	1800	11.3	2.0	126	16	5′24″

表 4-3-5　大学女生各测试项目评分表（大三、大四适用）

等级	单项得分／分	肺活量／毫升	50 米跑／秒	坐位体前屈／厘米	立定跳远／厘米	1 分钟仰卧起坐／次	耐力跑 800 米／（分·秒）
优秀	100	3450	7.4	26.3	208	57	3′16″
	95	3400	7.5	24.4	202	55	3′22″
	90	3350	7.6	22.4	196	53	3′28″
良好	85	3200	7.9	21.0	189	50	3′35″
	80	3050	8.2	19.5	182	47	3′42″

民航公共体育教程

等级	单项得分 /分	肺活量 /毫升	50 米跑 /秒	坐位体前屈 /厘米	立定跳远 /厘米	1 分钟仰卧起坐 /次	耐力跑 800 米 /（分·秒）
及格	78	2950	8.4	18.2	179	45	3'47"
	76	2850	8.6	16.9	176	43	3'52"
	74	2750	8.8	15.6	173	41	3'57"
	72	2650	9.0	14.3	170	39	4'02"
	70	2550	9.2	13.0	167	37	4'07"
	68	2450	9.4	11.7	164	35	4'12"
	66	2350	9.6	10.4	161	33	4'17"
	64	2250	9.8	9.1	158	31	4'22"
	62	2150	10.0	7.8	155	29	4'27"
	60	2050	10.2	6.5	152	27	4'32"
不及格	50	2010	10.4	5.7	147	25	4'42"
	40	1970	10.6	4.9	142	23	4'52"
	30	1930	10.8	4.1	137	21	5'02"
	20	1890	11.0	3.3	132	19	5'12"
	10	1850	11.2	2.5	127	17	5'22"

表 4-3-6　大学生加分指标测试项目评分表一　　　　　　　（单位：次）

加分	引体向上（男）		1 分钟仰卧起坐（女）	
	大一、大二	大三、大四	大一、大二	大三、大四
10	10	10	13	13
9	9	9	12	12
8	8	8	11	11
7	7	7	10	10
6	6	6	9	9
5	5	5	8	8
4	4	4	7	7
3	3	3	6	6
2	2	2	4	4
1	1	1	2	2

注：引体向上（男）、1 分钟仰卧起坐（女）均为高优指标，学生成绩超过单项评分 100 分后，以超

过的次数所对应的分数进行加分。

表 4-3-7　大学生加分指标测试项目评分表二　　　　（单位：秒）

加分	1000 米跑（男）		800 米跑（女）	
	大一、大二	大三、大四	大一、大二	大三、大四
10	−35″	−35″	−50″	−50″
9	−32″	−32″	−45″	−45″
8	−29″	−29″	−40″	−40″
7	−26″	−26″	−35″	−35″
6	−23″	−23″	−30″	−30″
5	−20″	−20″	−25″	−25″
4	−16″	−16″	−20″	−20″
3	−12″	−12″	−15″	−15″
2	−8″	−8″	−10″	−10″
1	−4″	−4″	−5″	−5″

注：1000 米跑（男）、800 米跑（女）均为低优指标，学生成绩低于单项评分 100 分后，以减少的秒数所对应的分数进行加分。

思考题

1.《国家学生体质健康标准》测试中大学生各年级的单项指标包括哪些？

2. 大学男生和大学女生的正常体重指数范围分别是多少？

3. 在进行肺活量测试时，应该注意什么？

4. 大学生体质健康测试的加分指标测试项目有哪些？

下 篇
运动技能实践篇

第五章

健康体适能

第一节 体适能概述

一、体适能的概念

体适能是身体对生活、活动与环境的综合适应能力，是一种满足生活需要和有足够的能量完成各种活动任务的能力。

二、体适能的分类

体适能一般分为三类：与动作技能有关的体适能，称为运动体适能，包括速度、反应时间、肌肉爆发力、协调性、平衡性、灵敏性等；与健康有关的体适能，称为健康体适能，包括心肺耐力、肌肉力量和肌肉耐力、柔韧性及身体成分；与代谢有关的体适能，称为代谢体适能。（图5-1-1）

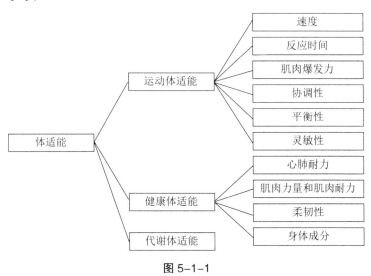

图 5-1-1

（一）运动体适能

1. 速度

速度是指人体进行快速移动的能力或以最短时间完成某种运动的能力。速度是短跑的核心要素。图5-1-2反映的是短跑冲刺的预备姿势。

图 5-1-2

短跑冲刺

折返跑

2. 反应时间

反应时间指人对某些外部信号刺激做出反应的时间。体适能较好的人，动作协调、轻巧、灵活、敏捷，在活动中动作准确，变换迅速。

3. 肌肉爆发力

肌肉爆发力指肌肉在最短时间内收缩时所产生的最大张力，通常用肌肉单位时间的做功量来表示。

4. 协调性

协调性指肌肉系统表现出正确、和谐、优雅的动作的能力，主要反映一个人的视觉、听觉和平衡感觉与熟练的动作技能相结合的能力。

5. 平衡性

平衡性指人体在静止或运动时维持身体稳定性的能力。图5-1-3反映的是闭目直立试验，可以检查人的前庭平衡功能是否正常。

6. 灵敏性

灵敏性指身体或身体某部位迅速移动，并快速改变方向的能力。

图 5-1-3

（二）健康体适能

1. 心肺耐力

心肺耐力指身体摄取氧和利用氧的能力。心肺耐力越强，学习、工作、走、跑、跳和劳动时就会越轻松，并能够胜任强度较大的工作，对较为剧烈的运动也能逐步适应。

2. 肌肉力量和肌肉耐力

肌肉力量是肌肉进行对抗阻力的活动的能力。肌肉强壮有助于预防关节的扭伤，缓解肌肉的疼痛和身体的疲劳。肌肉耐力是肌肉承受某种适当负荷时持续运动的能力。肌肉力量和肌肉耐力的重要性在于能够避免肌肉萎缩、松弛，维持较匀称的身材，有利于防止身体疲劳，减少运动损伤的发生，提升身体活动能力，提高生活质量。图5-1-4是练习者手握哑铃，背靠瑜伽球弯举。

图 5-1-4

3. 柔韧性

柔韧性是用力做动作时扩大动作幅度的能力，包括身体各个关节的活动幅度，以及跨过关节的肌肉、肌腱、韧带、皮肤和其他组织的弹性和伸展能力。柔韧性对于提高身体活动水平、维持正确的身体姿势、减少运动器官损伤、改善动作效果都有重要意义。

4. 身体成分

身体成分指组成人体各组织器官的比例。人体的脂肪质量占体重的百分比称为体脂百分比；除去脂肪的质量，包括骨、水分和肌肉等的质量，称为去脂体重。体适能的强弱与合理地控制体重和体脂百分比关系密切。体重得当、身体成分适宜是健康的标志。肥胖会给健康带来威胁，体重过轻也不利于健康，对脑力、体力均有负面影响，会使人体出现体质虚弱的现象。

（三）代谢体适能

代谢体适能主要包括血糖、血脂、血清胰岛素和骨密度等，其反映的是一种机能状态。代谢体适能与许多慢性疾病的发生、发展直接相关，与体育锻炼的效果直接相关。通过体育锻炼降低血脂水平、控制血糖、提高骨密度等都能增强机体的代谢体适能，减少各种疾病的发生，并影响机体整体的体适能水平。

第二节　健康体适能的测量与评价

一、心肺耐力的测量与评价

心肺耐力与大肌肉群参与动力性、中等强度至高强度的长时间运动的能力有关。这些运动依赖于呼吸系统、心血管系统和运动系统的功能状态。心肺耐力的测试方法较多，有直接反映机体氧气摄取和利用能力的最大摄氧量（VO_2max）测试，也有间接推测心肺耐力的20米往返跑试验、12分钟跑试验、台阶试验等运动负荷试验。两者之间的差异在于直接测试法中受试者做极限强度的运动，直接测得最大摄氧量的数值；间接测试法中受试者做一定时间的最大强度运动，通过心率及其他监测指标推算最大摄氧量。下面以12分钟跑为例说明。

12分钟跑作为一种场地测试法，要求受试者在田径跑道完成12分钟的匀速跑动。测试要求受试者尽自己的最大努力完成尽可能远的跑动距离。测试结束后，由测试人员记录受试

者的跑动距离，然后代入公式，推算最大摄氧量。其公式如下：

$$最大摄氧量［毫升/（千克·分）］=22.35×距离（千米）-11.29$$

肯尼斯·库珀博士的研究表明，12分钟跑的成绩与最大摄氧量的相关系数为0.897，呈显著相关。

采用肯尼斯·库珀12分钟跑推测的最大摄氧量评价13～60岁受试者心肺耐力的标准见表5-2-1。

表5-2-1　13～60岁心肺耐力评价标准　　［单位：毫升/（千克·分）］

性别	等级	年龄					
		13～19岁	20～29岁	30～39岁	40～49岁	50～59岁	60岁及以上
男子	很低	<35.0	<33.0	<31.5	<30.2	<26.1	<20.5
	低	35.0～38.3	33.0～36.4	31.5～35.4	30.2～33.5	26.1～30.9	20.5～26.0
	一般	38.4～45.1	36.5～42.4	35.5～40.9	33.6～38.9	31.0～35.7	26.1～32.2
	高	45.2～50.9	42.5～46.4	41.0～44.9	39.0～43.7	35.8～40.9	32.3～36.4
	很高	51.0～55.9	46.5～52.4	45.0～49.4	43.8～48.0	41.0～45.3	36.5～44.2
	优秀	>56.0	>52.5	>49.5	>48.1	>45.4	>44.3
女子	很低	<25.0	<23.6	<22.8	<21.0	<20.2	<17.5
	低	25.0～30.9	23.6～28.9	22.8～26.9	21.0～24.4	20.2～22.7	17.5～20.1
	一般	31.0～34.9	29.0～32.9	27.0～31.4	24.5～28.9	22.8～26.9	20.2～24.4
	高	35.0～38.9	33.0～36.9	31.5～35.6	29.0～32.8	27.0～31.4	24.5～30.2
	很高	39.0～41.9	37.0～40.9	35.7～40.0	32.9～36.9	31.5～35.7	30.3～31.4
	优秀	>42.0	>41.0	>40.1	>37.0	>35.8	>31.5

二、肌肉力量和肌肉耐力的测量与评价

（一）最大肌肉力量

最大肌肉力量测试包括握力、背力、臂力和腿力的测试，通常采用握力计进行握力测试。

测试方法为调整握力计到适宜位置，屈臂或者直臂，尽最大力量抓握，握力计不可触碰身体，左右手轮流测试，可以测试2～3次，取最好成绩。（图5-2-1）

图5-2-1

（二）肌肉耐力

测试肌肉耐力的方法包括引体向上、仰卧起坐等，分别测试上肢和腰腹的肌肉耐力，以完成的数量进行评价。（表5-2-2和表5-2-3）

表 5-2-2　引体向上等级评价表　　　　　　　　　（单位：个）

等级	引体向上
优秀	≥ 20
良好	15 ～ 19
一般	10 ～ 14
较差	6 ～ 9
很差	≤ 5

表 5-2-3　1分钟仰卧起坐等级评价表　　　　　　（单位：个）

性别	等级	年龄					
		18 ～ 25 岁	26 ～ 35 岁	36 ～ 45 岁	46 ～ 55 岁	56 ～ 65 岁	>65 岁
男子	优秀	>49	>45	>41	>35	>31	>28
	良好	44 ～ 49	40 ～ 45	35 ～ 41	29 ～ 35	25 ～ 31	22 ～ 28
	较好	39 ～ 43	35 ～ 39	30 ～ 34	25 ～ 28	21 ～ 24	19 ～ 21
	一般	35 ～ 38	31 ～ 34	27 ～ 29	22 ～ 24	17 ～ 20	15 ～ 18
	较差	31 ～ 34	29 ～ 30	23 ～ 26	18 ～ 21	13 ～ 16	11 ～ 14
	差	25 ～ 30	22 ～ 28	17 ～ 22	13 ～ 17	9 ～ 12	7 ～ 10
	非常差	<25	< 22	< 17	< 13	< 9	< 7
女子	优秀	>43	>39	>33	>27	>24	>23
	良好	37 ～ 43	33 ～ 39	27 ～ 33	22 ～ 27	18 ～ 24	17 ～ 23
	较好	33 ～ 36	29 ～ 32	23 ～ 26	18 ～ 21	13 ～ 17	14 ～ 16
	一般	29 ～ 32	25 ～ 28	19 ～ 22	14 ～ 17	10 ～ 12	11 ～ 13
	较差	25 ～ 28	21 ～ 24	15 ～ 18	10 ～ 13	7 ～ 9	5 ～ 10
	差	18 ～ 24	13 ～ 20	7 ～ 14	5 ～ 9	3 ～ 6	2 ～ 4
	非常差	< 18	< 13	< 7	< 5	< 3	< 2

（三）快速力量

快速力量的测试方法根据测试目的分为一般性快速力量测试和爆发力测试两种。在运动实践中通常采用一些简单的方法来测试，如纵跳等。（图5-5-2）

图 5-2-2

表5-2-4是20~39岁成年人纵跳等级评价表。

表 5-2-4　20～39 岁成年人纵跳等级评价表　　　　　　　（单位：厘米）

性别	等级	年龄			
		20～24 岁	25～29 岁	30～34 岁	35～39 岁
男子	很差	19.9～24.8	19.6～23.9	18.4～22.3	17.8～21.4
	较差	24.9～32.3	24.0～31.3	22.4～29.3	21.5～27.9
	一般	32.4～38.4	31.4～36.8	29.4～34.7	28.0～33.0
	良好	38.5～45.8	36.9～43.6	34.8～41.1	33.1～39.5
	优秀	>45.8	>43.6	>41.1	>39.5
女子	很差	12.7～15.8	12.4～15.0	12.0～14.5	11.5～13.7
	较差	15.9～20.5	15.1～19.7	14.6～18.7	13.8～17.8
	一般	20.6～24.7	19.8～23.4	18.8～22.6	17.9～21.3
	良好	24.8～30.0	23.5～28.5	22.7～27.7	21.4～26.1
	优秀	>30.0	>28.5	>27.7	>26.1

三、柔韧性的测量与评价

《国家学生体质健康标准》中测试柔韧性的方法是坐位体前屈，可以使用坐位体前屈测试仪测定。受试者坐在平地上，两腿伸直，两脚平蹬测试纵板，上体前屈，两臂伸直向前，用两手中指指尖逐渐向前推动游标，直到不能前推为止。测2次，取最好成绩。测试时两腿不能弯曲。表5-2-5是大学生坐位体前屈等级评价表。

表 5-2-5　坐位体前屈等级评价表　　　　　　　　　　　（单位：厘米）

等级	男生		女生	
	大一、大二	大三、大四	大一、大二	大三、大四
优秀	24.9	25.1	25.8	26.3
	23.1	23.3	24.0	24.4
	21.3	21.5	22.2	22.4
良好	19.5	19.9	20.6	21.0
	17.7	18.2	19.0	19.5
及格	16.3	16.8	17.7	18.2
	14.9	15.4	16.4	16.9
	13.5	14.0	15.1	15.6
	12.1	12.6	13.8	14.3
	10.7	11.2	12.5	13.0
	9.3	9.8	11.2	11.7
	7.9	8.4	9.9	10.4
	6.5	7.0	8.6	9.1
	5.1	5.6	7.3	7.8
	3.7	4.2	6.0	6.5
不及格	2.7	3.2	5.2	5.7
	1.7	2.2	4.4	4.9
	0.7	1.2	3.6	4.1
	−0.3	0.2	2.8	3.3
	−1.3	−0.8	2.0	2.5

四、身体成分的测量与评价

身体成分的测量包括脂肪成分和非脂肪成分的测量。身体成分的测量方法较为丰富，可从原子、分子、细胞、组织系统和整体五个不同水平进行测试。具体的方法有人体测量、X射线测量、同位素技术和超声波扫描等方法，通过直接或间接方法测定人体密度、皮下脂肪厚度等。

下面简要介绍3种方便快捷、广泛适用的测评技术。

（一）腰围、臀围比例测评

腰臀比可以显示脂肪的区域性分布，判断是上半身肥胖还是下半身肥胖。腰臀比的测量步骤比较简单，更适于自我评价。

（1）测量工具为无弹性的卷尺。取站立姿势，穿着单薄的衣服以减少误差。测量时，卷尺紧紧贴在皮肤上，测量数值应精确到毫米。

（2）测量腰围时，将卷尺放在与肚脐水平位置处，并在呼气结束时测量。（图5-2-3）

（3）测量臀围时，将卷尺放在臀围的最大周长处。（图5-2-4）

（4）完成测量后，用腰围除以臀围，得出腰臀比。

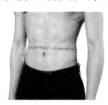 

图 5-2-3　　　　　图 5-2-4

请根据表5-2-6评定腰围、臀围比例等级，进行自我评定。

表 5-2-6　腰围、臀围比例的等级评价

等级（疾病风险）	男性	女性
高风险	>1.00	>0.85
较高风险	0.90～1.00	0.80～0.85
较低风险	<0.90	<0.80

（二）体脂百分比

体脂百分比是指人体内脂肪质量在人体总体重中所占的比例，它可反映人体内脂肪的含量。正常成年人的体脂百分比分别是男性为15%～18%，女性为20%～25%。体脂百分比应保持在正常范围，若体脂百分比过高，就可视为肥胖；若男性体脂率低于5%，女性体脂率低于13%，则表明体脂率过低，可能会引起身体功能性失调。

一般采用简便易行的皮褶厚度测量法，即利用皮下脂肪厚度间接推算体脂百分比。由于这种方法容易导致测量误差，在大规模测试中不常使用。

（三）体重指数

在《国家学生体质健康标准》测试评分表中，采用体重指数（BMI）单项评分表（单位：千克/米^2）对学生进行测评，不同的测评数值都对应有正常、低体重、超重和肥胖四个等级。如果测得的体重指数小于或大于同年龄范围，就说明身体的匀称度欠佳，需要通过调整饮食结构和积极参加体育运动来增加肌肉组织或减少体内多余的脂肪。

第三节　健康体适能的锻炼方法

一、心肺耐力的锻炼方法

有氧运动是增强心肺耐力的基本手段。

（一）有氧运动形式的选择

有氧运动是指人体需氧量和摄氧量达到动态平衡的运动。做有氧运动时，体内较少产生乳酸堆积，心率和呼吸保持在较为稳定的状态，因而持续运动时间长、安全性高、脂肪消耗多，有利于改善心血管系统的功能。常见的提高心肺耐力的锻炼方式包括慢跑、健步走、登山、跳绳、划船、骑自行车和游泳等。

（二）有氧练习的方法

（1）综合练习：由几种不同的锻炼内容组成。例如，第一天跑步，第二天游泳，第三天骑自行车。综合练习的一个优点就是可以避免长期进行同一种练习而产生枯燥感，并且可以防止身体局部出现过度疲劳。

（2）持续练习：长时间、长距离、慢节奏的中等强度（强度保持在约70%的最大心率）练习，是最受欢迎的心肺耐力锻炼方法之一。一次锻炼时间可持续40～60分钟。

（3）间歇练习：重复进行练习，并且练习的强度、持续时间和间歇时间较为固定的锻炼方法。练习内容不同，练习持续的时间各不相同，一般为1～5分钟。每次练习后有一个休息期，休息期的时间与练习时间相等或稍长于练习时间。间歇练习与持续练习相比能使学生完成更大的运动量，并且锻炼的方式可以有所变化。

（4）法特莱克练习：一种与间歇练习相似的长距离跑的锻炼方式，但练习时间与休息时间的比例不固定。法特莱克练习的地点比较随意，可以减少枯燥感。

（三）有氧练习的有效练习强度和频率

健身效果与有氧练习的频率、强度和每次训练的持续时间有关。因此，练习者在进行有氧练习时，要科学地控制练习强度和频率。

（1）选择以大肌肉群参与为主，而不是以小肌肉群参与为主的运动方式。

（2）每周练习3～5次，1次练习的持续时间为30～60分钟。

（3）运动强度控制在靶心率范围内，在这个心率范围的练习既安全，又有效。

（4）运动强度是有氧锻炼的一个重要因素，因为它与能量来源、能量需求、氧消耗量、运动损伤等因素都有关。运动强度的大小常以心率来表示。由于年龄、体能和健康等状况存在个体差异，不同人群的有氧练习适宜心率也不相同。（表5-3-1）

表 5-3-1　不同人群有氧练习适宜心率参考值

人群分类	最大心率	有氧练习适宜心率
体能良好者	220 - 年龄	（70%～85%）× 最大心率
体能普通者	220 - 年龄	（60%～75%）× 最大心率
体能不佳者	220 - 年龄	（50%～70%）× 最大心率

二、肌肉力量和肌肉耐力的锻炼方法

增强肌肉力量和肌肉耐力的训练有不少共同之处，可统称为力量练习。负重抗阻练习是增强肌肉力量的基本手段，长期的渐增阻力的力量练习可以增强肌肉力量。每周进行适当的力量练习，可以增加肌肉组织含量，提高肌肉力量，促进健康。

根据肌肉收缩的类型，力量练习可分为等张练习、等长练习和等动练习。

（一）等张练习

肌肉以等张收缩的形式进行负重或不负重的动力性抗阻练习，称为等张练习。等张练习是最常用的力量练习方法。等张练习能有效地提高动力性力量，改善神经肌肉的协调性，不足之处是在整个动作过程中不能保证肌肉每一次收缩的负荷都相等，导致在某些关节运动角度上肌肉负荷可能不足，在整个练习中负荷往往偏小。

高翻

（二）等长练习

肌肉以等长收缩的形式使人体保持在某一特定位置或对抗固定不动的阻力的练习，称为等长练习或静力性练习。等长练习能有效地增强静力最大力量和静力耐力。

抓举

（三）等动练习

等动练习是借助专门的等动训练器，在动力状态下完成练习的方法。在整个练习中关节运动在各个角度上均受到相同的较大负荷，从而使肌肉在整个练习中均能产生较大的张力。

三、柔韧性的锻炼方法

提高柔韧性的目的是提高关节周围的肌肉、肌腱、韧带等软组织的伸展性。伸展能力的提高主要是"力"的拉伸作用的结果。这种"力"表现在动作上可分为两种，即主动动作和被动动作，主动柔韧性练习和被动柔韧性练习都可以分为动力性练习和静力性练习。（表5-3-2）

表 5-3-2　不同类型柔韧性练习的方法及特点

柔韧性练习类型	举例	特点
主动柔韧性的动力练习	肩绕环、扩胸、振臂、转腰、涮腰、踢腿等	在主动肌的力量和速度不断增长的条件下，不断发展对抗肌的柔韧性
主动柔韧性的静力练习	控腿、拱腰等	使主动肌保持在一个相对静止的收缩状态，有意识地逐步放松对抗肌，使之慢慢拉长
被动柔韧性的动力练习	压肩、压腿等	活动关节，协调主动肌和对抗肌的运动，提高肌肉力量和爆发力
被动柔韧性的静力练习	拉肩、吊肩、劈叉、压脚等	在自身体重或外力的作用下，肌肉被强制拉伸

肌肉伸展的方法主要有三种：主动或被动的静态伸展法、主动或被动的弹性伸展法、本体感神经肌肉促进技术。

（一）主动或被动的静态伸展法

主动或被动的静态伸展法是一种行之有效且比较流行的伸展肌肉的方法，它是缓慢地将肌肉、肌腱、韧带拉伸到有酸、胀、痛感觉的位置，并维持此姿势一定时间。关于在酸、胀、痛的感觉位置停留的最佳时间，目前的研究尚无定论，一般认为10～30秒是较为理想的时间，每块肌肉的伸展应连续重复4～6次为好。图5-3-1是股后肌群的静态拉伸。

主动或被动的静态伸展法可以较好地控制拉伸时所使用的力量，比较安全，尤其适合活动较少或未经训练的人。这种拉伸方法可以降低超过关节伸展能力的危险性，避免肌肉出现拉伤，不会由于拉伸缓慢而引起牵张反射。

图 5-3-1

（二）主动或被动的弹性伸展法

主动或被动的弹性伸展法是指有节奏地、速度较快地、幅度逐渐加大地多次重复一个动作的拉伸方法。主动的弹性伸展是靠自己的力量拉伸，并重复地收缩肌肉来达到拮抗肌的快速伸展效果；被动的弹性伸展是靠同伴的帮助或负重借助外力的拉伸。

利用主动动作或被动动作所产生的力量来伸展肌肉，所用的力量应与被拉伸关节的可伸展能力相适应，如果力量大于肌肉组织的可伸展能力，肌肉就会被拉伤。运用该方法时，用力不宜过猛，幅度一定要由小到大。先做几次小幅度的预备拉伸，再逐渐加大幅度，从而避免拉伤。图5-3-2是股后肌群的弹性拉伸。

图 5-3-2

（三）本体感神经肌肉促进技术

本体感神经肌肉促进技术最初被用于对各种神经肌肉瘫痪患者的治疗，后来才被当作正常人改善肌肉柔韧性的伸展方法。现在流行的本体感神经肌肉促进技术包括慢速伸展—保持—放松法、收缩—放松法和保持—放松法三种。这些方法都包含收缩肌和拮抗肌的收缩和放松。

以伸展股后肌群为例，慢速伸展—保持—放松法有几个步骤：①仰卧，膝关节伸直，脚背与小腿成90°角，同伴协助推一条腿使其髋关节弯曲至有轻微的酸痛感；②开始收缩股后肌群以抵抗同伴的推力，持续10秒以后，放松股后肌群而收缩股四头肌（收缩肌）；③同伴再加力帮助伸展股后肌群（拮抗肌），放松过程持续10秒，此时，从这个关节新的角度开始，再一次对抗同伴的推力，这样的过程至少重复3次。

收缩—放松法和保持—放松法是慢速伸展—保持—放松法的变形。在收缩—放松法中，股后肌群做等张收缩，因此，事实上，腿在被推的过程中朝推力的反方向移动，而在保持—放松法中，股后肌群做等长收缩。在放松阶段中，这两种方法都包括股后肌群和股四头肌的放松，股后肌群被动伸展。

以上3种伸展方法都可以有效地改善身体柔韧性，但弹性伸展法容易引起肌肉酸痛，也存在着肌肉被拉伤的风险，很少被采用。弹性伸展法比较适合经常锻炼的人和运动员。静态伸展法是使用最为广泛的方法，因为这种方法简单、有效、安全，甚至不需要同伴的帮助，通过一段时间的锻炼可以有效地提高关节的柔韧性。本体感受神经肌肉伸展法在一次伸展过程中可以大大提高关节的活动幅度，比静态伸展法的效果更加显著，且不易导致肌肉酸痛或损伤，因此，越来越多的人选择用此方法来改善肌肉、关节的柔韧性。本体感受神经肌肉伸展法的主要缺点是需要同伴的帮助，无法一个人进行。

除了上述三种拉伸方法，还有主动隔离式拉伸（图5-3-3）和肌筋膜放松术（图5-3-4）等。

图 5-3-3   图 5-3-4

（四）柔韧性练习的基本要求

1. 柔韧性练习的强度

柔韧性练习应采用缓慢、放松、有节制和无疼痛的练习，并且只有通过一定的努力才能提高肌肉的伸展度。肌肉的伸展会产生酸胀的感觉，但不应因过分伸展而引起不适。拉伸的强度随关节活动范围的增加而改变。随着柔韧性在锻炼过程中的提高，练习强度应逐渐加大。

2. 柔韧性练习的时间和次数

柔韧性练习的时间由练习所采用的伸展方式决定，主要包括重复的次数和伸展时停留的时间。每个姿势持续的时间是逐渐增加的，应从最初的10秒，经过一段时间的练习后增加至30秒，重复次数在3次以上。如果是平时体育锻炼中进行的柔韧性练习，须练习5～10分钟；如果是专门为了提高柔韧性而进行的练习，则必须练习15～30分钟。（表5-3-3）

表 5-3-3　柔韧性练习的时间、次数安排实例

周次	阶段	肌肉伸展持续时间／秒	每种练习重复次数／次	每周锻炼次数／次
1	起始	15	1	1
2	逐步进步	20	2	2
3		25	3	3
4		30	4	3
5	保持	30	4	3～4
6		30	4	4～5
7 及以上		30	4	4～5

四、身体成分的锻炼方法

身体成分的锻炼方法主要包括减少脂肪和增加肌肉的锻炼方法，这里只介绍减少脂肪的锻炼方法。

（一）在水中快走

在水中快走的方法听起来很简单，但尝试之后就会发现，要完成这项运动，付出的艰辛远远超过通常在陆地上使用的那些健身方法，因为人体在水中受到的阻力是空气中所遇阻力的很多倍。因此，在使用水中快走这个锻炼方法的时候，尽最大的努力在水中快走能让身体消耗更多的热量。以一个体重为62.5千克左右的女性为例，进行这项锻炼时，她的身体每分钟消耗的热量相当于她以每小时5千米的速度快走同等时间后所消耗热量的2倍。

（二）迅速热身

在进行运动前，热身过程不可忽视，而且一定要做得又快又好。有研究人员通过监测发现，自行车运动员在短时间的热身之后，身体在比赛的前半段中处于高度紧张状态，其在比赛前半段时间里消耗的热量比在比赛后半段时间里消耗的热量多出了10%。因此，在运动前迅速热身能最大限度地调动身体的积极性，同时也调动了身体里积蓄的脂肪，使其在随后进行的运动过程中能充分燃烧。

（三）调整运动强度

不必运动很长时间就能消耗更多热量，达到这个效果的关键是调整运动强度。运动强度的调整要因人而异，并不是所有人都要运动到心跳剧烈、大量出汗、气喘吁吁，才会有好的运动效果。锻炼者需要做的只是在短时间内提高自己的运动强度，然后恢复到平常的状态，重复几次这样的快慢结合运动，能使身体消耗更多的热量。

思考题

1. 健康体适能包括哪些内容？
2. 心肺耐力的锻炼方法有哪些？
3. 肌肉力量和肌肉耐力的锻炼方法有哪些？
4. 柔韧性的锻炼方法有哪些？

第六章 足球运动

第一节 足球运动概述

一、足球运动的起源和发展

足球运动是一项古老且富有魅力的运动项目。我国古代的足球运动称为"蹴鞠",又称"踏鞠",其最早被记载于《战国策·齐策》。在战国时,蹴鞠已成为一种重要的娱乐和练兵手段。三国时期,蹴鞠在承袭先秦蹴鞠形式的基础上发展得较快。唐、宋、元、明、清不同朝代都继承并发展了蹴鞠。2004 年,时任国际足球联合会(简称"国际足联")主席的布拉特宣布,中国是足球的故乡,足球最早起源于山东省淄博市的临淄,并于2005 年在国际足联总部向临淄颁发了足球起源地证书。

现代足球运动起源于英国。1863年10月26日,英国伦敦成立了世界上第一个足球运动组织—英格兰足球总会,并统一了足球规则。英格兰足球总会的成立之日被人们视为现代足球的诞生日。从1900年的第2届奥运会开始,足球就被列为奥运会正式比赛项目(不允许职业足球运动员参加)。1904年,国际足联在法国巴黎成立。1930年起,国际足联每4年举办一次足球世界杯,比赛取消了对职业足球运动员的限制。现代足球运动是世界上开展得最广泛、影响力最大的运动项目之一,深受人们喜爱。

中华人民共和国成立后,足球是国家重点发展的体育项目之一。中国男子足球队曾于1984年和2004年获得亚洲杯足球赛亚军,2002年首次参加国际足联世界杯决赛圈比赛。中国女子足球队曾获得1986年、1989年、1991年、1993年、1995年、1997年、1999年、2006年女足亚洲杯冠军,并获得女足世界杯亚军1次。近些年来,足球得到了国家的高度重视,《中国足球中长期发展规划(2016—2050年)》于2016年出台。目前,全国青少年校园足球联赛(大学组)是我国大学校园中影响力最大的足球赛事之一,深受大学生的欢迎。

二、足球运动的特点和锻炼价值

(一)足球运动的特点

1.整体性

足球比赛每队由11人上场参赛,场上的11人要思想统一,行动一致,形成整体参战的

意识。攻守平衡、整体性强，才有机会获得比赛的主动权，取得比赛的胜利。

2. 对抗性

足球运动是一项竞争激烈的对抗性运动。比赛中，双方为了争夺比赛的主动权，除了要把球踢入对方球门外还要尽全力阻止对方进球，因此双方为此展开对抗，尤其是在两个禁区附近的争夺更是异常激烈，扣人心弦。

3. 多变性

足球运动是一项技术变化多样、战术变幻莫测、胜负难料的运动项目，比赛中一方技战术的采用会受另一方的干扰和限制。因此，在选择和运用技战术时，要依据临场的具体情况做到灵活多变，争取占据主动。

（二）足球运动的锻炼价值

经常参加足球运动，可以锻炼人的反应能力和判断能力，培养勇敢、顽强、机智、果断、坚韧不拔、勇于克服困难的优良品质和团结互助、遵守纪律的集体主义精神。

第二节　足球基本技术

足球基本技术主要包括踢球、运球、停球、头顶球、抢截球、掷界外球等。

一、踢球

踢球动作一般由助跑、支撑脚站位、踢球腿的摆动、踢球脚的触球部位和踢球后的随摆等要素组成。根据来球方向、场上队员站位等，可采取以下不同的踢球方式。

（一）脚内侧踢球

脚内侧踢球常用于踢定位球，也可直接踢从各方向来的地滚球和空中球。

踢定位球时，直线助跑，支撑脚落在球的侧后方约15厘米处，膝关节微屈，踢球腿以髋关节为轴，膝关节外展约90°，脚尖回勾，脚内侧与地面平行，由后向前摆动，用脚内侧（三角面）触球的后中部。（图6-2-1）

脚内侧踢球

图 6-2-1

踢空中球时，大腿抬起，小腿拖后，脚内侧对准来球方向，小腿加速向前摆动踢球的后中部。

（二）脚背内侧踢球

脚背内侧踢球

脚背内侧踢球常用于踢定位球、过顶球、远距离传射和转身踢球等。

踢定位球时，助跑路线与出球方向的夹角约为90°。支撑脚的脚掌外沿踏在球的侧后方25～30厘米处，并踏在球的横轴（与出球方向成垂直的轴）延长线上，脚尖指向出球方向，膝关节弯曲，身体向支撑脚一侧稍倾斜。在支撑脚着地的同时，踢球腿以髋关节为轴，大腿带动小腿由后向前摆动。当身体转向出球方向，膝关节大约摆至球的正上方时，小腿加速前摆，脚尖稍外展并下压，用脚背内侧踢球的后中部。踢球后，摆动腿继续向出球方向随摆。（图6-2-2）

图 6-2-2

转身踢球时，在助跑的最后一步，踢球腿蹬离地面时，身体转向出球方向，支撑脚以脚掌外沿着地，脚尖指向出球方向，上体稍前倾，膝关节弯曲，后面的动作与脚背内侧踢定位球相同。

（三）脚背外侧踢球

脚背外侧踢球

脚背外侧踢球常用于踢定位球、弧线球、弹拨球等。

踢定位球时，直线助跑，最后一步步幅稍大，支撑脚脚跟先着地，踏在球的侧后方10～15厘米处，脚尖正对出球方向，膝关节微屈。摆动腿以膝关节为轴，大腿带动小腿积极向前摆动。在踢球腿的膝关节大约摆至球的正上方时，小腿加速前摆的一刹那，膝关节和脚尖内收，脚背绷直，脚趾扣紧，以脚背外侧踢球的后中部。踢球后，踢球腿继续随摆。（图6-2-3）

图 6-2-3

二、运球

（一）脚背正面运球

脚背正面运球常用于带球快速前进。

跑动时，身体自然放松，上体稍前倾，两臂自然摆动，步幅不宜过大。运球脚脚跟提起，脚尖下压，用脚背正面推拨球前进。（图6-2-4）

图 6-2-4

脚背外侧运球

（二）脚背外侧运球

脚背外侧运球常用于带球快速奔跑和改变方向。

动作要领与脚背正面运球相似，不同的是运球脚的脚尖稍内收，用脚背外侧推拨球。

（三）脚背内侧运球

脚背内侧运球常用于带球变向和用身体掩护球。

跑动时，身体自然放松，步幅不宜过大，上体稍前倾并向运球方向转动。运球脚提起时，膝关节微屈，脚跟提起，脚尖稍外展。在向前迈步着地前，用脚背内侧推拨球。

（四）脚内侧运球

脚内侧运球是运球技术中最慢的一种运球方法，常结合用身体掩护球使用。

运球时，支撑脚向前跨出一步，踏在球的侧前方，膝关节微屈，上体稍前倾并向运球脚方向稍转。随着身体向前移动，运球脚提起，用脚内侧推拨球的后中部。

三、停球

停球是指队员有目的地用身体的合理部位，把运行中的球停接到自己可控制的范围内。停球是为了更好地传球、运球、过人和射门。

（一）脚内侧停球

脚内侧停球触球的面积大，易使球停稳，便于变向或衔接下一个动作，多用于停地滚球、反弹球和空中球。

脚内侧停
地滚球

（1）停地滚球：支撑脚正对来球，膝关节微屈，停球腿的膝关节外展并前迎。脚在与球接触前的一刹那开始后撤，在后撤过程中用脚内侧触球，把球停在需要的位置上。（图6-2-5）

（2）停反弹球：支撑脚踏在球落点的侧前方，膝关节微屈，上体稍前倾并向停球脚方向微转，同时停球脚提起并放松，用脚内侧对准球的反弹路线，当球落地反弹刚离地时，用脚内侧触球的中上部。（图6-2-6）

图 6-2-5

图 6-2-6

（3）停空中球：一种方法是根据来球的高度，将停球脚抬起，脚内侧对准来球路线，在脚与球接触前的一刹那开始后撤，在后撤过程中用脚内侧触球，把球控制在下一个动作需要的地方（图6-2-7）；另一种方法是将脚抬起，并稍高于所选择的停球点，在脚与球接触前的一刹那用脚内侧切球的侧上部，把球停在地面。用切压法停球往往不稳，需要随时调整。

图 6-2-7

（二）脚底停球

脚底停球常用于停地滚球和停反弹球。

（1）停地滚球：膝关节微屈，脚尖正对来球，同时将停球脚抬起，膝关节自然弯曲，脚尖回勾，脚跟不得高于球，踝关节放松，用前脚掌触球的中上部。（图6-2-8）

图 6-2-8

（2）停反弹球：支撑脚踏在球可能的落点的侧后方，在球着地的一刹那，用停球脚的前脚掌对准球的反弹路线，触球的中上部。

（三）胸部停球

胸部面积较大，有弹性，位置高，能停高球和空中平球。胸部停球有收胸式停球和挺胸式停球两种。

（1）收胸式停球：一般用来停胸部高度的平直球。停球时，面对来球，两脚开立，两臂自然张开，挺胸迎球。在球与胸部接触前的一刹那，迅速收胸、耸肩、收腹，缓冲来球的力量，将球停在身前（图6-2-9）。如果要把球停向左（右）侧，则在触球的同时向左（右）侧转体，并用同侧肌肉触球。

（2）挺胸式停球：一般用于停高于胸部的下落球。停球时，面对来球，两脚开立，两膝微屈，正对来球，在球与胸部接触前的一刹那，收下颌，挺胸，上体后仰，成背弓形，以缓冲来球的力量，使球弹起落于身前。（图6-2-10）

挺胸式停球

图 6-2-9　　　　　　　　　　　图 6-2-10

四、头顶球

头顶球是争取时间和取得空中优势的主要技术，在攻防中都起着重要作用。头顶球可分为前额正面顶球和前额侧面顶球两种。球员可利用这两种方式进行原地、跳起或鱼跃顶球。

原地头顶球

（一）前额正面顶球

身体正对来球，两脚前后开立，膝关节微屈，上体后仰，两臂自然张开，两眼注视来球。在球运行到与身体垂直位置前的一刹那，脚用力蹬地，收腹，身体迅速前摆。当球运行到与身体垂直位置时，颈部收紧，收颌甩头，用前额正面顶球的后中部，然后上体随球继续前摆。（图6-2-11）

图 6-2-11

（二）前额侧面顶球

两脚前后开立，两膝微屈，上体和头部稍向出球方向异侧转动，重心放在后脚上，两臂自然张开，两眼注视来球，头部触球时，后脚用力蹬地，上体迅速向出球方向扭转，同时甩头，当球运行到出球方向同侧肩的前上方时，用前额侧面顶球的后中部。

五、抢截球

抢球是把对方控制的或将要控制的球抢过来或破坏掉。截球是将对方传出的球堵截住或破坏掉。

（一）正面抢截球

正面抢截球可分为正面跨步抢截球和正面铲球两种。

（1）正面跨步抢截球：两脚前后开立，两膝微屈，重心下降，并落在两脚之间，面向对手。当对手运球脚触球后即将着地或刚着地时，支撑脚用力蹬地，抢球脚向球跨出一步，脚内侧正对球，膝关节弯曲，上体前倾，重心移至抢球脚上，另一脚立即前跨成支撑脚。如果双方的脚同时触球，则要顺势向上提拉，使球从对方的脚背滚过。身体要迅速跟上，把球控制住。

（2）正面铲球：两脚前后开立，两膝微屈，重心下降，并落在两脚之间，面向对手。当对手运球脚触球的一刹那，一脚用力后蹬，另一脚前伸将球踢出。

（二）侧后铲球

侧后铲球可分为同侧脚铲球和异侧脚铲球两种。

（1）同侧脚铲球：在控球者拨出球的一刹那，抢球者的后脚（异侧脚）用力后蹬成跨步，前脚（同侧脚）以脚外侧沿地面向前外侧滑出，用脚背或脚尖将球踢出或捅出，然后小腿外侧、大腿外侧和臀部依次着地。

（2）异侧脚铲球：在控球者拨出球的一刹那，抢球者的后脚（同侧脚）用力后蹬成跨步，前脚（异侧脚）以脚外侧沿地面向前内侧滑出，用脚底将球蹚出去，然后小腿外侧、大腿外侧和臀部依次着地。

六、掷界外球

掷界外球不受越位限制，是组织进攻的良好机会，如果掷球既远又准，就能提高进攻质量。

（一）原地掷界外球

面对出球方向，两脚前后（左右）开立，膝关节弯曲，上体后仰，成背弓形，重心移到后脚上（左右开立时，重心在两脚之间），两手自然张开，拇指相对成八字形，持球的侧后部，屈肘将球置于头后。掷球时，后脚用力蹬地，两腿迅速伸直，重心由后脚移到前脚，收腹屈体，同时两臂急速前摆，当摆到头的正上方时，用力甩腕将球掷入场内（图6-2-12）。掷球时，后脚可沿地面滑动向前，但两脚均不可离地或踏入场内（允许踏在线上）。

原地掷界外球

图 6-2-12

（二）助跑掷界外球

两手持球于胸前，在助跑迈出最后一步时，上体后仰成背弓形，同时将球举至头后。掷球时的动作与原地掷界外球相同。

第三节　足球基本战术

足球比赛攻守过程中采取的个人行动和集体配合，称为足球基本战术。足球基本战术可分为进攻战术和防守战术两大类。进攻战术和防守战术中都包含着个人战术和集体战术。

一、比赛阵型

比赛阵型是指比赛场上队员的基本位置排列，是本队攻守力量分配和分工的形式。选择阵型要以本队队员的特长、体能和技术水平的特点为依据。

根据队员的职责和排列的层次可将阵型分为后卫线、前卫线和前锋线。阵型的人数排列原则是从后卫数向前锋，守门员不计算在内。

目前，世界上普遍采用的阵型有"4-3-3""4-4-2""4-2-1-3""3-5-2"等。在以上阵型中，除了"4-4-2"阵型以防守为主、反击为辅外，其他阵型均以进攻为主，尤以"3-5-2"阵型最突出进攻。

二、进攻战术

（一）个人进攻战术

个人进攻战术包括摆脱、跑位、带球过人等。个人进攻战术指的是在对方紧逼防守的情况下，采取有效措施，摆脱自己的对手，跑到有利的位置，接应控制球的同伴并巧妙地传球配合，以达到进攻目的的方法。

（二）局部进攻战术

局部进攻战术是指两人或两人以上的战术配合行动，可以丰富和完善全队的进攻战术，是实施全队进攻战术的基础。

两人的局部配合是集体配合的基础。常用的两人配合有以下三种方法。

（1）斜传直插二过一。⑦横传给⑨，⑨斜线传球，⑦直线插入接球；⑥斜线传球给⑩，⑩斜线传球，⑥直线插入接球。（图6-3-1）

（2）直传斜插二过一。⑦横传给⑨后立即斜线插上接⑨的直传；⑩运球过人后传给⑧，再斜线插上接⑧的直传。（图6-3-2）

（3）反切二过一。⑦回撤接⑨的传球，防守跟上紧逼时，⑦将球回传给⑨并转身切入，接⑨传至对手身后空当的球。（图6-3-3）

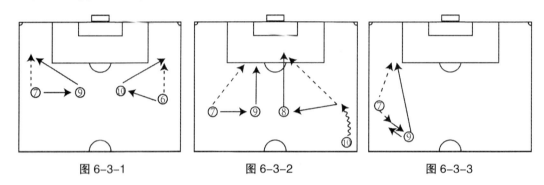

图6-3-1   图6-3-2   图6-3-3

（三）集体进攻战术

（1）边路进攻。边路进攻主要是通过边锋、交叉到边上的中锋或直接插上的前卫、边后卫，运用个人带球突破技术或传球配合，以达到突破对方的防线传中（外围传中、下底传中），最后由中锋包抄射门的目的。

（2）中路进攻。中路进攻能直接威胁球门，但由于中路防守队员密集，中路进攻不易突破，要通过中锋、内切的边锋或插上的前卫间的配合或个人带球过人等方法突破对方的防线。

（3）转移进攻。当一侧进攻受阻，另一侧进攻有利时，要及时地转移进攻方向。转移进攻多是通过采用有效而准确的中长距离传球来实现的，用以拉开对方的一侧防守，达到声东击西的进攻目的。

（4）快速反击。在防御中积极拼抢，一旦得球，趁对方立足未稳时快速传球，形成以多打少的局面，达到射门得分的目的。

三、防守战术

（一）个人防守战术

个人防守战术是局部防守和集体防守的基础，包括堵（迎面堵、贴身堵）、抢（迎面抢、侧面抢、侧后铲）、断等技术。此外，选位和盯人也是重要的个人防守战术。

（二）集体防守战术

集体防守战术有全场防守、半场防守、紧逼防守和区域防守，也有与盯人结合的区域防守、密集防守等多种防守战术。不论采用哪种防守战术都要考虑到本队的特长，还要针对对方的进攻战术，采用有效的防守战术，破坏对方的进攻。

第四节　足球主要竞赛规则

一、比赛时间

足球比赛分为上下两个半场，每个半场45分钟，中场休息不得超过15分钟。每场比赛有一定的补足时间。

二、队员人数与换人

每队上场11名队员，其中包括1名守门员。如果任何一队的场上队员少于7人，则比赛不得开始或继续进行。目前，涉及顶级联赛球队一队及国家队A队的男子、女子赛事最多可进行3人次替换；场外和场上队员未经裁判员许可不能擅自进出场地。比赛时，守门员可以与任何场上队员互换位置，若需要交换，须经过裁判员同意，并在比赛停止时进行。

三、比赛中犯规的判罚

足球比赛中犯规的判罚分2种，即直接任意球的判罚和间接任意球的判罚。

（一）直接任意球的判罚

当球员发生以下行为时，判对方罚直接任意球：
（1）推搡、拉扯、冲撞对方队员；
（2）在身体接触的情况下阻碍对方队员移动；
（3）咬人或向对方队员吐口水；
（4）手球犯规（不包括守门员在本方罚球区内）；
（5）踢或企图踢、绊摔或企图绊摔、打或企图打对方队员；
（6）跳向对方队员；
（7）用脚或其他部位抢截。

（二）间接任意球的判罚

当球员发生以下行为时，判对方罚间接任意球：
（1）以危险方式进行比赛；
（2）无身体接触的前提下阻碍对方队员行进；
（3）在守门员发球过程中，阻止守门员从手中发球、踢或准备踢球。

（4）守门员在本方罚球区内在发出球前，用手/臂部控制球超过6秒；在发出球之后、其他场上队员触及球前，用手/臂部触球；用手/臂部触及同队队员故意踢来的球；用手/臂部触及同队队员直接掷来的界外球。

四、红黄牌

足球裁判员在判罚时，根据犯规性质的不同可出示两种不同颜色的牌。

（1）足球比赛中出现严重犯规，应被出示红牌；咬人或向任何人吐口水，出现恶意的犯规或暴力行为，应被出示红牌；通过手球犯规破坏对方进球得分机会（守门员在本方罚球区内的除外）使用攻击性、侮辱性或辱骂性的语言和动作或同一场比赛中同一人得到第二次警告时，应被出示红牌。

（2）比赛中用语言或行为对判罚表示不满，应被出示黄牌；连续犯规、故意延误比赛恢复、擅自进出场地的行为应被出示黄牌。

五、对损耗时间的补足

裁判员对每半场所有因如下情况而损耗的时间予以补足：队员替换；对受伤队员的伤情评估和/或将其移出比赛场地；浪费的时间；纪律处罚；竞赛规程允许的医疗暂停，如"补水"暂停（不超过1分钟）和"降温"暂停（90秒至3分钟）；与视频助理裁判员"查看"及"回看分析"有关的延误；任何其他原因，包括任何明显延误比赛恢复的情况（如庆祝进球）。第四官员在每半场最后一分钟结束时展示裁判员决定的最短补时时间。裁判员可增加补时时间，但不得减少。裁判员不得因上半场计时失误而改变下半场的比赛时长。

六、越位

越位为队员较球和对方倒数第二名队员更接近于对方球门线的情况。位置是前提，触球瞬间是判断是否越位的时机，行为和效果是构成越位犯规的依据。

（一）越位位置

（1）队员处于越位位置本身并不构成犯规。

（2）队员处于越位位置：头、躯干或脚的任何部分在对方半场（不包含中线）；头、躯干或脚的任何部分比球和对方倒数第二名队员更接近于对方球门线。

（3）队员不处于越位位置：队员齐平于对方倒数第二名队员；队员齐平于对方最后两名队员。

（二）越位犯规

处于越位位置的队员，在队友处理或触及球的一瞬间，以下列方式参与进攻才会被判为越位犯规。

（1）干扰比赛：在同队队员传球或触球后得球或触及球。

（2）干扰对方队员：通过明显阻挡对方队员视线以阻止对方队员处理球；与对方争抢球；试图去处理距离自己很近的球且此行为影响到对方；做出明显的动作影响对方队员处理球的能力。

（3）通过触球或者干扰对方获得利益：当球从球门柱或横梁弹回，或从比赛官员、对方队员身上弹回或折射过来；球从对方队员有意识救球后而来。

七、确定比赛结果

（一）进球得分

（1）当球的整体从球门柱之间及横梁下方越过球门线，且进球队未犯规或违规时，即为进球得分。

（2）如果守门员手抛球直接进入对方球门，则由对方踢球门球。

（3）如果裁判员在球的整体还未越过球门线时示意进球，则以坠球恢复比赛。

（二）获胜队

（1）进球数较多的队伍为获胜队。如果双方球队没有进球或进球数相等，则该场比赛为平局。

（2）当竞赛规程规定一场比赛出现平局，或主客场进球数相同时必须有一方获胜，仅允许采取如下方式决定获胜队：①客场进球规则；②加时赛，加时赛下半场时长相等且均不超过15分钟。③球点球决胜。

第五节 足球课考核评价标准

一、1分钟脚内侧传球

【方法】两人相距8米，以脚内侧传球，测试两人在1分钟内的传球个数。1分钟脚内侧传球考核评分标准见表6-5-1。

表 6-5-1 1分钟脚内侧传球考核评分标准

男生	成绩	16个	17个	18个	19个	20个
	得分	20分	30分	40分	50分	60分
女生	成绩	14个	15个	16个	17个	18个
	得分	20分	30分	40分	50分	60分

【技术评定标准】

（1）技术动作正确，能够很好地控制传球力量和方向。（40分）

（2）技术动作较正确，传球准确。（30分）

（3）基本掌握脚内侧传球的技术动作。（20分）

（4）技术动作不熟练，不能一脚出球。（10分）

二、运球过障碍杆射门

【方法】用脚背内侧或脚背外侧运球过6个障碍杆，每个障碍杆间距为3米，起点距离第一个障碍杆1米，最后一个障碍杆距球门15米。从起动至球越过球门线进行计时。运球过障碍杆射门考核评分标准见表6-5-2。

表 6-5-2　运球过障碍杆射门考核评分标准

	成绩	10 秒	9 秒	8 秒	7 秒	6 秒
男生	得分	20 分	30 分	40 分	50 分	60 分
女生	成绩	13 秒	12 秒	11 秒	10 秒	9 秒
	得分	20 分	30 分	40 分	50 分	60 分

【技术评定标准】

（1）动作准确、协调，射门精准有力。（40分）

（2）动作较正确，协调，射门准确。（30分）

（3）基本掌握射门的动作要领。（20分）

（4）过障碍杆不连贯，射门力度不够。（10分）

思考题

1. 脚内侧踢球相对于其他踢球技术的优势是什么？

2. 脚背正面运球的动作要点是什么？

3. 脚内侧停球的动作要点是什么？

4. 前额正面顶球的发力顺序是什么？

第七章 篮球运动

第一节 篮球运动概述

一、篮球运动的起源和发展

1891年，美国马萨诸塞州一位名叫詹姆斯·奈史密斯的体育教师受桃园中的工人用桃子向桃筐投掷的启发，将两个篮筐分别钉在体育馆内两端看台的栏杆上，篮筐距离地面约3.05米，参与者用足球向篮筐内投掷，投中得1分，以得分的多少决定胜负。由于采用了2个篮筐和1个球，这项新的体育运动被称为篮球。后来篮筐被金属篮圈代替，比赛用球也改为特制的篮球。

篮球运动在全世界迅速传播，于19世纪90年代左右相继传入加拿大、法国、巴西等国家。1932年，瑞士、希腊、阿根廷、意大利、拉脱维亚、葡萄牙、罗马尼亚和捷克斯洛伐克8个国家在瑞士日内瓦组建了国际业余篮球联合会（后改名为国际篮球联合会，简称"国际篮联"），并且以美国大学使用的篮球规则为基础，制定了世界统一的比赛规则，每4年对规则进行1次修改和补充。男子篮球在1936年柏林奥运会上被列为正式比赛项目，女子篮球在1976年蒙特利尔奥运会上被列为正式比赛项目。

篮球于19世纪末传入中国，100多年来，它已经发展成为人民日常生活中最喜闻乐见的运动项目之一。中国男子篮球队曾多次获得亚洲男子篮球锦标赛（现为国际篮联亚洲杯）的冠军，并分别于1996年、2004年、2008年，获得奥运会男子篮球赛第8名。中国女子篮球队曾获得奥运会女子篮球赛亚军。中国篮球近些年来涌现出了姚明、王治郅、易建联等著名运动员。

二、篮球运动的特点和锻炼价值

（一）篮球运动的特点

1. 专项内容结构的多元性和综合化
现代篮球运动内容结构的多元性和综合化，使它形成了自己独特的理论体系和技战术体系。

2. 竞赛的多变性
篮球运动竞赛过程较复杂，技术动作繁多，战术形式多样，优秀运动队和优秀队员掌握与运用技战术的能力已达到炉火纯青的程度，使篮球的竞赛过程充满活力和多变性。

3. 健身性、娱乐性

参加篮球竞赛和各种篮球活动，有助于增进健康、愉悦身心，对人体的机能起到积极的影响。

4. 社会性、群众性

篮球运动吸引了世界各国人民的目光和参与，是一项开展广泛、有广大群众基础和具有特殊社会影响力的体育项目。

（二）篮球运动的锻炼价值

1. 对身体健康的促进作用

篮球运动是一项高强度的对抗性运动，不仅需要参与者具有快速奔跑、突然起跳及连续起跳的能力，还需要参与者具有敏捷的反应能力和较强的对抗能力。因此，经常参加篮球运动能提高机体的代谢能力，加快体内能源物质的转换，增强循环系统、呼吸系统和消化系统的功能，促进力量素质、速度素质、耐力素质、柔韧素质、灵敏素质等身体素质的发展，使身体肌肉结实、体格健壮。

2. 对心理健康的促进作用

篮球运动不仅是技术与身体的对抗，还是一项集意志与智慧于一体的集体运动项目。篮球运动要求运动员反应迅速、判断准确、随机应变、有勇有谋、机智果断，从而能够促进大脑功能和智力的发展。经常参加篮球运动，有利于人在快速、复杂的情况下做出迅速、准确的判断。同时，篮球运动需要队员之间默契配合，给参与者提供了交流的机会，使队员在满足个人表现欲望的同时，体会到队员间团结协作的快乐，能够有效发展参与者的自信心、意志力、进取心和自我约束能力。

第二节　篮球基本技术

一、持球与传球

正确的持球姿势是一切传球技术的前提。传球是指篮球比赛中队员之间有目的地转移球，是组织进攻配合和实现战术的桥梁。

（一）持球

持球时，两手自然分开，拇指相对，成八字形，用指根以上部位握住球的两侧后下方，掌心空出，两臂弯曲，肘关节下垂，持球于胸前。（图7-2-1）

图 7-2-1

（二）双手胸前传球

【动作要点】手臂伸向传球方向，后脚蹬地，重心前移，两手腕关节下压、外翻，快速地抖腕、拨指将球传出。出球后，掌心和拇指向下，其余手指向前。（图7-2-2）

图 7-2-2

【运用】多用于快速传球推进、阵地进攻、外围队员转移球及不同距离的传球。双手胸前传球便于与投篮、突破等技术结合运用。

（三）单手肩上传球

【动作要点】以右手传球为例，传球前，左脚向前跨半步，向右转体将球引至右肩侧上方。传球时，上体向左转动并带动肩和肘，前臂快速前摆、扣腕，手指用力将球传出。（图7-2-3）

【运用】多用于中远距离传球。在抢到防守篮板球后，快攻一传和接应队员把球传给跑向篮下的队员时，经常运用单手肩上传球。

（四）单手胸前传球

【动作要点】持球方法与双手胸前传球相同。传球时，传球手的前臂快速前伸，手腕急促前扣，腕关节、手指用力将球传出。（图7-2-4）

【运用】多用于近距离传球和快速传球。如果距离防守队员较近，可以突然将球从防守队员头顶或耳旁传过。单手胸前传球便于与双手胸前投篮、运球突破等技术结合运用。

图 7-2-3　　　　　　　　　　　图 7-2-4

二、投篮

投篮是篮球运动中的一项关键技术。队员多在移动中接球，利用假动作、时间差，或改变方向，或紧贴对手投篮。投篮应与突破、传球等技术相结合，其特点是投篮方式多、变化快、出手点高。

（一）原地双手胸前投篮

【动作要点】两手持球于胸前，肘关节自然下垂，上体稍前倾，两腿微屈。投篮时，两脚蹬地，腰腹伸展，两臂向前上方伸出，同时手腕外翻，最后用拇指、食指和中指将球投出。

原地双手
胸前投篮

【运用】原地双手胸前投篮能够充分发挥身体和臂部的力量，适用于中远距离投篮，女生运用较多，在罚球中也常用此方法。原地双手胸前投篮的特点是握球稳固，便于与突破、传球等技术相结合。

（二）原地单手肩上投篮

【动作要点】以右手投篮为例，右手五指自然分开，向后伸腕、屈肘，持球于肩上；左手扶球，重心放在两腿之间，上体稍前倾，两腿微屈。投篮时，两脚用力蹬地，腰腹伸展，从下向上发力，同时提肘且手臂向前上方充分伸展，最后通过食指、中指指端将球投出。球出手后，手腕前屈，手指向下。（图7-2-5）

原地单手
肩上投篮

【运用】适用于中远距离投篮。原地单手肩上投篮的特点是出手点高、变化多、较灵活。

图 7-2-5

（三）行进间单手高手投篮

【动作要点】以右手投篮为例，接球和运球上篮时，在右脚跨出一大步的同时，两手持球，左脚紧接着跨出一小步，用力蹬地起跳。当身体接近最高点时，右手手指向后，掌心向上，托球的下部向球篮的方向伸臂，食指、中指以柔和的力量拨球，将球从指端投出。（图7-2-6）

行进间单手
高手投篮

图 7-2-6

【运用】多在快攻和切入篮下时运用。行进间单手高手投篮的优点在于出手点高，易用身体保护。

（四）行进间单手低手投篮

行进间单手
低手投篮

【动作要点】以右手投篮为例，接球和运球上篮时，在右脚跨出一大步的同时，两手持球，左脚紧接着跨出一小步，用力蹬地起跳，腾空时间要短。当身体接近最高点时，右手手指向前，掌心向上，托球的下部向上伸展。当接近篮圈时，食指、中指、无名指以柔和的力量向上拨球，将球从指端投出。（图7-2-7）

图 7-2-7

【运用】在快攻、突破中已经超越对手时，多用行进间单手低手投篮。行进间单手投篮具有伸展距离长、出手点离篮圈近的特点。

（五）原地跳起单手肩上投篮

原地跳起单
手肩上投篮

【动作要点】以右手投篮为例，投篮时屈膝降低重心，两脚脚掌用力蹬地，向上起跳。同时两手举球至肩上，右手托球，左手扶球的左侧。当身体接近最高点时，左手离球，右臂向前上方伸展，手腕用力前屈，通过食指、中指将球投出。球出手后，手指、手腕自然前屈。落地时，屈膝缓冲。（图7-2-8）

图 7-2-8

【运用】当防守队员离持球队员较近时，持球队员运用传球、突破等假动作，诱使防守队员失去重心后，突然起跳投篮。

（六）急停跳起投篮

【接球急停跳起投篮动作要点】移动中跳起腾空接球后，两脚同时或先后落地，两膝弯曲，迅速跳起投篮，投篮出手动作同原地跳起单手肩上投篮。（图7-2-9）

急停跳起投篮

图 7-2-9

【运球急停跳起投篮动作要点】运球过程中及时降低重心，用跨步或跳步急停，持球屈膝跳起投篮，投篮出手动作同原地跳起单手肩上投篮。（图7-2-10）

图 7-2-10

【运用】进攻队员向篮下移动过程中接球或运球突破时，利用防守队员向后移动防守的惯性，果断运用急停跳起投篮，可达到良好的效果。

三、运球

持球队员在原地或移动中用单手连续按拍或迎引从地面反弹起来的球称为运球。运球是篮球比赛中个人控制球、支配球、突破防守的重要手段，是组织全队进攻配合的基础。

（一）高运球

【动作要点】抬头，目视前方，上体稍前倾，以肘关节为轴，手按拍球的后上方，球的落点在身体的侧前方，球的反弹高度在腰与胸之间。

【运用】多用于快速直线推进，如从后场向前场推进、快攻接应后的快速推进、摆脱防守接球后加速运球上篮等。

（二）低运球

【动作要点】抬头，目视前方，两膝深屈，身体半蹲，重心下降，上体前倾，手按拍球的后上方，球的落点在身体侧面，球的反弹高度在膝关节以下。

【运用】在防守密集、接近防守队员或防守队员抢球时，可运用低运球。

（三）运球急停急起

【动作要点】在快速运球过程中，运用两步急停，同时按拍球的前上方，用手臂、身体和腿保护球，目视前方。急起时，后脚（异侧脚）用力蹬地，上体迅速前倾，手按拍球的后上方，快速起动，加速超越对手。（图7-2-11）

图 7-2-11

【运用】当持球队员被防守得很紧时，可利用运球急停急起的速度变化摆脱对手。

四、持球突破

持球突破是持球队员运用脚步动作与运球技术相结合快速超越对手的一项攻击性很强的进攻技术。

（一）原地持球交叉步突破

以右脚为中枢脚，从防守队员右侧突破。两脚左右开立，两膝微屈，持球于腹前。突破前，先做瞄篮或假动作。突破时，左脚内侧蹬地，并向右前方迈出一大步，上体右转，左肩向前下压，将球引至右侧，在右脚离地前，用右手推拍球于迈出脚的侧前方。同时，右脚用力蹬地，迅速超越对手。（图7-2-12）

原地持球交叉步突破

图 7-2-12

（二）原地持球同侧步突破

以左脚为中枢脚，从防守队员左侧突破。准备姿势与原地持球交叉步突破相同。突破时，左脚内侧蹬地，右脚迅速向防守队员左侧跨出，上体稍左转，同时探肩，重心前移。在左脚离地前，用右手推拍球于右脚的侧前方。同时，左脚用力蹬地，加速超越对手。

（三）跳步急停持球突破

跳步持球前，应根据自己和防守队员的位置、同伴的传球方向来调整准备姿势，向前或向侧面跳步急停。接球时，向来球方向伸臂迎球，同时，一脚蹬地，向前或向侧跃出，在空中接球，然后两脚前后或平行落地，两腿微屈，重心落在两脚前脚掌之间。根据防守队员的情况，用交叉步或同侧步超越。

五、抢篮板球

在篮球比赛中，抢篮板球是获得控球权的重要手段之一。一支球队抢篮板球技术的好坏对在比赛中的主动与被动、成功与失败有着很重要的影响。抢篮板球的要点：① 当对方或我方投篮时，必须想到投篮可能不中的情况，积极地准备抢篮板球；② 防守时抢篮板球，必须把对方挡在外面。

挡人方法有两种：①前转身挡人。当对方与你的距离稍远、动作很快时，用前转身挡人，前转身挡人比后转身挡人快，并且占据面积小。②后转身挡人。当对方离你较近时，为抢占较大面积，多用后转身挡人。（图7-2-13）

图 7-2-13

后转身挡人必须贴紧对方，最好用臀部、腰部顶住对方；挡住人以后，稍停1秒再冲到篮下去抢篮板球，原因是在中远距离投篮时，通常球会在空中运行1～2秒；要冲到篮下抢占投篮方向的对面，原因是球碰到篮筐后，有70%的概率反弹后会落在对面。到篮下立即屈肘，随后两臂张开，占据较大空间，要用力起跳。要求动作力量大、起跳迅速，即使被对方冲撞，也不会失去平衡，仍然能跳起来。抢前场篮板球时，只要有机会，就要跳起来拼抢。手指触到球时，用力抓紧、下拉，以便控制住球。在空中要观察同伴的接应情况，抓住并保护好球，将球举到头上，不要拿在胸前。落地的同时要向边线一侧后转身，同时观察接应同伴所处的位置，以最快的速度一传。一传出手后，借后转身动作把与自己争抢篮板球的对方球员挡在后面，立即起动快跑跟进，参与快攻。

第三节　篮球基本战术

一、进攻战术

传切配合

（一）传切配合

传切配合是进攻队员之间利用传球和切入技术组成的简单配合，包括一传一切配合和空切配合。配合的要点是切入队员要把握好切入时机，持球队员要及时准确地将球传出。

1. 一传一切配合

⑤传球给④后，迅速摆脱对方的防守向篮下切入，接④的回传球投篮。（图7-3-1）

2. 空切配合

④传球给⑤后，⑥立即摆脱对方的防守向篮下切入，接⑤传来的球投篮。（图7-3-2）

（二）突分配合

突分配合是持球队员运用突破打乱对方的防守部署或吸引防守，并及时将球传给获得空位的同伴，使同伴获得进攻机会的配合方法。

⑤从防守队员左侧突破，吸引对方两名防守队员同时封堵⑤的突破路线，此时④及时跑到有利的进攻位置，接⑤的传球投篮或接球后做其他配合。（图7-3-3）

突分配合

图 7-3-1

图 7-3-2

图 7-3-3

（三）策应配合

策应配合是指进攻队员背对或侧对篮筐接球后，以持球队员为枢纽，同伴间相互配合形成的一种里应外合的配合方法。

④摆脱防守后插到罚球线进行策应，⑤将球传给④，摆脱防守空切篮下，

策应配合

接④的策应传球投篮。（图7-3-4）

（四）掩护配合

掩护配合是进攻队员有目的地去选择适当的位置，运用合理的技术动作，用自己的身体挡住同伴防守者的移动路线，使同伴借以摆脱防守的一种配合方法。

掩护配合

1. 给持球队员做掩护

⑤传球给④后跑到④的防守队员的侧面做掩护，④接球后做投篮或突破动作，吸引防守，⑤完成掩护后迅速移动到有利位置去接球或抢篮板球。（图7-3-5）

2. 给无球队员做掩护

⑤传球给④后跑去给同伴⑥做掩护，④接到⑤的传球后要做投篮、突破的假动作吸引防守。当⑤到达掩护位置后，⑥利用⑤的掩护切入篮下接④传来的球投篮。⑥切入篮下时，④要及时将球传给⑥。（图7-3-6）

图7-3-4　　　　　　　图7-3-5　　　　　　　图7-3-6

二、防守战术

（一）半场人盯人防守

半场人盯人防守是由攻转守时，全队有组织地退回后半场，每人各自防守1名进攻队员的防守战术。半场人盯人防守的特点是防守任务明确，能有效地控制对方的进攻重点，但容易被对方局部击破。

半场人盯人防守的基本要求是要根据对方、球和篮筐来选择防守位置，以人盯人为主，近球紧，远球松，积极移动，抢占有利位置，破坏对方的进攻配合，加强防守的协同性。

（二）区域联防

区域联防是一种全队防守战术，是指由攻转守时，防守队员退回半场，每人负责防守一片区域，并与同伴协同防守的集体防守战术。区域联防的基本要求是在防守分工负责区域的基础上，5名队员必须协同一致，积极随球移动，以防球为主，人、球兼顾。

"2-1-2"联防是区域联防的基本形式。5个队员的位置分布均匀，移动距离短，便于相互协作。"2-1-2"联防适用于防守对方运球突破和夹击中锋，同时也便于控制后场篮板球发动快攻。防守的薄弱环节是防区的衔接处，即下图中的阴影部分。（图7-3-7）

图 7-3-7

第四节　篮球主要竞赛规则

一、违例

（一）球出界违例

当球触及了：在界外的队员或任何其他人员时；界限上方、界限上或界限外的地面或任何物体时；篮板支撑架、篮板背面或比赛场地上方的任何物体时，是球出界违例。

（二）3秒违例

某队在前场控制活球并且比赛计时钟正在运行时，该队的队员不得在对方队的限制区内停留超过持续的3秒。

（三）8秒违例

一名在后场的队员获得控制活球时；或在掷球入界中，球触及后场的任何队员或者被后场的任何队员合法触及，掷球入界队员所在队仍拥有在后场的球权，未能在8秒内使球进入前场。

（四）24秒违例

一名队员在场上获得控制活球时；在掷球入界中，球接触场上的任何队员或被场上的任何队员合法触及，并且掷球入界队员的球队仍然控制球时，进攻队未能在24秒内完成投篮并使球触及篮筐。

（五）球回后场违例

在前场控制活球的球队不得使球非法地回到他的后场。

（六）带球走违例

持球队员在投、传、拍或滚球之前，移动了已经确立的中枢脚。

（七）运球违例

当在场上已获得控制活球的队员将球在地面上掷、拍、滚、运或弹在地面上，并在球触及另一队员之前再次触及球，为运球开始。当队员两手同时触及球或允许球在一手或两手中停留时运球结束，若再运球即违例。出现下列情况不判两次运球违例：同一人连续投篮，但投出的球必须触及篮筐、篮板；与其他队员抢球中用挑、拍等方法得到球后运球；抢断得球后运球。

（八）干涉得分

在一次投篮中，当一名队员触及完全在篮圈水平面之上的球时，并且球是下落飞向球篮中或在球已碰篮板后，干涉得分发生。

二、犯规

（一）侵人犯规及其罚则

1. 侵人犯规

场上队员通过手、臂、肘、肩、髋、膝、腿、脚或将身体弯曲成"不正常的姿势"（超出他的圆柱体）去拉、阻挡、推、撞、绊对方队员，或阻止对方队员行进，为侵人犯规。

2. 侵人犯规的罚则

如果被侵犯的队员未做投篮动作，则应由非犯规的队在最靠近犯规的地点掷球入界开始比赛；如果犯规的队在一节内已累计达4次犯规，则判给被侵犯队员2次罚球。

如果被侵犯的队员正在做投篮动作，如果投中则有效，再判给1次罚球；如果2分投篮未投中，应判给2次罚球；如果是3分投篮未投中，则应判给3次罚球。

（二）技术犯规及其罚则

1. 技术犯规

技术犯规是没有身体接触的犯规，行为种类包括但不限于：无视裁判员的警告；与裁判员、技术代表、记录台人员、对方队或允许坐在球队席的队员讨论和/或交流中没有礼貌；戏弄或嘲讽对方队员；使用很可能冒犯或煽动观众的粗话或手势；过分挥肘；在对方队员眼睛附近挥手或手保持不动妨碍其视觉；伪造被犯规；在球穿过球篮之后故意地触及球，阻碍迅速地掷球入界或罚球以延误比赛。

2. 技术犯规罚则

如果判罚队员技术犯规，应作为队员的犯规登记在该队员名下，并计入全队犯规中。如果判罚球队席人员，应登记在主教练名下，并不计入全队犯规次数中。

应判给对方队员1次罚球。罚球后，由宣判技术犯规时，控制球队或拥有球权队在比赛停止时距离球最近的地点执行掷球入界。

（三）违反体育运动精神的犯规及其罚则

1.违反体育运动精神的犯规

违反体育运动精神的犯规是一起队员身体接触的犯规，并且根据裁判员判定，主要包括：与对方发生身体接触并且不在本规则的精神和意图的范畴内努力比赛；在尽力抢球或在与对方队员尽力争抢中，造成与对方队员过分的严重身体接触；一起攻防转换中，防守队员为了中断进攻队的进攻，与进攻队员造成不必要的身体接触。

2.违反体育运动精神的犯规罚则

应给犯规队员登记1次违反体育运动精神的犯规。应判给被犯规的队员执行罚球，以及随后在该队前场的掷球入界线处掷球入界或在中圈跳球开始第1节。如果对没有做投篮动作的队员发生犯规，进行2次罚球；如果对正在投篮动作的队员发生犯规，如果中篮应计得分并追加1次罚球。如果球未中篮，进行2次或3次罚球。

（四）取消比赛资格的犯规及其罚则

1.取消比赛资格的犯规

队员、替补队员、主教练、助理教练、出局的队员和随队人员的任何恶劣的违反体育运动精神的行为是取消比赛资格的犯规。

2.取消比赛资格的犯规罚则

登记犯规队员1次取消比赛资格的犯规，并令其离开比赛场地，余下判罚同违反体育运动精神的犯规罚则。

第五节 篮球课考核评价标准

一、行进间投篮（全场运球接三步上篮）

技术评定占比50%；全场运球接三步上篮所用时间占比50%。

【技术评定标准】

（1）优秀：运球技术熟练，速度快，三步上篮衔接流畅，步幅节奏正确，上篮命中。（100分）

（2）良好：运球技术熟练，速度一般，三步上篮衔接流畅，步幅节奏正确，上篮命中。（80分）

（3）中等：运球技术不熟练，速度较慢，三步上篮步幅节奏正确但不流畅，上篮未中。（60分）

（4）差：运球技术不熟练，三步上篮步幅节奏不正确，上篮未中。（50分）

行进间投篮（全场运球接三步上篮）考试评分表见表7-5-1。

表 7-5-1　行进间投篮（全场运球接三步上篮）考试评分表

时间	得分					
	100 分	90 分	80 分	70 分	60 分	50 分
男	26 秒	31 秒	41 秒	46 秒	55 秒	62 秒
女	33 秒	39 秒	44 秒	49 秒	58 秒	65 秒

二、定点投篮（罚球线，女生前移半米）

技术评定占比 50%；命中个数占比 50%。在罚球线每人投篮 10 次。

【技术评定标准】

（1）优秀：技术正确，动作协调，命中个数多。（100 分）

（2）良好：技术正确，动作协调，命中个数一般。（80 分）

（3）中等：技术正确，动作较协调，命中个数一般。（60 分）

（4）差：技术不正确，动作不协调，命中个数少。（50 分）

定点投篮得分表见表7-5-2。

表 7-5-2　定点投篮得分表

命中个数	得分						
	100 分	90 分	80 分	75 分	70 分	60 分	50 分
男	7 个	6 个	5 个	4 个	3 个	2 个	1 个
女	7 个	6 个	5 个	4 个	3 个	2 个	1 个

思考题

1. 篮球运动的锻炼价值有哪些？

2. 双手胸前传球的动作要点是什么？

3. 行进间单手低手投篮的重点和难点分别是什么？

4. 运动员出现侵人犯规时，应该如何判罚？

第八章 排球运动

第一节 排球运动概述

一、排球运动的起源和发展

1895年，美国马萨诸塞州霍利奥克城的一位名叫威廉·摩根的体育干事发明了排球运动。当时，美式足球、篮球和网球在美国已经比较流行，但美式足球和篮球具有对抗性比较激烈的特点，主要适合青年人参与，网球对参加活动的人数又有较大限制。因此，威廉·摩根希望找到一种运动量适中、趣味性强且老少皆宜的运动方式。

威廉·摩根从网球运动中受到启发，他将网球的球网升高，让多人隔着球网用手直接拍击球进行游戏，并先后用网球、篮球进行了试验。结果，网球太小不易拍击，篮球太重又不易控制。后来他委托斯伯丁体育用品公司试做了一批特殊规格的球，这就是第一代排球，与现代排球相似。

1905年，排球运动传入中国。中国最初开展排球运动时采用的是16人制的比赛制度。每队有16人上场，分别站成4排，每排4人，故中国人称此项运动为"排球"。排球运动在中国的发展先后经历了16人制、12人制、9人制和6人制这几个阶段。经过百余年几代排球工作者的努力，排球运动在中国逐步得到普及和发展，运动技术水平不断提高。

中国女排是中国三大球的突出代表，曾在1981年和1985年排球世界杯、1982年和1986年排球世锦赛、1984年洛杉矶奥运会上夺得冠军，成为世界上第一个获得排球大赛"五连冠"的队伍。近些年来，中国女排又在2003年排球世界杯、2004年雅典奥运会、2015年排球世界杯、2016年里约热内卢奥运会、2019年排球世界杯上5次夺冠，极大地振奋了中国人的精神。中国女排所体现出来的顽强奋斗、勇敢拼搏的精神激励着一代代中国人不断奋斗。

二、排球运动的特点和锻炼价值

（一）排球运动的特点

1.广泛的群众性

排球场地设备简单，比赛规则容易掌握。锻炼者既可以在球场上比赛或训练，又可以在空地上练习。排球运动的负荷可大可小，适合于不同年龄、不同性别、不同体质的人参加。

2. 技术的全面性

除自由人外，每名队员都要进行位置轮转，既要轮转到前排扣球和拦网，又要轮转到后排防守和接应，这就要求每个队员必须全面掌握各项技术，能在各个位置上比赛。

3. 高度的技巧性

在排球比赛过程中，球不能落地，运动员不得持球、连击。击球时间的短暂性和击球空间的多变性，决定了排球的高度技巧性。

4. 激烈的对抗性

排球比赛中，双方的攻防转换始终在激烈的对抗中进行。在高水平比赛中，对抗的焦点在网上的扣和拦。在一场比赛中，夺得1分需要几个回合的交锋。水平越高的比赛，对抗争夺也越激烈。

5. 攻防技术的双重性

排球是多种技术都能得分也能失分的项目，这种情况在决胜局中体现得更加突出，每项技术都具有攻防的双重性。

（二）排球运动的锻炼价值

参加排球运动能够提高人的身体素质和运动能力，改善人体各系统的机能状况，培养团结协作的团队精神。

第二节　排球基本技术

一、准备姿势与移动

（一）准备姿势

上体自然前倾，可稍蹲、半蹲或深蹲，两臂自然放松置于胸前，重心稍靠前，全身肌肉适当放松。（图8-2-1）

稍蹲　　　　　　　半蹲　　　　　　　深蹲

图 8-2-1

（二）移动

常用的移动步法主要有并步、跨步、交叉步、跑步等。要求：做好准备姿势，及时

判断来球性质，快速移动。移动中，重心起伏不能太大，以免影响移动速度。（图8-2-2）

并步

跨步

并步　　　　　　　　　　跨步

交叉步　　　　　　　　　　跑步

交叉步

图 8-2-2

二、传球

传球是用双手（或单手）在额前上方，利用蹬腿与伸臂协调一致的动作及手指、手腕的弹力完成击球的技术动作，是排球最基本、最重要的技术之一。传球主要用于将接起、防起的球传给进攻队员进攻，分为正传、背传、侧传等。

传球手型包括背面、正面和侧面的传球手型。（图8-2-3）

背面　　　　　　　　正面　　　　　　　　侧面

图 8-2-3

（一）正面传球

以稍蹲姿势开始，面对来球，两手自然抬起，放松，置于头部前上方（图8-2-4）。当球下降至额前时，蹬地伸膝、伸臂，两手向前上方迎击来球。击球点在距额前上方一球处，此位置有利于传球者看准来球和控制传球方向。接球后，两手自然张开，成半球形，两拇指相对成一字形，用拇指内侧、食指和中指的第二、第三指节触球，无名指和小指辅助控制传球方向；传球用力的顺序是蹬地—伸膝—伸腰—手指和手腕屈伸（图8-2-5）。

正面传球

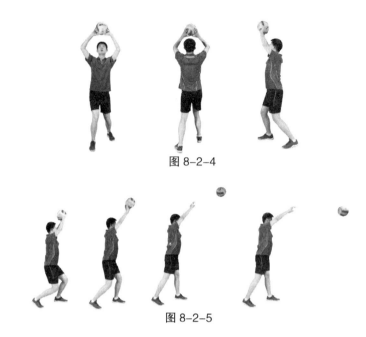

图 8-2-4

图 8-2-5

（二）背面传球

背面传球是向背后方向传球的方法。采用稍蹲准备姿势，上体比正面传球时稍后仰，重心在两腿之间，两手自然抬起置于面前，击球手法与正面传球的击球手法相同，击球点在额上方。手触球时，手腕适当后伸，掌心向上，击球的下部，手型与正面传球手型相同，拇指托住球底部。传球时，利用蹬地、展腹、抬臂及手指、手腕的弹力将球向后上方传出。

背面传球

（三）侧面传球

身体不转动，主要靠两臂向侧方传球的动作称为侧传。采用稍蹲准备姿势，背对球网，传球手型同正面传球手型，击球点保持在面前或稍偏向传出方向的一侧。传球时，两脚蹬地，两臂向传出方向伸展，异侧臂的动作幅度应大一些，同时伴随上体向传球方向做侧屈的动作，使球向传出方向飞行。

侧面传球

三、垫球

垫球主要用于接发球、接扣球、接拦回球，以及防守和处理各种困难球。在比赛中，垫球是争取多得分、少失分，变被动为主动的重要技术。垫球是稳定队员情绪、鼓舞队员士气的重要手段。垫球可分为正面垫球、移动垫球、侧面垫球、跨步垫球、变方向垫球、背垫球、单手垫球等。正面垫球是一种最基本的垫球技术。

垫球

（一）准备姿势

两脚左右开立，略宽于肩。垫球手型主要有互靠式、叠掌式和抱拳式（图8-2-6）。

侧面垫球

互靠式　　叠掌式　　抱拳式

图 8-2-6

（二）基本技术

看准来球，两臂夹紧前伸，插到球下，用腕关节以上10厘米左右，两臂桡骨内侧形成的平面击球的下部。向前上方蹬地抬臂，迎击来球，使插、夹、抬和蹬连贯完成，灵活地控制传球方向和力量。垫球手臂与地面所形成的夹角，对出球的方向、弧度和落点影响很大。一般来说，来球弧度高，手臂与地面形成的角度应该小一些；来球弧度平，手臂与地面形成的角度应该大一些。（图8-2-7）

图 8-2-7

四、发球

发球是比赛的开始，也是进攻的开始。准确而有攻击性的发球，不仅可以得分，还可以破坏对方的战术，因此发球既要有准确性又要有攻击性。发球可分为正面上手发球、正面下手发球、侧身下手发球和勾手发球。

（一）正面上手发球

准备姿势：正对球网，两脚自然开立，左脚在前，左手托球于体前。

基本技术：左手平稳而准确地将球抛向右肩前上方、高度约为50厘米处；同时，右臂抬起，屈肘后引，肘略高于肩，上体稍向后仰。五指并拢，指尖朝上，手腕稍后仰，眼睛注视球体。右脚蹬地，重心前移，以收腹、屈体迅速带动手臂挥动。挥臂形成一条直线，在右肩前上方，用掌根部位击球的后下部，击球后迅速入场。

（二）正面下手发球

准备姿势：正对球网，左脚在前，左手持球置于胸前，右手自然下垂，目视前方。

基本技术：左手将球向身体右侧抛起至高度约为20厘米处。抛球时，重心后移，同时右臂后摆；右脚蹬地，重心前移，右臂伸直，以肩为轴向前摆至腹前，用掌根击球的后下部。击球后，跟随击球动作，重心前移，迅速入场。

（三）侧身下手发球

准备姿势：两脚开立，左肩对网。

基本技术：左手抛球于胸前，高度约为30厘米处。在抛球的同时，右臂摆至右侧后下方，接着右脚蹬地向左转体，带动右臂向前上方摆动，在腹前以全掌击球的右下部；击球后，跟随击球动作，迅速进入场地。

（四）勾手发球

勾手发球所发出的球不旋转，在空中飘忽不定，具有很强的攻击性。发球队员由于采用侧面站立，可充分利用腰部扭转带动手臂加速挥动。这种发球比较省力，肩关节承受的负荷比较小，因而适用于远距离发飘球。

准备姿势：侧对球网站立，左手持球于胸前。

基本技术：左手用托送方法，抛球于头顶左前上方约一臂的高度，右手向后摆动。击球时，右脚蹬地，上体向左转动发力，带动右臂加速挥动。挥动时，右臂伸直，在右肩的左上方用掌根或半握拳击球的中下部。击球时，有突停动作。

五、扣球

扣球是排球基本技术中攻击性最强的一项技术。扣球在比赛中占有重要地位，既是得分、获得发球权的主要手段之一，也是进攻中最积极有效的武器。

扣球

（一）准备姿势

一般站在距离球网约3米处，两臂自然下垂，稍蹲，两眼注视来球。

（二）基本技术

助跑时，助跑的方向、速度和步数根据二传来球的方向、速度和弧度来定。助跑可采用一步、两步或三步助跑。助跑最后一步脚的落地就是起跳的开始，在踏跳脚着地的瞬间，手臂摆至身体侧后方并开始向前摆动。当两腿弯曲至最深时，手臂摆至体侧，而后随两腿蹬直向上画弧摆动，两脚迅速蹬地，两膝快伸，向上跳起。

起跳后，挺胸展腹，上体稍向右转，右肩向上方抬起，身体成反弓形。挥臂时，以迅速转体、收腹动作发力，依次带动肩关节、肘关节、腕关节成鞭甩动作向前上方挥动，在右肩前上方最高点击球。击球时，提肩、伸臂，五指微张，用全掌包球，击球的中后部，手腕有推压动作，力量通过球心，使球向前下方旋转飞行。在空中完成击球后，身体自然下落，尽量用两脚的前脚掌先着地，以缓冲身体与地面的撞击力，落下时保持身体平衡。

六、拦网

拦网是在网前跳起，用两手阻拦对方扣球的技术。拦网既是防守技术，又是进攻手段，还是防守的第一道防线。

拦网

（一）准备姿势

身体正对球网，两脚平行开立，约与肩同宽，两手自然置于胸前。

（二）基本技术

将重心移动到拦网位置后立即制动，使身体正对球网起跳或在空中转向球网。起跳时，膝关节弯曲，两脚用力蹬地，两臂在体侧画弧用力上摆，带动身体向上垂直跳起。起跳后稍收腹，控制身体平衡。两手从额前贴近并平行于球网，向网上沿前上方伸出，两臂伸直，两肩尽量上提。拦击时，两手尽量伸向对方上空，两手自然张开，屈指、屈腕成勺形。当手触球时，两手要突然压腕。拦网后自然下落，落地时屈膝缓冲。

第三节　排球基本战术

了解排球比赛的阵容配备、进攻战术及防守战术是赢得比赛的关键。

一、阵容配备

（一）"四二"配备

"四二"配备中有4名进攻队员和2名二传队员。4名进攻队员都站在对角位置上。（图8-3-1）

【特点】比赛中，每一轮的前后排都有1名二传队员和2名攻手（1名主攻手和1名副攻手）。"四二"配备的作用是便于组织进攻，发挥本队的攻击力量，较易采用"中一二"和"边一二"进攻战术（下文介绍）。"四二"配备多为初学者和初级竞技水平的球队采用。

（二）"五一"配备

"五一"配备中有5名进攻队员和1名二传队员。为加强进攻拦网的力量，配1名有进攻能力的接应二传，防止二传队员来不及传球时出现被动局面。（图8-3-2）

【特点】比赛中只有1名二传队员，其他队员均为攻手。优点是有利于加强进攻和拦网的力量，进攻点多且灵活；缺点是此阵容对二传队员的技术要求较高。

图 8-3-1

图 8-3-2

二、进攻战术

（一）"中一二"进攻战术

"中一二"进攻战术是③号位队员担任二传，将球传给②号位、④号位队员进攻的组织形式。（图8-3-3）

【特点】二传队员居中，易于接应，便于组织进攻，只能两点进攻，战术变化少。"中一二"进攻战术适合初级竞技水平的球队运用。

（二）"边一二"进攻战术

"边一二"进攻战术是②号位队员担任二传，将球传给③号位、④号位队员进攻的组织形式。（图8-3-4）

【特点】2名进攻队员的位置相邻，便于相互掩护配合，从而打出多变的战术。

（三）"插上"进攻战术

"插上"进攻战术是①号位队员由后排插上到前排担任二传，把球传给②号位、③号位、④号位队员进攻的组织形式。（图8-3-5）

【特点】有利于组织各种进攻战术，进攻点灵活。

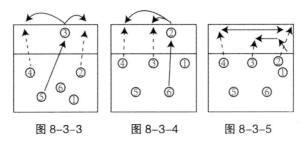

图 8-3-3　　　　图 8-3-4　　　　图 8-3-5

三、防守战术

本书主要介绍接发球站位阵型。

（一）W形站位阵型

初学者比赛时多采用"中一二"和"边一二"进攻战术进行防守，大多数站成W形，也称"三二"站位。W形站位阵型的优点是5名队员分布均衡，前排3名队员接前场区的球，后排2名队员接后场区的球，职责分明；缺点是后排2名队员接发球的压力大。

（二）M形站位阵型

M形站位阵型也称"二三"站位，其优点是队员分布均匀，分工明确，前面2名队员接前场区的球，中间队员接中场区的球，后面2名队员接后场区的球。

第四节　排球主要竞赛规则

一、发球规则

发球队员在发球区内将球抛起或持球手撤离后，必须在球落地前，用一只手或手臂的任何部分将球击出；发球队员在击球时或发球起跳时，不得踏及场区（包括端线）和发球区以外地面；发球队员必须在第1裁判员鸣哨后8秒内将球发出。

二、4次击球犯规

每队最多击球3次（拦网除外），必须将球从球网上成功击回到对方场区，一个队连续击球4次判为"4次击球犯规"。无论是主动击球还是被动触球，都作为该队击球1次。

三、持球和连击犯规

球被接住和/或抛出，而不是被弹击出，为持球犯规。一名队员连续击球2次，或者球连续触及身体的不同部位，为连击犯规。

四、过网击球犯规

在对方空间触及球或对方队员为过网击球犯规，但在对方进攻性击球后拦网触球除外。

五、过中线犯规

队员的双脚（单脚）全部越过中线进入对方场区。

六、触网犯规

击球行为触及标志杆以内球网部分为犯规。队员可以触及网柱、网绳或标志杆以外的其他任何物体，包括球网本身，但不得干扰比赛。

七、拦网犯规

以下情况属于拦网犯规。
（1）从标志杆外伸入对方空间拦网。
（2）在对方进攻性击球前或击球的同时，在对方空间完成拦网。
（3）后排队员或自由防守队员完成拦网或参加了完成拦网的集体。
（4）拦对方的发球。
（5）拦网出界。

八、进攻性击球的犯规

以下情况属于进攻性击球的犯规。

（1）在对方空间击球。

（2）击球出界。

（3）后排队员在前场区完成进攻性击球，并且击球时球的整体高于球网上沿。

（4）在前场区对高于球网上沿的对方发球完成进攻性击球。

（5）自由防守队员对高于球网上沿的球完成进攻性击球。

（6）队员在高于球网处，对同队自由防守队员在前场区用上手传出的球完成进攻性击球。

第五节　排球课考核评价标准

排球课主要对垫球技术和传球技术进行考核评价。

一、垫球技术考核评价标准

（1）考核方法：在排球场2号位放置1个1米高、1.5米×1.5米的球筐，受测者在6号位用垫球的方式接对面的传球入筐5次。允许试垫1次。

（2）垫球技术考核内容由技术等级赋分和垫球进球数组成。具体标准见表8-5-1和表8-5-2。

表 8-5-1　垫球技术考核标准表

等级	标准
优秀 （45～50分）	准备姿势到位；手型正确；垫球部位准确；垫球弧度、力量、角度适中；垫球动作协调性较强
良好 （40～45分）	无准备姿势；手型正确；垫球部位准确；垫球弧度、力量、角度不稳定；垫球动作协调性一般
中等 （30～40分）	无准备姿势；手型正确；垫球部位准确；垫球弧度、力量、角度不稳定；垫球动作协调性较差
差 （30分以下）	无准备姿势；手型不正确；垫球部位不准确；垫球弧度、力量、角度不稳定；垫球动作不协调

表 8-5-2　垫球进球数评分表

分值	进球数
10分	1个
20分	2个
30分	3个
40分	4个
50分	5个

二、传球技术考核评价标准

（1）考核方法：受测者站在距离球筐3米及以上的位置，用自抛自传的方式将球传入球筐（也可以传别人抛过来的球）。允许试传1次。

（2）传球技术考核内容由技术等级赋分和传球进球数组成。具体标准见表8-5-3和表8-5-4。

表 8-5-3　传球技术考核标准表

等级	标准
优秀 （45～50分）	无持球动作；击球点正确；手型正确；能利用伸臂的力量和手指、手腕所产生的反弹力，很好地控制传球的弧度、力量和角度
良好 （40～45分）	无持球动作；击球点正确；手型正确；能利用伸臂的力量和手指、手腕所产生的反弹力，但传球的弧度、力量和角度一般
中等 （30～40分）	无持球动作；击球点正确；手型正确；能利用伸臂的力量和手指、手腕所产生的反弹力，但传球的弧度、力量和角度不稳定
差 （30分以下）	有持球动作；击球点不正确；手型不正确；不能体现出推、送、弹的用力技术特点；传球的弧度、力量和角度不稳定

表 8-5-4　传球进球数评分表

分值	进球数
10分	1个
20分	2个
30分	3个
40分	4个
50分	5个

思考题

1. 中国女排曾几次获得奥运会冠军？

2. 正面垫球的技术要点有哪些？

3. 正面下手发球的基本技术是什么？

4. "中一二"进攻战术的要点是什么？

第九章　乒乓球运动

第一节　乒乓球运动概述

一、乒乓球运动的起源和发展

乒乓球，被称为中国的"国球"，是一种流行于世界的球类项目，是一项集力量素质、速度素质、柔韧素质、灵敏素质和耐力素质为一体的球类运动。乒乓球比赛分为团体、单打、双打、混双等数种。比赛以11分为1局，采用5局3胜制（团体）或7局4胜制（单项）。

乒乓球运动起源于英国，由网球运动派生而来。19世纪末，英国有一些大学生，在室内以餐桌为球台，用书或在高背椅子上挂一根线当作球网，用羊皮纸贴成形状为长柄椭圆形的空心球拍，在桌子上打来打去用橡胶和软木制成的球，形成了桌上网球游戏。

大约在1890年，有位名叫吉布的英国人到美国旅行时，偶然发现了一种用塑料制成的空心玩具球，弹跳性很强，他将这种球稍加改进后，逐步在英国和世界各地推广开来。由于球在桌上打来打去发出了"乒乓乒乓"声音，乒乓球从此而得名。

在乒乓球运动的发展历程中，不同时期的打法、新技术的创新、器材的变化、规则的修订，都不断推动着世界乒乓球运动沿着"积极主动、特长突出、技术全面、战术多样"的方向发展。

中国乒乓球队的竞技水平始终位居世界前列。1959年，在第25届世界乒乓球锦标赛上，我国男子乒乓球运动员容国团为我国夺得第1个男子单打世界冠军。1961年，在第26届世界乒乓球锦标赛上，容国团带领中国男子乒乓球队荣获首个男子团体世界冠军。此后，中国优秀的乒乓球运动员层出不穷，如刘国梁、邓亚萍、张继科、张怡宁、马龙、樊振东等。

二、乒乓球运动的特点和锻炼价值

（一）乒乓球运动的特点

1. 场地和器材简单，参与度高

乒乓球运动对场地和器材的要求不高，在室内和室外均可进行，并且简单易学。只要两名练习者拥有一张球台，两个球拍，就可以进行乒乓球运动。正是因为这样的特点，乒乓球在我国颇受大众喜爱。

2. 打法多样，技术种类多

乒乓球的打法多样，技术种类多。打法有快攻、弧圈球和削球等；技术风格有凶狠、稳、变等。参加乒乓球比赛需要参赛者有很强的应变能力。

3. 老少皆宜，适用人群广

相比于其他运动，乒乓球运动对参与者身体条件的要求相对较为宽松，适用人群广。

（二）乒乓球运动的锻炼价值

乒乓球运动能全面地锻炼身体，不仅能使人体的循环系统、神经系统、呼吸系统、消化系统、运动系统等得到全面锻炼，还能发展人的速度素质、灵敏素质、力量素质、耐力素质等身体素质，同时可以培养人们勇敢、顽强、机智和果断的良好品质。经常参加乒乓球运动，可以使人的反应更快、思维更敏捷、动作更协调；能以球会友，结识朋友，增进友谊；能开发智力，提高思维能力。参与者进行乒乓球运动时，眼睛随着球的快速移动而不停转动，可以促进眼部的血液循环并使眼肌收缩，对眼睛起到很好的按摩作用，可以缓解眼睛的疲劳。

第二节　乒乓球基本技术

以下所有技术方法均以右手为例，且图片只展示相关技术动作。

一、握拍方法

（一）直拍握法动作要点

球拍正面：以食指第二关节和拇指第一关节扣拍；球拍背面：中指、无名指、小指弯曲贴于球拍的上1/3处。（图9-2-1）

（二）横拍握法动作要点

虎口贴拍，中指、无名指、小指自然弯曲，拇指在球拍正面并靠近中指，握住拍柄，食指自然伸直斜放于球拍背面。（图9-2-2）

图 9-2-1　　　　　　　　　　图 9-2-2

二、准备姿势和站位

两脚平行站立，屈膝内扣，前脚掌着地；上体前倾，两眼注视来球；持拍手臂自然弯

曲，手腕放松，置拍于腹部右前方，非持拍手手臂屈肘抬起。（图9-2-3）

图 9-2-3

三、基本步法（配合持拍）

（一）单步移动

以一脚为轴，向前、后、左、右移动，重心随之落在移动脚上。

（二）跨步移动

以一脚向某一方向跨出一大步，重心随之移动到跨出的脚上，另一脚迅速向相同方向滑动半步跟上。

（三）并步移动

与来球方向相反的脚向另一脚并一步，离球近的脚向来球方向迈一步。

（四）跳步移动

以远离球的脚用力蹬地为主，两脚同时离地，向来球方向跳动。

（五）交叉步移动

远离球的脚迅速向来球方向跨出一大步，并从前面超过另一脚成交叉状，另一脚向同方向再迈出一步，击球后迅速还原。

四、发球技术

（一）正手平击发球

【发球准备】左脚稍前，身体略向右转；持球手向上抛球，同时持拍手向右后侧方引拍；待球下落至球网高度时，持拍手从身体右后方向前挥动，拍面稍前倾，击球的中上部；球拍随身体转动自然挥至额前，球的第一落点应靠近端线区域。

【动作要点】抛球和引拍的时机要准确，挥拍击球时有一个略微向前下方压球的动作。

【击球动作】左手抛球的同时，右臂上臂带动前臂，从右后方向前挥动并发力，击球的中上部。

【击球后】手臂继续向前随势挥动，完成后迅速还原。（图9-2-4）

直拍正手平击发球

横拍正手平击发球

图 9-2-4

（二）反手平击发球

反手平击发球

【发球准备】两脚平行站立，持球手轻轻向上抛起；待球下落至球网高度时，持拍手从身体左后方向前挥动；拍面稍前倾，击球的中上部，球的第一落点应靠近端线区域。

【动作要点】抛球和引拍的时机要准确，挥拍击球时有一个略微向前下方压球的动作。

【击球动作】右臂从身体左后方向右前方挥动，击球的中上部。

【击球后】手臂继续向右前方随势挥动。（图9-2-5）

图 9-2-5

（三）正手发下旋球、侧下旋球、侧上旋球

正手发下旋球

【发球准备】左脚稍前，身体右转，左手抛球，右臂屈肘引拍，与肩同高，拍面后仰，拍头斜向上方，手腕略外展。

【击球动作】球下降至胸前时，右臂上臂带动前臂，看准来球，迅速挥拍。

正手发下旋球：以前臂为主，手腕为辅，由上向前下方挥拍，以拍的下缘触球，摩擦球的底部。

正手发侧下旋球：手臂从右后上方向左前下方挥摆，球拍从球的右中下部向左下部摩擦，前臂带动手腕快速发力。

正手发侧上旋球：球拍从球的中下部向左侧中上部摩擦，前臂带动手腕快速发力。

（图9-2-6）

图 9-2-6

（四）反手发下旋球、侧下旋球、侧上旋球

【发球准备】右脚在前，身体左转，向身体左后上方引拍，拍面稍后仰。

【击球动作】球下降时，转腰带动手臂，并以前臂发力为主，迅速挥拍。

反手发下旋球：由上向前下方挥拍，以拍的下缘触球，摩擦球的底部。

反手发侧下旋球：球拍从球的左中下部向右侧下部摩擦。

反手发侧上旋球：球拍从球的中部向右侧或右侧偏上部位摩擦。（图9-2-7）

反手发
右侧下旋球

反手发
右侧上旋球

图 9-2-7

五、反手推挡

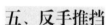

【站位】身体距离球台约40厘米，左脚在前，两膝微屈。

【引拍方法】引拍至腹前，使拍的长轴与台面平行，拍面与台面垂直。

【击球动作】拍面稍前倾，前臂向前推出，在来球的上升期击球的中上部。
（图9-2-8）

【击球后】手臂顺势前送，肘关节接近伸直时立即还原，准备连续击球。

左推右攻

推挡侧身攻

图 9-2-8

六、正手攻球

【站位】左脚稍前，屈膝，上体前倾，重心在两脚之间。

【引拍方法】先向右后下方引拍，上臂放松，上臂和前臂的夹角为90°～130°，拍面稍前倾。

【击球动作】借助腰和上臂的力量，以前臂发力为主，向左前方挥拍，在球的上升后期或高点期击球的中上部；击球时以撞击为主，略带摩擦，前臂快速收缩至额前，重心移至左脚。（图9-2-9）

图 9-2-9

七、正手搓球

【引拍方法】身体稍向右转，向右上方引拍，拍头略上翘，拍面稍后仰。

【击球动作】前臂和手腕向左前下方发力。慢搓是在球的下降期击球的中下部，球与拍面的接触时间稍长，以加大摩擦；快搓是在球的上升期击球的中下部，触球的瞬间，手腕向前下方用力。（图9-2-10）

正手搓球

图 9-2-10

八、反手搓球

【引拍方法】向左上方引拍，拍面稍后仰。

【击球动作】击球时，前臂和手腕向前下方用力切球，在球的下降期触球的中下部，击球后，前臂随势前送（图9-2-11）。横拍搓球时，拍面略竖起，击球后前臂向右下方挥摆。

反手搓球

图 9-2-11

第三节 乒乓球基本战术

一、发球抢攻战术

发球抢攻是争取主动、先发制人的一项主要战术，是比赛的重要得分手段。运动员若将发球抢攻战术运用得好，常能扰乱对方的整个战略部署，造成对方的紧张和慌乱。发球抢攻战术主要包括以下三种战术：正手发转与不转球后抢攻战术，正手发侧上、下旋球后抢攻战术，以及反手发侧上、下旋球后抢攻战术。

（一）正手发转与不转球后抢攻

正手发转与不转球后抢攻战术一般以发至对方中路或右方短球为主，配合左方长球。这套战术以先发短的下旋球为好，以控制对方不能抢攻或抢拉，再发不转球抢攻。发不转球，一般也是先发短的不转球，或发至对方进攻较弱的一面，伺机抢攻。

（二）正手发侧上、下旋球后抢攻

正手发侧上、下旋球后抢攻战术可将球发至对方中左短、左大角、中左长、中右和右短，配合一个直线奔球，若抢攻与发球落点方向相反，则对对方威胁更大。

左手执拍的选手采用正手发侧上、下旋球后抢攻战术，对对方的威胁更大，一般多用侧身发高抛球至对方右近网并拐出边线，待对方轻拉起来，可用反手狠压一板直线，也可侧身用正手反拉，或直接得分，或为下一板球的连续进攻创造机会。

（三）反手发侧上、下旋球后抢攻

反手发侧上、下旋球后抢攻战术一般发至对方中右近网处或半出台落点，配合发两大角长球，两面攻选手特别是擅长反手进攻的选手常采用此战术。利用发球时球旋转的变化正反手两面上手，抢拉、抢冲（或反拉、反撕），尤其是反手起板，出手快，突然性强，使对方较难防御。

二、接发球战术

接发球战术是与发球抢攻相抗衡的一项战术，目的是破坏对方的发球抢攻，争取在接发球轮形成相持或主动的局面。在比赛中，接发球处理得好坏，直接影响到整个比赛能否获得主动权和心理的稳定。因此，运用接发球战术必须树立积极主动的思想，最大限度地控制对方的发球抢攻和接球后的抢攻或防守。

常用的接发球战术有以下几种。

（一）接发球抢攻

接发球抢攻是最积极主动的接发球战术。随着乒乓球运动的发展，世界各国的优秀选手越来意识到接发球抢攻战术的重要性。其中，短球可用"快点"，长球或半出台球可抢攻或抢冲。两面攻的选手则可发挥其两面抢攻的特长。

在运用此战术时，须注意：对于对方发球的旋转要判断清楚，步法移动要迅速，以保证用最佳的击球点和击球时间击球。

（二）用拉、拨或快推的方法形成对攻的相持局面

在难以完成高质量的接发球抢攻时，先将球拉（或拨与推）至对方不易反攻处，继而形成相持。擅打相持球的选手常采用此战术。

（三）以摆短为主，结合劈两大角长球争取主动或反攻

以摆短为主，结合劈两大角长球，争取下一板的主动上手或反攻，此战术主要用于对付对方发过来的强烈下旋球或下旋短球，以控制对方的直接抢攻和抢拉。

（四）接短球

接短球战术是在对方为控制我方的抢攻而发短球时所采用的积极回球的方法。

接短球战术可分为以下两种。

（1）快摆结合劈长：在对方发较转的短球时，可以以快摆为主，结合劈长。

（2）挑打或晃撇：在对方发侧上旋球或不转短球时，可大胆挑打；对于不转球，还可以利用身体的晃动，将球撇至对方反手大角，由于伴有身体的晃动，使对方不敢轻易侧身。

三、相持中的战术

（一）攻两角战术

攻两角战术是将球给对方左右两个大角，使其顾此失彼，失去重心，从而占据主动。攻两角战术一般用于对付步法较慢、动作较慢的选手。可以采用对角攻击，即以两条斜线调动对方；也可采用双边直线，即先以直线攻一角，再以直线攻另一角。

运用攻两角战术时，应注意以下几点。

（1）打斜线角度要大，最好能超出边线，充分发挥斜线的威力。

（2）打直线出手要快，突然性要强，线路要直。

（二）紧压对方反手，结合变线，伺机抢攻

紧压对方反手，结合变线，伺机抢攻的战术是最基本的对攻战术之一，一般用于对付反手较弱或进攻能力不强的选手。先用反手攻（快推）压住对方的反手，若对方勉强侧身，可连续压其反手或快速变线到对方空当，伺机抢攻；若对方侧身搏杀，则可先配合变线，以达到牵制对方的目的。

运用紧压对方反手，结合变线，伺机抢攻的战术时，应注意以下几点。

（1）紧压对方反手时，要速度快、角度大、力量重。

（2）变线的这板球要有质量，角度大、突然性强。

（3）避免习惯性变线，被对方适应。

（4）应主动变线，切忌被动变线，给对方提供抢攻的机会。

（三）调右压左

调右压左就是先打对方的正手位，将其调动到正手位并被迫离台后，再打其反手位。调右压左战术，主要用于牵制擅长侧身进攻的选手；在对方左半台的进攻能力强，压对方的反手位不占优势时，也可采用调右压左战术。

运用调右压左战术时，应注意：调正手的这板球要凶；回反手的球角度要大。

（四）加、减力压对方反手、中路后，迅速抢攻

加、减力压对方反手、中路后，迅速抢攻的战术用于对付站位在中台的两面拉（攻）选手。一般先用加力推（攻）将对方压下去，再用减力挡将其诱上来，然后伺机扣杀。

运用加、减力压对方反手、中路后，迅速抢攻的战术时，要先加力推使对方退离球台后再减力挡，如果只有减力挡而没有加力推，则容易被动。

第四节 乒乓球主要竞赛规则

一、器材

（一）球台

长为2.74米，宽为1.525米，高为76厘米。

（二）球网装置

球网装置包括球网、悬网绳、网柱和夹钳部分。球网高15.25厘米。

（三）球

球网装置直径为40毫米，重2.7克，颜色为白色或橙色，且无光泽。

（四）球拍

球拍的大小、形状和重量不限，但底板应由85%的天然木料制成。球拍两面无论是否有覆盖物，必须无光泽，且一面为鲜红色，另一面为黑色。用来击球的拍面应用一层颗粒向外的普通颗粒胶覆盖，连同黏合剂，厚度不超过2毫米，或用颗粒向内或向外的海绵胶覆盖，连同黏合剂，厚度不超过4毫米。

二、比赛规则简介

（一）合法发球与合法还击

1. 合法发球

① 发球开始时，球自然地放置于不执拍手的手掌上，手掌张开，保持静止。② 发球员须用手将球几乎垂直地向上抛起，不得使球旋转，并使球在离开不执拍手的手掌之后上升不少于16厘米，球下降至被击出前不能碰到任何物体。③ 当球从抛起的最高点下降时，发球员方可击球，使球首先触及本方台区，然后直接触及接发球员的台区。在双打中，球应先后触及发球员和接发球员的右半区。④ 从发球开始，到球被击出，球要始终在比赛台面的水平面以上或发球员的端线以外，而且从接发球方看，球不能被发球员和其双打同伴的身体或他们所穿戴的任何物品挡住。⑤ 运动员发球时，应让裁判员或副裁判员确信他的发球符合规则的要求。⑥ 运动员因身体伤病而不能严格遵守合法发球的某些规定时，可由裁判员做出决定免于执行。

2. 合法还击

对方发球或还击后，本方运动员必须击球，使球直接触及对方台区，或触及球网装置后，再触及对方台区。

（二）胜负判定

（1）除被判重发球的回合，下列情况运动员可得1分：① 对方运动员未能正确发球；② 对方运动员未能正确还击；③ 运动员在合法发球或合法还击后，对方运动员在击球前，球触及了除球网装置以外的任何东西；④ 对方击球后，球没有触及本方台区而越过本方台区或端线；⑤ 对方阻挡；⑥ 对方故意连续2次击球；⑦ 对方用不符合规定的拍面击球；⑧ 对方运动员或其穿戴的任何东西使比赛台面移动；⑨ 对方运动员或其穿戴的任何东西触及球网装置；⑩ 对方运动员不执拍手触及比赛台面；⑪ 双打时，对方运动员击球次序错误；⑫ 执行轮换发球法时，接发球方连续还击13次，将判接发球方得1分。

（2）一局比赛：在一局比赛中，先得11分的一方为胜方。10平后，先多得2分的一方为胜方。

（3）一场比赛：① 一场比赛应采用奇数局，如三局两胜制、五局三胜制等；② 一场比赛应连续进行，除非是经许可的间歇。

（三）比赛次序和方位

（1）在单打中，首先由发球员合法发球，再由接发球员合法还击，然后两者交替合法还击。双打中，首先由发球员合法发球，再由接发球员合法还击，然后由发球员的同伴合法还击，再由接发球员的同伴合法还击，此后运动员按此次序轮流合法还击。

（2）在每获得2分后，接发球方变为发球方，依此类推，直到该局比赛结束，或直至双方比分为10平或采用轮换发球法时，发球和接发球次序不变，但每人只轮发1分球。

（3）在双打中，每次换发球时，前面的接发球员应成为发球员，其同伴成为接发球员。

（4）在一局比赛中首先发球的一方，在该场比赛的下一局中应首先接发球，在双打比赛的决胜局中，当一方先得5分后，接发球方必须交换接发球次序。

（5）一局中，在某一方位比赛的一方，在该场比赛的下一局应换到另一方位。在决胜局中，一方先得5分时，双方应交换方位。

（四）重发球

1.比赛中出现下列情况应判重发球

① 如果发球员发出的球，触及球网装置后成为合法发球或被接发球员或其同伴阻挡；② 如果接发球员或接发球方未准备好时，球已发出，而且接发球员或接发球方没有企图击球；③ 由于发生了运动员无法控制的干扰，而使运动员未能成功发球、还击或遵守规则；④ 裁判员或副裁判员暂停比赛。

2.裁判员或副裁判员可以在下列情况下暂停比赛

（1）由于要纠正发球、接发球次序或方位错误；

（2）由于要实行轮换发球法；

（3）由于警告、处罚运动员或指导者；

（4）由于比赛环境受到干扰，以致该回合结果有可能受到影响。

第五节　乒乓球课考核评价标准

乒乓球课考核包括反手推挡球或正手攻球、教学比赛实践、身体素质测试和平时成绩。

一、反手推挡球或正手攻球（30%）

反手推挡球的方法和要求如下。

【方法】2人为1组，做左半台区内的定线推球30秒，记录个人连续击球的成功次数。

【要求】受试者可同陪打者一起测试，也可自选陪打对手。

正手攻球的方法和要求如下。

【方法】受试者在右半台区做定线攻球30秒，记录个人连续击球的成功次数，陪打者可推球和攻球。

【要求】受试者可同陪打者一起测试，也可自选陪打对手。

反手推挡球或正手攻球的考核标准见表9-5-1和表9-5-2。

表 9-5-1　反手推挡球或正手攻球技术等级评定标准

等级	标准
优秀（40～50分）	动作正确、协调，击球落点准，意识强，能熟练完成
良好（30～39分）	动作正确、协调，控球能力较强，移动稍慢，能较熟练完成
中等（20～29分）	动作基本正确，控球能力差，能勉强完成
差（5～19分）	动作不正确，控球能力差，能勉强完成

表 9-5-2　反手推挡球或正手攻球技术达标标准

数量	得分					
	50 分	45 分	40 分	35 分	30 分	25 分
反手推挡球	27 次以上	23～26 次	19～22 次	15～18 次	11～14 次	10 次及以下
正手攻球	23 次以上	20～22 次	17～19 次	14～16 次	11～13 次	10 次及以下

二、教学比赛实践（30%）

随机抽签、分组循环比赛，根据比赛名次和比赛过程中的裁判实习及组织实施表现，确定成绩。

教学比赛实践评价标准见表9-5-3。

表 9-5-3　教学比赛实践评价标准

分数	标准
90～100 分	组织比赛积极，判罚认真，成绩突出，小组比赛第 1 至第 2 名
80～89 分	组织比赛较积极，判罚认真，成绩较好，小组比赛第 3 至第 5 名
70～79 分	组织比赛较积极，判罚认真，基础差，比赛认真，小组比赛第 6 至第 7 名
60～69 分	组织比赛不积极，判罚不认真，小组比赛第 8 至第 10 名
不及格	未能参与全部判罚，没有比赛成绩者

三、身体素质测试（30%）

参照《国家学生体质健康测试标准》进行测试，其中男1000米跑、女800米跑占总成绩的20%，立定跳远占总成绩的10%。

四、平时成绩（10%）

学生平时成绩由课堂学习表现和出勤情况来评定，占总成绩的10%。

？思考题

1. 乒乓球运动的特点有哪些？

2. 乒乓球有哪些基本步法？

3. 正手平击发球的动作要点是什么？

4. 接发球的战术主要有哪几种？

第十章

羽毛球运动

第一节　羽毛球运动概述

一、羽毛球运动的起源和发展

1873年，英国公爵鲍弗特在格拉斯哥郡伯明顿镇的庄园里进行了一次羽毛球游戏表演。从此，羽毛球运动便逐渐开展起来，伯明顿的名称——"Badminton"即成了羽毛球的英文名称。当时的羽毛球场地呈葫芦形，中间狭窄处挂网，直至1901年，羽毛球场地才改为长方形。

1875年，世界上第一部羽毛球比赛规则草拟于印度的浦那。1893年，世界上第一个正规的羽毛球协会在英国成立，并进一步修订了规则，重新规定了场地标准。1899年，在英国伦敦举行了第一届全英羽毛球锦标赛。1934年，由加拿大、丹麦等10多个国家发起成立了国际羽毛球联合会（简称"国际羽联"）。从此，羽毛球的国际比赛日益增多。2006年，国际羽毛球联合会正式更名为羽毛球世界联合会。

20世纪20年代末至30年代中期，羽毛球传入中国。中华人民共和国成立前，我国从未举办过全国性的羽毛球比赛，仅在上海、天津、北京、广州开展过羽毛球运动。中华人民共和国成立后，羽毛球项目很快成为我国重点发展的体育项目之一。在一系列国际大赛中，中国羽毛球运动员为祖国夺得了众多的金牌，创造了中国羽毛球历史上的辉煌，涌现出了杨阳、赵剑华、熊国宝、李永波、林丹、陈金、林瑛、李玲蔚、谢杏芳、张宁、王琳、王仪涵、李雪芮、龚智超、吉新鹏、鲍春来、谌龙、陈雨菲等一批世界羽坛顶尖高手，从而进一步奠定了我国羽毛球技术水平处于世界羽坛领先地位的基础。

二、羽毛球运动的特点和锻炼价值

（一）羽毛球运动的特点

1. 全身性

羽毛球运动是一项能够让人全身得到锻炼的体育项目。无论是参加羽毛球比赛，还是将其作为一般性的健身活动，练习者都要在场地上不停地跑动、跳跃、转体、挥拍，合理地运用各种击球技术和步法将球击还，这可以增强上肢、下肢和腰部肌肉的力量，促进血液循环，提高心血管系统和呼吸系统的功能。

2. 调节性

羽毛球运动的受众面广，练习者可根据自己的年龄、体质、运动水平和场地环境等来调整运动量。

3. 简便性

羽毛球运动对场地的要求较低，不仅可以在正规的室内羽毛球场地进行，还可以在公园、生活小区等地广泛地开展。

（二）羽毛球运动的锻炼价值

1. 对身体素质的影响

羽毛球运动对身体素质的要求比较全面。在练习的过程中，为了提高击球的速度，最大限度地提高击球点，练习者要有良好的弹跳力，以及上肢、下肢的协调能力。因此，经常参加羽毛球运动，可以增大肌肉力量，提高身体灵活性，提高心血管系统和呼吸系统的功能。

2. 对心理素质的影响

参加羽毛球运动不仅能提高运动能力，还能锻炼心智。在参加羽毛球比赛过程中，因其竞争性、对抗性、大强度等诸多因素的影响，练习者会有很多复杂的心理体验。敢打敢拼、胜不骄、败不馁，以及顽强的毅力等体育精神在羽毛球运动中有着充分的体现。

3. 陶冶情操、益智益德

羽毛球项目设有单打、双打、团体项目，团体项目需要集体配合才能完成。因此，参加羽毛球运动不仅可以培养参与者独立思考、单独作战的能力和集体主义精神，也可以使参与者增加智慧、陶冶情操，还可以促使参与者以良好的心态、正确的人生观去面对事业和家庭等。

第二节　羽毛球基本技术

以下所有技术均以右手为例。

一、握拍方法

羽毛球握拍方法正确与否，对于练习者能否掌握羽毛球技术、提高羽毛球技术水平有着重要的影响。羽毛球技术中的握拍方法是多种多样的，主要包括以下几种。

（一）正手握拍法

虎口对着拍柄窄面的小棱边，拇指和食指贴在拍柄的两个宽面上，食指和中指稍分开，中指、无名指和小指并拢握住拍柄，掌心不要紧贴，拍柄端与小鱼际肌齐平，拍面基本与地面垂直。正手发球、右场区的各种击球及左场区的头顶击球等，一般都采用正手握拍法。（图10-2-1）

正手握拍法

（二）反手握拍法

在正手握拍的基础上，拇指和食指将拍柄稍向外转，拇指顶在拍柄内侧的宽面上或内侧棱上，中指、无名指和小指并拢握住拍柄，拍柄端靠近小指根部，使掌心留有空隙。球拍斜侧向身体左侧，拍面稍后仰。一般来说，击身体左侧的来球，大都先转体（背对网），然后用反手握拍法击球。（图10-2-2）

反手握拍法

图 10-2-1

图 10-2-2

（三）正手网前搓球的握拍

在正手握拍的基础上，拇指、食指、中指和无名指稍松开，使拍柄离开掌心，拇指斜贴在拍柄内侧上部的小棱边上，食指稍前伸，使中指斜贴在拍柄外侧的宽面上。（图10-2-3）

（四）反手网前搓球的握拍

在正手握拍的基础上，拇指、食指、中指和无名指稍松开，拍柄离开掌心；同时使球拍稍向内转，拇指贴在拍柄内侧的上小棱边上，食指第三指节贴在拍柄外侧下部的小棱边上。（图10-2-4）

图 10-2-3

图 10-2-4

二、发球技术

（一）正手发球

正手发球站位：单打发球在中线附近，站在离前发球线约1米处；双打发球站位可靠近前发球线。

准备姿势：左肩侧对球网，左脚在前，右脚在后，将重心放在右脚上，右手持拍向右后侧举起，肘部放松微屈，左手拇指、食指和中指夹住球，举在胸腹之间。发球时，重心由右脚移至左脚。（图10-2-5）

正手发球

图 10-2-5

　　不论用正手发何种弧线的球，发球前的准备姿势都应该一致，这样就会给对方的接发球造成判断上的困难。

　　下面分别介绍用正手发球动作发出的两种主要弧线的球。

1.发高远球

　　球的运行轨迹又高又远，下落时与地面垂直，落点在对方场区底线附近的球称为高远球。单打比赛时，常采用发高远球的方法迫使对方退到底线附近去接发球。如果发出的高远球质量好，就可以在一定程度上限制对方进攻技术的发挥，使对方在接高远球时不容易马上组织进攻。当对方体力不支时，发高远球也可以消耗对方更多的体力。

　　【动作要领】发球时，左手把球举至身体的右前方并自然放手，使球下落，同时右手持拍由上臂带动前臂，从右后方沿着身体向左前上方挥动。当球落到球拍向前下方伸直能触到球的一刹那，握紧球拍，并利用手腕的力量向前上方发力击球。击球后，球拍顺势向左上方挥动缓冲。

2.发网前球

　　发网前球是在羽毛球双打中采用较多的发球技术。单打比赛中，发高远球时怕遭到对方球速较快的直接攻击而采用发网前球，或为了主动改变发球方式借以调动对方时也会采用发网前球。

正手发网前球

　　【动作要领】准备姿势同发高远球。击球时，握拍要放松，上臂的动作幅度要小，主要靠前臂带动手腕向前切送，用力要轻。发网前球时，应注意手腕不能有上挑的动作。另外，落点要在前发球线附近，发出的球要贴网而过，这样可以避免对方扑杀。

（二）反手发球

　　反手发球与正手发球一样，可以根据战术的不同发出不同类型的球。反手发球由于挥臂距离短、稳定性强、速度快，并且对方不易判断，在双打中使用较多。

反手发后场平高球

　　准备姿势：右脚在前，左脚脚尖点地，将重心置于右脚，也可左脚在前或两脚平行，具体根据个人习惯而定。一般右脚在前，引拍时空间较大。左手拇指、食指和中指夹住球的羽毛处，将球置于腹前。右手握拍稍向上提，拍面稍微上仰，展腕，以反拍面将球拍置于腹前执球手的后方。

　　引拍：左手放球的同时，以肘为轴，持拍手前臂内旋，带动手腕由后向前做回环半弧形运动至发力所需的幅度。

反手发网前球

　　击球：手掌由外收到内展捻动发力，靠手腕和手指控制力量。球拍以斜拍面切击球托，使球尽可能低地沿球网上方飞过。（图10-2-6）

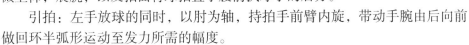

图 10-2-6

击球后的动作：以制动动作结束发力，并迅速将握拍姿势调整为正手放松握拍。

三、击球技术

（一）击后场高远球

以较高的弧线将来球击到对方场区底线附近的球称为击高远球。击高远球是一切上手击球动作的基础。

高远球的特点是球的弧线高、滞空时间长。击高远球的作用是逼迫对方远离中心位置，退到底线去接球，一方面可减弱对方进攻的威力，为我方进攻寻找机会；另一方面在我方处于被动的情况下，有较多的时间来调整站位，摆脱被动局面。

1. 正手击后场高远球

先判断来球的方向和落点，侧身后退使球在自己右肩稍前上方的位置，左肩对网，左脚在前，右脚在后，将重心放在右脚上；左臂屈肘，左手自然高举，右手持拍，上臂和前臂自然弯曲，将球拍举在右肩上方，两眼注视来球。击球时，由准备姿势开始，上臂后引，随之将肘关节上提至明显高于肩部位置，将球拍后引至头后，自然伸腕；然后在后脚蹬地、转体和腰腹的协调用力下，以肩为轴，上臂带动前臂快速向前上方甩动手腕，在手臂伸直的最高点击球。击球后，持拍手臂顺惯性向前下方挥动并收拍至体前。与此同时，左脚后撤，右脚向前迈出，重心由后脚移到前脚。（图10-2-7）

正手击后场高远球

图 10-2-7

2. 反手击后场高远球

当对方将球击到本方左后场时，以反手将球击回到对方底线的高远球称为反手击后场高远球。它的特点是节省体力，对步法要求不高。在处于被动情况下，可采用反手击后场高远球过渡，帮助自己调整站位。

判断对方来球的方向和落点，迅速将身体转向左后方，步法到位后，右脚前交叉跨到左侧底线，背对球网，重心落在右脚上，使球在身体的右肩上方。击球前，由正手握拍迅速换为反手握拍，并持拍于胸前，拍面朝上。击球时，以上臂带动前臂，通过手腕的闪动，自上而下地甩臂将球击出。在最后用力时，要注意拇指的侧压力与甩腕的配合，同时还要利用两腿的蹬地、转体动作协调全身用力。（图10-2-8）

反手击后场高
远球

图 10-2-8

（二）杀球

杀球是把对方击来的球在尽量高的击球点上斜压下去。杀球的力量大、弧线平直、落地快，给对方造成的威胁很大，是进攻的主要技术。

杀球

杀球的准备姿势和动作要领与正手击高远球大体相同，区别在于杀球时，击球点相对于击高远球更靠前，手腕带动球拍向前下方用力挥摆，确保球能直线下行。（图10-2-9）

图 10-2-9

（三）搓球

1. 正手搓球

击球前，前臂稍外旋，手腕由后伸至稍内收闪动。击球时，搓切来球的右

正手搓球

下部，使球旋转滚过球网。（图10-2-10）

图 10-2-10

2. 反手搓球

反手搓球主要以前臂前伸外旋和手腕由内收至外展的合力，搓击球的右侧后底部，使球侧旋滚动过网。（图10-2-11）

反手搓球

图 10-2-11

（四）挑球

挑球是把对方击来的吊球或网前球挑高回击到对方的后场区，这是在比较被动的情况下采取的一种防守技术。挑球有正手挑球和反手挑球两种。

1. 正手挑球

正手握拍于胸前。右脚向前跨出一大步，左脚在后，侧身向右，将重心放在右脚上；同时右臂向后摆，自然伸腕，使球拍后引；然后以肘关节为轴，屈臂内旋，握紧球拍，用食指和手腕的力量，将球向前上方击出。（图10-2-12）

正手挑球

图 10-2-12

2. 反手挑球

反手握拍于胸前。右脚向左前方跨出一大步，将重心放在右脚上；同时右肩对网，屈肘引拍至左肩旁；然后以肘关节为轴，球拍经体前由下往上，用拇指第一指节压住拍柄的宽面，用力将球击出。（图10-2-13）

反手挑球

图 10-2-13

四、步法

（一）跨步

跨步是向击球点迈出较大步幅的一种步法，通常在上网步法的最后一步时使用。

跨步

（二）垫步

垫步是在移动到最后一步，与击球点尚有较短的一段距离时，用前脚再加一小步的一种步法。垫步比较轻捷、灵巧，不但能使移动的步数比较少，而且能保持移动中重心的稳定，有利于协助击球动作的完成。

垫步

（三）并步

并步是离击球点较远的一只脚向前一只脚垫一小步，同时前脚在其尚未落地时，又马上向前跨出的一种步法。并步较多地被运用在上网、接杀球和正手后退突击扣杀时。

并步

（四）交叉步

交叉步是身体侧对击球点方向，两脚采用前后交叉的一种步法。交叉步的步幅较大，移动中重心比较稳定。

交叉步

（五）蹬跨步

蹬跨步是在移动到最后一步时，采用单脚或双脚起跳击球的一种步法。例如，在做网前扑球时，为加快速度抢点击球，后脚用力蹬伸，前脚成弓步前跃；在后场突击扣杀时，先转体用垫步或并步移动，最后一步再用单脚或双脚起跳扣杀。使用蹬跨步要求击球者的身体协调性好、弹跳力强。在击球后要善于控制自己的重心，以便衔接好下一拍的击球。

第三节　羽毛球基本战术

在羽毛球比赛中，技术是基础，身体素质是保证，战术运用是关键。在瞬息万变的比赛场上，运动员要充分发挥自己的技术，根据自身条件和特点，针对不同的对手做出相应的改变，以己之长，攻彼之短，掌握比赛的主动权，最终赢得比赛的胜利。因此，战术的运用是非常重要的。

一、单打战术

（一）发球抢攻战术

发球抢攻战术是根据对方的站位、反击能力和对方的状态等因素，有意识地通过多变的发球，争取场上的主动，为自己创造进攻的机会。

（二）压后场战术

压后场战术是通过高球、平高球、推球和抽球等技术将球死死地压在对方的底线附近，特别是对方的反手后场区域，造成对方处于被动状态，回球质量下降，然后抓住机会攻其前场空当的战术。

（三）下压进攻控制网前的战术

下压进攻控制网前的战术进攻快速、凶猛，用速度、力量将对方控制在网前，再配合平高球突击对方的底线，创造中后场的进攻机会，全力发起进攻。这种战术对付身材高大、步法移动迟缓、网前出手慢及接下手球比较吃力的对手较为有效。

（四）打四方球战术

打四方球战术对付步法移动慢、技术不全面、体力差和情绪易于急躁的对手较为有效。击球时，落点角度大，线路变化多，才能取得较好的效果。

二、双打战术

（一）二打一（攻人）战术

如果发现对方其中一人在技术或心理上比较弱，出现的失误比较多，防守时球路比较单调，就可以集中力量攻击对方这一人。

（二）攻中路战术

对方左右站位时，力争把球打在两人之间的结合处，以便造成对方两人抢接球或让球，彼此不协调，从而有效地限制对方挑出大角度的球路，为自己创造网前的封网机会。

（三）后攻前封战术

一人在后场见高球就大力扣杀创造机会，另外一人在前场利用扑球、搓球、勾球和推球控制网前，或拦吊、扑杀封住前场，使整个攻防连贯而有节奏。

第四节　羽毛球主要竞赛规则

一、单打

（1）发球区和接发球区。一局中，当发球员的分数为0或双数时，双方运动员均应在各自的右发球区发球或接发球；当发球员的分数为单数时，双方运动员均应在各自的左发球区发球或接发球。

（2）击球顺序和位置。一回合中，球应由发球员和接发球员交替从各自所在场区的任何位置击出，直至成死球为止。

（3）得分和发球。发球员胜1回合则得1分，随后，发球员再从另一发球区发球；接发球员胜1回合则得1分，随后，接发球员成为新的发球员。

二、双打

（1）发球区和接发球区。在一局中，发球方的分数为0或双数时，发球方均应从右发球区发球；在一局中，发球方的分数为单数时，发球方均应从左发球区发球；接发球方上一回合最后一次发球的运动员应在原发球区，其同伴的站位与其相反；接发球员应是站在发球员斜对角发球区的运动员。发球方每得1分，原发球员则变换发球区再发球。

（2）击球顺序和位置。每一回合发球被回击后，由发球方的任何一人和接球方的任何一人，交替在各自场区的任何位置击球，如此往返直至死球。

（3）得分和发球。发球方胜1回合则得1分，随后，发球员继续发球；接发球方胜1回合则得1分，随后接发球方成为新发球方。

（4）发球顺序。每局比赛的发球权必须如下传递：首先是由首先发球员从右发球区发球；其次是首先接发球员的同伴从左发球区发球；然后是首先发球员的同伴；接着是首先接发球员；再接着是首先发球员，依此传递。

（5）运动员在比赛中不得有发球、接发球顺序错误或在一局比赛中连续2次接发球。

（6）一局胜方的任一运动员可在下一局先发球；一局负方的任一运动员可在下一局先接发球。

三、发球

（1）合法发球。① 一旦发球员和接发球员做好准备，任何一方不得延误开始发球；

②发球员球拍头的向后摆动一旦停止,任何对发球开始的迟延都是延误;③ 发球员和接发球员应站在斜对角的发球区,脚不得触及发球区和接发球区的界线;④ 从发球开始,至发球结束前,发球员和接发球员的两脚,必须有一部分与地面接触,不得移动;⑤ 发球员的球拍应首先击中球托;⑥ 发球员的球拍击中球的瞬间,整个球应低于距场地地面高度1.15米;⑦ 自发球开始,发球员挥拍必须连贯向前,直至将球发出;⑧ 发出的球应向上飞行过网,如果未被拦截,球应落在规定的接发球区内;⑨ 发球员发球时,应击中球。

(2)一旦运动员站好位置准备发球,发球员的球拍头开始向前挥动,即为发球开始。

(3)一旦发球开始,发球员的球拍击中或未能击中球,均为发球结束。

(4)发球员应在接发球员准备好后才能发球,如果接发球员已试图接发球,即视为已做好准备。

(5)双打比赛发球时,发球员和接发球员的同伴应在各自的场区内。其站位不限,但不得阻碍对方发球员或接发球员的视线。

四、违例

(1)不合法发球。

(2)球发出后:停在网顶;过网后挂在网上;被接发球员的同伴击中。

(3)比赛进行中,球:落在场地界线外(即未落在界线上或界线内);未从网上越过;触及天花板或四周墙壁;触及运动员的身体或衣服;触及场地外其他物体或人;被击时停滞在球拍上,紧接着被拖带抛出;被同一运动员两次挥拍连续两次击中,但一次击球动作中球被拍框和拍弦面击中不属违例;被同方两名运动员连续击中;触及运动员球拍,而未飞向对方场区。

(4)比赛进行中,运动员:球拍、身体或衣服,触及球网或球网的支撑物;球拍或身体从网上侵入对方场区(击球时,球拍与球的接触点在击球者网这一方,而后球拍随球过网的情况除外);球拍或身体从网下侵入对方场区,导致妨碍对方或分散对方的注意力;妨碍对方,即阻挡对方随球过网的合法击球;故意分散对方注意力的任何举动,如喊叫、做手势等。

第五节　羽毛球课考核评价标准

羽毛球课主要对发高远球和击打后场高远球进行考核。

一、发高远球

【要求】每人有10次发球机会,将球发到合理接发球区内的双打后发球线之后,成功发1~3个球得20分,成功发3~6个球得30分,成功发7个球及以上得40分。

【技评】评价握拍、准备姿势、转身引拍、发力击球、随动挥拍、正拍面击球的技术动作，每项满分为10分，共60分。

二、击打后场高远球

【要求】每人10次击球机会，将球击打到单打边线内的双打后发球线之后，成功击打1～3个球得20分；成功击打3～6个球得30分；成功击打7个球及以上得40分。

【技评】评价握拍、准备、转身引拍、发力击球、随动挥拍、正拍面击球的技术动作，每项满分为10分，共60分。

羽毛球课考核得分=发高远球的分数×50%+击打后场高远球的分数×50%。

思考题

1. 羽毛球运动的特点是什么？

2. 简述羽毛球反手握拍法的动作要领。

3. 简述发高远球的动作要领。

4. 羽毛球的压后场战术的要点是什么？

网球运动

第一节　网球运动概述

一、网球运动的起源和发展

古代网球运动可追溯到12—13世纪的法国，当时它是人们玩耍的一种"掌中游戏"。现代网球运动起源于英国。1873年，英国人温菲尔德在掌握了古代网球游戏以后，把它从宫廷带到民间，使网球运动走进了寻常百姓家。

1877年，第1届草地网球锦标赛在英国温布尔登举行，以亨利·琼为首的裁判委员会草拟的比赛规则是现代网球比赛规则的基础，其中的盘制、局制和换位法一直沿用至今。

网球运动走向普及和形成高潮是在美国。第二次世界大战期间，其他国家的网球赛事都停止了，唯独美国的网球运动继续开展并进入鼎盛时期，这为世界网球运动的发展做出了很大的贡献。

1913年，国际网球联合会成立，总部设在英国伦敦。自1896年的第1届现代奥运会起，网球运动就被列为正式比赛项目。后来，由于运动员参赛资格问题，网球运动退出了奥运会，直到1988年汉城（今首尔）奥运会，网球运动才被重新列为奥运会正式比赛项目。

网球运动于19世纪后期传入中国。中华人民共和国成立后，网球运动得到了进一步的发展。1953年，中国网球协会成立，并在天津市举办了第一届全国网球表演赛。1986年，中国女子网球队在第10届亚洲运动会（简称"亚运会"）的网球团体赛中夺冠，从此结束了中国在亚运会上无网球金牌的历史。2004年雅典奥运会，李婷、孙甜甜经过奋勇拼搏，取得了中国体育史上第1个奥运会网球双打冠军。2006年，郑洁、晏紫在澳大利亚网球公开赛女子双打比赛中，夺得中国网球在四大网球公开赛成年组双打比赛中的第1个冠军。在2008年北京奥运会上，李娜夺得女子单打第4名，并在2011年法国网球公开赛和2014年澳大利亚网球公开赛上获得女子单打冠军，创造了中国网球运动的新历史。

二、网球运动的特点和锻炼价值

（一）网球运动的特点

网球是世界上最流行的运动项目之一，也是一项逐渐兴起的健身运动。网球一向享有

"高雅运动"的美誉。打网球者经常给人们一种温文尔雅的感觉。随着人们生活水平的提高和健康意识的增强，越来越多的人参与到网球运动中来。

（二）网球运动的锻炼价值

经常参加网球运动，能有效地提高人的心血管系统机能，提高免疫力，增强身体各部位的肌肉力量；能有效缓解人们紧张的情绪，使人们在运动中放松心情，释放压力。网球运动已超越了运动本身，逐渐发展成为一种人与人之间加强交流、增进感情的重要手段。网球运动不仅能培养人的自信心、充分展示人的个性，还能提高人的心理素质，磨炼人的意志品质。

第十一章 网球运动

第二节　网球基本技术

以下所有技术均以右手为例。

一、握拍方法

（一）东方式握拍法

东方式正手握拍法：由拇指和食指形成的V字形虎口放在拍柄的右上斜面，与拍底平面对齐，食指与其余三个手指稍分开，从拍下平面绕过来，食指下关节压在右垂直面上，拇指自然弯曲，握住左垂直面。（图11-2-1）

东方式反手握拍法：在正手握拍的基础上，手沿逆时针方向旋转一个平面。V字形虎口放在拍柄的左上斜面上，手掌根部贴住左上斜面，与拍底对齐，食指和其余三个手指稍分开，食指下关节压在右上斜面，拇指一般贴在左垂直面上，拇指末节稍弯曲贴在左下斜面。（图11-2-2）

（二）大陆式握拍法

由拇指与食指形成的V字形虎口放在拍柄的上平面与左上斜面的交界线上，手掌根部贴住上平面，与拍底平面对齐。食指与其余三个手指稍分开，食指下关节紧贴在右上斜面上。（图11-2-3）

（三）西方式握拍法

正手握拍时，拍面与地面平行，用手从拍上面抓住拍柄，掌根贴在拍柄右下斜面，拇指和食指都不前伸，拇指压在拍柄上部小平面，食指下关节握住拍柄的右下斜面。反手握拍时，把球拍上下颠倒过来，用同一拍面击球。（图11-2-4）

（四）双手反手握拍法

右手采用东方式反手握拍法，握在拍柄的下方，左手采用东方式正手握拍法，握在拍柄的上方紧贴着右手，两手之间尽量不要有缝隙。（图11-2-5）

上面介绍的几种握拍法，各有所长，运动员可根据不同的击球技术，采用不同的握拍方法。要根据个人的情况，在实践中灵活应用，选择最适合自己的握拍法。

图 11-2-1　　　图 11-2-2　　　图 11-2-3　　　图 11-2-4　　　图 11-2-5

二、正手击球

正手击球

（一）准备姿势

面对对方场区站立，两脚开立，略宽于肩。两膝微屈，上体略前倾，脚跟稍抬起，重心落在两脚脚掌之间。右手握拍柄，左手扶着拍颈部位，持拍于体前。两眼注视来球。

（二）击球动作

以右脚为轴开始转身并向后拉拍，拍头高于手腕，左臂自然前伸以保持身体平衡。以肩为轴向前挥拍，击球时，拍面与地面垂直，并尽量使拍面与球有较长时间的接触。击球后，球拍应继续随球挥动，随挥结束后，球拍在左肩上方。（图11-2-6）

图 11-2-6

三、反手击球

反手击球

（一）单手反手击球

【准备姿势】同正手击球的准备姿势。

【击球动作】向左侧转体、转肩并变换成东方式反手握拍，向后拉拍，右脚向左前方跨步，右肩对网，重心前移。球拍向前上方挥拍击球，击球点在右腿前侧腰部高度的位置，击球时，拍面垂直于地面，挥拍轨迹为由左下方至右上方。随挥动作结束在身体的右前方。

（二）双手反手击球

【准备姿势】准备动作与单手反手击球相同，只是两手握在拍柄上。

民航公共体育教程

118

【击球动作】转肩、向后拉拍并变换握拍。重心转移至左脚上。球拍拉向左侧后方并低于来球的高度，右脚向来球方向迈出。两手向前挥动并击球，击球点比单手反手击球略靠后，击球时右臂伸直，拍面垂直于地面。击球后，球拍应沿目标方向继续挥动。（图11-2-7）

图11-2-7

四、截击球

截击球是指来球在空中飞行、还没有落地就被加以还击的一种打法。通常在球网和中场之间截击。

（一）正手截击球

截击球应该采用大陆式握拍方法，因为截击球的速度快，没有足够的时间变换握拍，所以正反手截击球的准备动作相同。

正手截击球

肩部稍微转动，球拍与肩平行，向后拉拍要稳固，不得过肩。向前挥拍的同时，用左脚朝球飞来的方向迈步，保持手腕固定并在身体前方击球。随挥动作要快，以便快速回到准备接下一个球的位置。（图11-2-8）

图 11-2-8

（二）反手截击球

反手截击球

肩部稍微转动，球拍与肩平行，向后拉拍要稳固，向前挥拍时右脚朝球飞来的方向迈出；保持手腕固定，并在身体前方击球；随挥动作要快，以便快速回到准备接下一个球的位置。（图11-2-9）

图 11-2-9

发球

五、发球

现代网球运动中，发球是最重要的技术之一，也是唯一由自己控制的击球技术。能否得分常常取决于发球的好坏。发球既可以直接得分，又可以为进攻创造条件。

（一）握拍

初学者可采用东方式正手握拍法。

（二）准备动作

两脚间距与肩齐宽，在端线后侧身站立。右脚与底线基本平行，左脚正对右网柱。右手手腕和手臂放松握拍于体前，左手持球。

（三）抛球

左臂放松，左手平稳地向上抛球，抛球和挥拍几乎同时开始；左手手臂达到肩部高度时，手指自然松开，使球借助惯性自然上升。抛球的高度要合适，最好在球的最高点击球。

（四）击球

两臂同时做先向下再向上的运动，球从伸展的左手中被竖直地向上抛出，持拍手臂屈肘上举。抛球后，身体开始向前转动，球拍在身后做绕环动作，接着向前挥动击球。尽量伸展身体，在最高点处击球的后部（拍面与球垂直）。击球时，重心向前转移。随挥动作结束在身体左侧下方。（图11-2-10）

图 11-2-10

六、接发球

接发球是网球运动中较难掌握的一项技术。一次错误的接发球常常会失去1分。相反，一个巧妙的接发球既能削弱发球者进攻的锐气，又能化被动为主动。

在接发球的全过程中，眼睛始终注视来球，直到完成回击动作。接发球时不要做大幅度的后摆动作，控制好拍面的角度，紧握球拍，以免球拍因被撞击而转动。选择好回击球的落点对控制对方发球后抢攻有重要意义。

（一）高压球

高压球是将对方挑来的高球加以扣杀回击的技术。

用大陆式握拍法，抬头盯着球，侧身转体用短促的垫步调整位置，左手高举指向击球点，右手举起球拍向后拉拍，球拍后摆做"挠背"动作，随后在右肩的前上方对准球心挥出，击球手臂继续伸直随挥，随挥动作结束在身体左侧下方。

高压球

（二）挑高球

挑高球可分为防守性挑高球和进攻性挑高球。防守性挑高球是为了赢得时间，摆脱困境；进攻性挑高球是在对方上网时，将球挑到对方后场较深的位置，使之出现被动或失误的打法。

挑高球

准备击球时将球拍充分后摆；击球时向上挥拍击球的下部，手腕绷紧，挥拍动作要尽可能地将球向前、向上送出。

（三）放小球

通常采用大陆式握拍法放小球。

放小球的准备动作与正反手击球一样。侧身对网，用前臂带动手腕的力量使球拍沿着球的下部快速下切，缓冲球的前冲力，使球随着球拍的下切动作向后旋转。正拍、反拍都可以放小球，动作要领是一样的，最重要的是动作的突然性和隐蔽性，不让对方看出自己的意图。

第三节　网球基本战术

一、单打基本战术

单打比赛开始时，双方通常会用自己最擅长的技战术迎战，在熟悉对方的战术后改变本方的战术策略，以达到使对方失去节奏、消耗体力，最终赢得比赛的目的。

（一）发球战术

发球是不受对方制约的技术，因此一定要充分利用，争取拿下发球局，掌握主动权。一成不变的发球会使对方很容易适应，并找到应对的方法。自己也许能侥幸拿下第一个发球局，但拿下第二个、第三个发球局就非常困难了。因此，发球时应以发内角、外角、中路三种线路相结合，上旋、侧旋、平击多变化。

（二）接发球战术

面对快速的发球，不要急于加力回球，这样往往造成失误。如果对方反手较弱，则攻对方的反手；如果对方发球动作幅度较大就打追身球，令其没有时间调整步法，最终使自己化被动为主动。

（三）发球上网战术

如果运动员能准确、快速地发出外角球，那就准备上网。注意不要一次冲到网前，以免没有回旋的余地。在发球线附近稍做停顿，根据对方回击球的情况，再采取下一步的行动。采取发球上网战术的要点：选择适当的时机，将球发到外角，使对方接球的另一侧空场，对方要想把球回到场内，必须将球从靠近发球区一侧的球网上方回过来，否则球可能出界，只需防住发球区域的来球即可；如果对方的回球质量不高，可以截一个深球或者放一个小球到对方的空场区，轻松得分。

二、双打基本战术

双打比赛与单打比赛有很大的差别，双打比赛更多地依赖于两个球员的默契配合和网前的截击技术。双打比赛通常有以下两种常用的战术。

（一）双上网进攻型战术

双上网进攻型战术是近年来职业网球双打比赛中采用最多的战术之一。发球方发球后上网，接发球方也采用积极的进攻型接发球上网，比赛的四人均来到网前，通过小斜线截击或其他方式得分。① 发球方发出刁钻的一发后上网，在发球线处截击，将球打到接发球方脚下，待接发球方回球时跟进到网前，在网前打出直接得分球。② 接发球方选择进攻型接发球，将球回到发球方脚下，同时迅速上网，在发球线处截击，把球打到对方中间结合部，再来到网前，找机会打出得分球。③ 发球方同伴根据发球的落点，适时调整网前位置，盯住接发球方，判断回球方向，及时上前抢网，同时注意防守双打边线和单打边线之间的直线穿越球。④ 接发球同伴在发球线附近防守发球方同伴的截击球，同时要提防发球方截击球，根据来球，到网前打出小斜线球或高压球得分。

（二）双上网防守型战术

男子职业网球运动员多采用双上网防守型战术。因为在双上网进攻型战术中，两人太靠近球网，无法照顾到挑高球，所以双上网防守型战术的重点是接发球方接发上网后，只来到发球线附近，以防守发球方的挑高球，并且大部分球由此人处理，接发球方同伴则伺机打出截击球或高压球得分。

第四节　网球主要竞赛规则

一、发球、接发球和场地的选择

正式比赛前，双方用掷硬币的方法决定比赛的第一局站位和发球/接发球权。抛硬币获胜者有权在第一局比赛中选择发球、接发球，在这种情况下，对手选择站位；选择比赛的第一局站位，在这种情况下，对手选择发球或接发球；要求对手做出以上任意一种选择。

二、发球

（1）发球动作：在即将做出发球动作前，发球员必须静止站在底线后（即远离球网的那一侧），双脚位于中心标志的假定延长线和边线的假定延长线之间。然后，发球员应当用手将球向任何方向抛出并在球落地前用球拍将球击出。在球拍击到球或未能击到球的那一刻，整个发球动作即被认为已经完成。对于只能使用一只手臂的运动员，可以用球拍完成抛球。

（2）发球失误：发球员发球动作不正确；发球员发球程序错误；发球员出现脚误；发球员试图击球时未能击中；发出的球在触地前碰到了永久固定物、单打支柱或网柱；发出的球触到了发球员或发球员的搭档，或所穿戴的或携带的任何物品。

（3）重新发球：发出的球触到了球网、中心带或网带后落在有效发球区内；或在球触到了球网、中心带或网带后，在落地前触到了接发球员或其搭档，或他们穿戴的或携带的任何物品；球发出时，接发球员还没有做好准备。在重发球时，之前的那次发球作废，发球员应重发，但是不能取消重发前的发球失误。

三、重赛

除了在第二发球时呼报重新发球是重新发该次发球外，在所有其他情况下，当呼报重新发球时，这一分必须重赛。

四、双打发球和接发球规则

（1）发球。每盘第一局开始时，由发球方决定由何人在该局先发球，对方则在第二局开始前，决定由何人在该局先发球。第三局由第一局发球方的另一位球员发球，第四局由第二局发球方的另一位球员发球，该盘各局按此顺序发球。发球顺序发生错误时应立即纠正，但原比分仍有效。

（2）接发球。先接发球的一方，应在第一局开始前，决定何人先接发球，并在这盘单数局继续先接发球。对方同样应在第二局开始前，决定何人接发球，并在这盘双数局继续先接发球，他们的同伴应在每分结束后轮流接发球。

（3）接发球员接完发球后，该队中的任何一人都可以回击球。

五、交换场地与休息

每到单数局，即第1、第3、第5、第7等局结束后，双方要交换场地，且有90秒钟的休息时间。每盘第一局结束后和在平局决胜局进行时，只交换场地不休息，偶数局结束后不交换场地。休息与交换场地同时进行。平局决胜局的比赛中，运动员应在每6分后要互换场地。每盘结束（无论单数局还是双数局）后，均有不超过2分钟的休息时间。

六、赛制及计分方法

（一）赛制

比赛可以采用三盘两胜制，先赢得两盘的运动员/队赢得比赛；或采用五盘三胜制，先赢得三盘的运动员/队赢得比赛。

（二）局分

在常规局的比赛中，应首先报发球运动员的得分。若两名运动员/队都得到三分，则比分为"平分"。"平分"后如果一名运动员/队得分，则比分为"占先"，如果"占先"的这名运动员/队又得分，他便赢得了这一局；如果"占先"后是另一名运动员/队得分，则比分仍为"平分"。

运动员/队需要在"平分"后连续得到两分，才能赢得这一局。

在平局决胜局中，使用阿拉伯数字0、1、2、3等计分。首先赢得7分并净胜对手两分的运动员/队赢得这一局及这一盘。决胜局有必要进行到一方运动员/队净胜对手两分为止。

（三）盘分

盘分有不同的计分方法。主要的计分方法是"长盘制"和"平局决胜局制"两种。"长盘制"中，先赢得6局并净胜对手两局的运动员/队赢得一盘。一盘有必要进行到一方运动员/队净胜两局为止。在"平局决胜局制"，先赢得6局并净胜对手两局的运动员/队赢得一盘。如果局分达到6∶6，则须进行"平局决胜局"。

（四）运动员失分

（1）发球员连续两次发球失误。

（2）在活球状态下，运动员在球连续两次落地前未能击球.

（3）在活球状态下，运动员回击的球落到有效击球区外的地面或在落地前碰到有效击球区外的其他物体。

（4）在活球状态下，运动员回击的球在落地前触到永久固定物。

（5）接发球员在发球没有落地前击球。

（6）运动员故意用球拍托带或接住处于活球状态中的球，或故意用球拍触球超过一次。

（7）在活球状态下的任何时候，运动员或他的球拍（无论球拍是否在他手中），或他穿戴的或携带的任何物品触到球网、网柱/单打支柱、网绳或金属绳、中心带或网带，或对手场地。

（8）运动员在球过网前击球。

（9）在活球状态下，除了运动员手中的球拍以外，球触及运动员的身体或他穿戴的或携带的任何物品。

（10）在活球状态下，球触到了运动员的球拍，但球拍不在他的手中。

（11）在活球状态下，运动员故意并实质性地改变了球拍的形状。

（12）双打比赛中，同队的两名运动员在回球时都触到了球。

第五节　网球课考核评价标准

一、网球课的考核内容和方法

考核内容：正、反手底线击球。

考核方法：教师站在学生的对面场地，用球拍送10个底线球给学生，5个正手球、5个反手球，学生站在底线中点附近用正、反手将球击过球网，球不出底线、单打边线为一记好球。

二、网球课考核评价标准

网球课的成绩由网球正手击球和反手击球两项技术的掌握情况组成，两项技术的具体标准见表11–5–1和表11–5–2。

表 11-5-1　网球正手和反手击球技术等级评定标准

等级	标准
A	握拍、准备姿势正确，步法调整到位，引拍及时，掌握前挥击球和击球随挥动作，球的飞行路线平稳，击完球后能及时回位
A–	握拍、准备姿势正确，步法调整到位，引拍及时，掌握前挥击球和击球随挥动作，球的飞行路线平稳
B+	握拍、准备姿势正确，步法调整到位，引拍及时，掌握前挥击球和击球随挥动作
B	握拍、准备姿势正确，引拍及时，掌握前挥击球和击球随挥动作
C+	握拍正确，引拍及时，掌握前挥击球动作
C	击球时，拍头不往下掉，手腕不松
C–	有击球动作
D	做出挥拍击球动作

表 11-5-2　网球正手和反手击球技术得分标准

达标等级	性别	得分										
		100分	95分	90分	85分	80分	75分	70分	65分	60分	50分	40分
	男	A	A–	B+	B	B–	C+	C	C	C–	D	D
	女	A	A–	B+	B	B–	C+	C	C	C–	D	D

❓ 思考题

1. 网球运动的特点是什么？

2. 简述网球正手击球的动作要领。

3. 简述网球发球的动作要领。

4. 网球比赛的计分方法是什么？

第一节　游泳运动概述

一、游泳运动的起源与发展

游泳运动是人类在适应自然、改造自然的劳动生产过程中发展起来的运动，与战争、娱乐密切相关。

游泳运动是最受人们喜爱的体育项目之一，是将水浴、空气浴和日光浴三者结合起来的运动。游泳运动老少皆宜，深受广大青少年的喜爱。在历届奥运会中，游泳项目作为金牌大户，竞争十分激烈。近年来，游泳的各项世界纪录不断被打破，吸引了大批观众，成为世界体育关注的焦点。

现代游泳运动起源于英国。1828 年，英国在利物浦乔治码头修建了世界上第1个室内游泳池。1896 年雅典奥运会上，游泳被列为竞赛项目之一，比赛设有100 米、500 米和1200 米自由泳3个项目。1900 年巴黎奥运会时，仰泳项目被分列出来。1904 年圣路易斯奥运会又将蛙泳项目分列出来。1912 年斯德哥尔摩奥运会时，女子游泳被列为比赛项目。1956 年墨尔本奥运会又增加了蝶泳项目。从此，竞技游泳定型为4种泳姿。

进入21世纪以来，我国游泳运动呈现出良好的发展势头，我国游泳运动员达到国际水平的人数明显增加。2008 年北京奥运会，我国在游泳项目上获得1 枚金牌、3 枚银牌、2 枚铜牌。2012 年伦敦奥运会，我国在游泳项目上获得5 枚金牌、2 枚银牌、3 枚铜牌。2016年里约热内卢奥运会，我国在游泳项目上获得1枚金牌、2枚银牌、3枚铜牌。

二、游泳运动的锻炼价值

（一）改善心血管系统的功能

游泳运动对心血管系统功能的改善有相当重要的作用。游泳时，身体受到冷水刺激后通过热量调节作用和新陈代谢能促进血液循环。同时，水的压力和阻力还对心脏与血液的循环起到特殊作用。在水中身体所承受的水压会达到每平方厘米0.02～0.05千克，并且潜水时随着水深的加大、物理条件的变化，压力还会增大，游泳速度的加快也会加大压力负荷，使心房和心室的肌肉组织能得到加强，心腔的容量也能逐渐加大，心脏的跳动次数减少，整个血液循环系统能得到改善，静止状态下舒张压有所上升，收缩压有所下降，血管的弹性也有所提高。根据有关学者统计，一般人在安静状态下心跳每分钟为60～80次，每搏输出量约60～80毫升。长期参加游泳运动的人，在同样情况下心脏只需收缩50次左右，每搏输出量却达到90～120毫升。

（二）增强心肺功能

肺功能的强弱由呼吸肌功能的强弱来决定，运动是改善和提高肺活量的有效手段之一。据测定：游泳时人的胸部要承受12～15千克的压力，加上冷水刺激肌肉收缩，使呼吸感到困难，迫使人用力呼吸，加大呼吸深度，这样吸入的氧气量才能满足机体的需求。一般人的肺活量为3000毫升左右，呼吸差（最大吸气和最大呼气时胸围扩大与缩小之差）仅为4～8厘米，剧烈运动时的最大吸氧量为2.5～3升/分，比安静时大10倍；而游泳运动员的肺活量可高达4000～7000毫升，呼吸差可达到12～15厘米，剧烈运动时的最大吸氧量为4.5～7.5升/分。游泳可以使人的呼吸肌发达，胸围增大，肺活量增加，而且吸气时肺泡开放得更多，换气顺畅，对健康极为有利。

（三）加强皮肤血液循环，增强抵抗力

在游泳过程中，皮肤血管参与了重要的调节作用，冷水的刺激能使皮肤血管收缩，以防热量扩散到体外，同时身体又产生热量，使皮肤血管扩张，改善对皮肤血管的供血，长期坚持这样锻炼能使皮肤的血液循环得到加强。

游泳池的水温常为26℃～28℃，在水中浸泡时散热快，耗能大。为尽快补充身体散发的热量，以满足冷热平衡的需要，神经系统便快速做出反应，使人体的新陈代谢加快，增强人体对外界的适应能力，抵御寒冷。经常参加冬泳的人，由于体温调节功能得到改善，就不容易患伤风感冒，也能提高人体的内分泌功能，使脑垂体功能增加，从而提高人体对疾病的抵抗力和免疫力。

（四）减肥，健美形体

游泳时身体直接浸泡在水中，由于水不但阻力大，而且导热性能良好，散热速度快，身体能消耗较多热量。另外，游泳减肥法可避免下肢和腰部出现运动性损伤。在陆地上进行运动减肥时，因肥胖者体重大，使身体（特别是下肢和腰部）要承受很大的重力负荷，易疲劳，使其对减肥运动的兴趣大打折扣，并容易损伤下肢关节和骨骼。在水中进行游泳时，肥胖者的体重有相当一部分被水的浮力承受，下肢和腰部会因此轻松许多，关节和骨骼出现损伤的概率大大降低。由此可见，在水中运动，会使许多想减肥的人，取得事半功倍的效果，因此，游泳是有利于减肥的有氧运动之一。

人在游泳时，通常会利用水的浮力俯卧或仰卧于水中，全身松弛而舒展，使身体得到全面、匀称、协调的发展。在水中运动减少了在地面运动时地面对骨骼的冲击性，降低了骨骼的劳损概率，使骨关节不易变形。水的阻力可增加人的运动强度，但这种强度，又有别于陆地上的器械训练，是很柔和的，可以使全身的线条流畅、优美。

第二节　游泳基本技术

一、游泳的呼吸技术

学习游泳，第一步就是掌握在水中的呼吸要领，方法是从换气开始练习，基本过程：憋气—呼气—吸气。练习时，要求人在水面上张大嘴用力将气吸入肺里，然后憋气低头入水停留片刻，接着通过鼻子缓慢而均匀地将气呼出，之后开始慢慢抬头，在头部即将露出水面时，通过嘴和鼻将剩余的气全部呼出，头部完全出水后，张嘴主动用力吸气。

游泳时须将肺中废气呼出，才能再次吸入新鲜空气，因此必须反复进行换气练习，让身体在憋气—呼气—吸气的换气过程中形成运动记忆。所有泳姿呼吸的基本方法完全相同，不同泳姿中的换气姿势都需要配合好憋气—呼气—吸气这一基本过程。

二、熟悉水性

克服怕水心理，是初学者学习游泳时首先要解决的难题。通过一系列熟悉水性的练习，能够让初学者逐渐消除紧张情绪，体会水的浮力，在水中慢慢学会掌握平衡，控制身体方向，逐步适应水对身体的压力及人体在水中的失重感，为继续学习游泳技术打下基础。

（一）水中原地蹲起换气

两手抓住池边或水线，抬头张嘴吸气，接着用口鼻憋住气息，慢慢下蹲使面部浸到水中，通过鼻子匀速地向外呼气，并尽量延长呼气时间。在肺中气息即将呼完时，迅速抬头站立，将嘴露出水面继续做张嘴吸气动作。通过连续多次练习，逐步掌握嘴吸鼻呼的呼吸要领，以及快吸慢呼的呼吸节奏。（图12-2-1）

图 12-2-1

（二）水中跳跃前进换气

人在水中跳起后，由于水的浮力作用，落地的时间与陆地上相比会延长很多。在水中连续跳跃会具有相对稳定的速度和节奏，在此基础上配合跳起与下沉的节奏来进行口吸鼻呼换气练习，可以促进肢体动作与换气节奏的协调配合。练习中要求初学者在跳跃过程中逐渐前进，手臂在水中随意地做划水动作来保持身体平衡。（图12-2-2）

图 12-2-2

（三）抱膝漂浮，还原站立

人体在水中利用浮力，在没有固定支撑的前提下使身体漂浮于水面，感受在水中的"失重感"。

抱膝漂浮动作要领：在水中原地站立，深吸气后，屈膝下蹲，身体下沉，上体前倾，低头闭气，前脚掌轻轻蹬离池底，大腿向腹下收紧，两手向下抱紧小腿，做团身动作，使身体自然漂浮于水中。

还原站立动作要领：结束抱膝漂浮时，两臂松开，沿水面前伸，两手向下压水，同时抬头，使躯干由俯卧姿势恢复为直立姿势，之后两脚踩向池底方向，两腿伸直，还原站立姿势。

掌握抱膝漂浮及还原站立动作，可以使人在水中失去平衡时迅速找回平衡，稳定重心，也就等于在深度不淹没头顶的水域中掌握了自救方法。

图12-2-3是抱膝漂浮的正面示意图，图12-2-4是抱膝漂浮的侧面示意图。

图 12-2-3

图 12-2-4

（四）展体漂浮

蛙泳、自由泳等俯卧泳姿都是以展体漂浮动作为准备姿势的。

动作要领：身体放松，两脚开立，深吸气后憋气低头入水，同时两脚蹬离池底，两臂沿水平面前伸，两手交叠，身体俯卧于水面或水中，眼睛看着池底。

初学者由于腿部浮力较差，不会利用腰腹力量借助胸腹腔的浮力，腿部稍微下沉是正常现象。漂浮练习是让初学者感受在水中俯卧的身体姿势，学会放松身体，体会水的浮力。（图12-2-5）

图 12-2-5

三、蛙泳技术

蛙泳因其泳姿动作像青蛙游水而得名，是较适合长距离游泳的泳姿。蛙泳由腿和脚配合蹬夹水产生推进力，两侧手臂和腿的动作对称，比较容易掌握，一般作为游泳初学泳姿。

（一）准备姿势

蛙泳的准备姿势，要求身体俯卧，两臂和两腿并拢伸直，接近水平位置，稍抬头，前额位于水平面，面部浸入水中。身体与水平面形成5°～10°的仰角，有助于呼吸和更好地发挥腿部的动作效果。（图12-2-6）

图 12-2-6

蛙泳

（二）腿部动作

蛙泳的腿部动作由滑行、收腿、翻脚、蹬夹水四个连贯动作组成。

动作要领：身体俯卧于水中，两臂前伸并拢，保持流线型姿势。收腿时，慢速屈膝，将小腿收向大腿、脚跟尽量向臀部两侧靠拢，收腿后脚掌立刻外翻，以脚掌和小腿内侧组成最大的对水面积，做好后蹬准备。收腿动作结束后，两脚踝关节之间的距离应该大于两膝间的距离。蹬夹水时腰部须保持紧张，以控制身体姿势及用力方向，腿部动作由大腿发力，沿着向外、向后、向下的弧线方向蹬夹水，持续用力，直至两腿并拢，以获得最大的前进动力。其中，蹬腿之后的夹水动作向下用力，借助水的反作用力，使腿部上升，身体接近与水面平行，从而减少迎面阻力。（图12-2-7）

图 12-2-7

动作口诀：两侧慢收腿，翻脚对准水，蹬水沿弧线，并拢要滑行。

动作练习：陆上模仿蛙泳腿部动作。（图12-2-8）

图 12-2-8

水中扶板练习的要求：两手伸直轻轻放在浮板上，身体保持流线型姿势，两肩随手臂尽量向前延伸。（图12-2-9）

  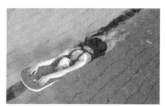

图 12-2-9

（三）手臂动作

蛙泳手臂动作由外划、内收、前伸、滑行四个连贯动作组成。蛙泳的手臂动作是抬头呼吸换气的主要动力。

动作要领：两臂并拢，尽量向前伸直，身体成直线，与水面平行。前伸手臂后两手掌心转向斜下方压水，接着做划水动作，手掌、前臂、上臂形成最大面积做向侧面、下方、后方屈臂划水，划至肩部下方开始内收。内收动作要与外划阶段连贯完成，收手过程同样可以产生前进动力和上升力。两手向内、向上收到下颌前下方开始前伸，手臂前伸时，手掌相对、并拢，同时两肘关节也顺势接近，两臂以最小的迎水面积做前伸动作，最大限度地减少阻力。伸直手臂滑行，手掌转向下，手指微微上翘，借助前进的速度获得身体浮力，使身体快速接近水面。（图12-2-10）

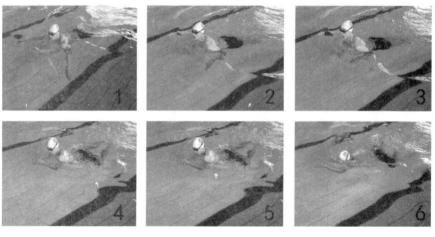

图 12-2-10

动作口诀：外划宽于肩，向后、向下压，内收至颌下，前伸要滑行。

动作练习：陆上模仿练习。

水中站立划水练习。（图12-2-11）

图 12-2-11

（四）配合技术

蛙泳的配合动作包括手臂动作与腿部动作的配合，以及整体动作与呼吸的配合，配合的关键是对动作节奏和换气时机的把握。

动作要领：手臂伸直，从最前端开始向外、向下划水，用力呼出废气，随外划动作开始抬头，腿部伸直，保持自然放松。手臂外划至与肩同宽时，头抬至口鼻或下颌露出水面，此时准备做收腿动作。向内收手的同时胸部向上拉起，并稍向前挺髋进行吸气，吸气动作要主动、迅速、有力，此时收腿动作接近完成。手臂前伸时，吸气完成并低头，短暂闭气之后，用鼻慢慢呼气。在手臂即将伸直时，脚掌外翻，开始做蹬夹水动作，向外、向后、向下持续用力，直至两腿并拢。整个蹬夹水过程中，两臂要保持并拢前伸，将迎水阻力降至最低，借蹬夹水的推进力，滑行一段距离，等速度降低时再进行第二个周期的动作。滑行时间根据前进速度的不同，一般持续1～3秒。

动作口诀：手臂外划腿不动，手臂内收再收腿，手臂伸直才蹬腿，滑行阶段要伸展；手臂下压外划水，抬头背部不能立，收手同时慢收腿，手臂伸直才蹬腿。

动作练习：蛙泳腿与呼吸的配合练习，手臂与呼吸的配合练习；手臂与腿的配合练习（低头憋气或抬头进行）；一次划手臂、一次呼吸配合两次蹬腿的练习，一次手臂、一次腿、一次呼吸的完整配合动作练习。

（五）常见错误及其纠正方法

在蛙泳腿部动作中，收腿不到位会造成蹬夹水动作幅度变小；收腿动作完成后，脚掌要用力向两侧翻开，不能放松踝关节，更不可以绷直脚背，否则无法形成足够的对水面积，蹬夹水时不能获得有效的向前推进力。（图12-2-12和表12-2-1）

图12-2-12

每个动作周期中必须要有臂腿伸直滑行的阶段，这一点非常重要。常见错误是在蹬腿的同时两手就开始做划水动作，如果此时做划水动作，不仅蹬腿动力被减弱，还会错失掉抬头换气的时机。因此，要牢记要领：划臂时腿不动，蹬腿时臂伸直。

表 12-2-1　蛙泳常见错误及其纠正方法

部位	常见错误	原因	纠正方法
腿部动作	蹬水时没有翻脚或一脚翻，一脚绷直剪水	（1）小腿肌肉对翻脚的动作未建立起感觉和体会。 （2）绷脚尖形成动作定型	（1）多在陆上做翻脚的强制性练习。 （2）强调蹬水时保持翻脚、勾脚尖状态
	平收腿，蹬得过宽，先蹬后夹或只蹬不夹	（1）收腿时两膝外张。 （2）旧的动作定型的影响	（1）陆上模仿，加深体会。 （2）用矫枉过正的方法，要求收蹬，用绳固定两膝距离，限制其外张
	收腿时游速突减，蹬水时不走	（1）收腿过快，收大腿过多。 （2）蹬腿时，脚和小腿不对水	（1）强调慢收腿，控制大腿与躯干的夹角为130°左右。 （2）强调慢收到位，小腿约与水面垂直。注意翻脚后蹬腿，并相对地快些
臂部动作	划水时手摸水（划不到水）	（1）划水时拖肘。 （2）手臂力量差	（1）划水时，高抬肘，屈臂划水幅度小些。 （2）加强手臂力量训练
	划水路线太靠后，超过肩的延长线	（1）急于用力划水，推动身体前进，收手过晚。 （2）抬头吸气时间过长或吸气时抬头过晚	（1）伸肩划下抓水，保持高肘提前划水。 （2）屈臂小划水，或用水线限制划水过肩
配合动作	蹬腿的同时划臂	配合节奏紊乱，急于划臂	强调先伸臂，后蹬腿，臂腿伸直有滑行。两臂前伸，蹬两次腿，划一次臂。然后再做一次腿、一次臂的配合
	蹬腿的同时伸臂	臂划水结束后没有及时转入收手和伸臂，而应停留胸前	（1）强调收手时收腿。 （2）划、收、伸衔接应紧密连贯，强调臂将要伸直时再蹬直
	吸不到气	（1）吸气前未呼气或呼气过早、过猛，使呼与吸之间停顿。 （2）抬头太慢，吸气时间太短。 （3）用鼻吸气，呛水	（1）手臂前伸时开始呼气，注意呼气节奏。呼与吸衔接，口将出水时加速呼气，口一出水顺势吸气。 （2）划水时开始抬头，划水时吸气。 （3）用口、鼻呼气，用口吸气

四、自由泳技术

　　我们通常讲的自由泳，从概念上应该属于爬泳，由于在四种正规泳姿中，爬泳速度最快，在自由泳项目的竞赛中，运动员普遍采用爬泳技术，久而久之人们就称其为自由泳。采用自由泳游进时，身体俯卧于水中，接近于水平面，依靠两臂轮换划水，配合两腿上下交替打水使身体前进，前进动力主要来自手臂划水。

自由泳

（一）身体姿势

自由泳的身体姿势与蛙泳的准备姿势相似，身体角度更接近水平，成流线型俯卧姿势，腰背部尽量伸展，肌肉保持适当的紧张度，控制身体不发生扭转动作。头颈部要保持平稳，躯干围绕身体纵轴，随两侧手臂的下划和提肩移臂动作，有节奏地自然转动。

（二）腿部动作

动作要领：腿部动作在自由泳的完整配合中，主要起到保持身体处于较高的水平位置的作用，控制身体稳定和平衡，配合两臂划水动作。动作要求两腿自然并拢，脚稍内旋，踝关节放松，臀部夹紧，由大腿发力带动小腿，以脚背踢水，两腿交替做上下鞭打动作。

打腿各阶段的技术要领：直腿上抬→踝伸内旋→屈膝下打，腿部上抬放松，下压用力。向下打腿的用力方向是"向下向后"的感觉，形成鞭状发力动作，向下用力打水动作结束在膝关节完全伸直时。（图12-2-13）

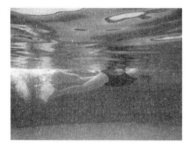

图 12-2-13

动作练习：陆上模仿练习，扶池边打水练习，扶浮板打水练习，配合呼吸的扶浮板打水练习（图12-2-14）。

图 12-2-14

难点提示：自由泳的打腿过程中，无论是腿部向上还是向下的动作，都应由髋部发力，大腿带动小腿，尽量绷直脚背下压，形成更大的对水面积。不能只依靠膝关节的弯曲、小腿的上下拍打完成打水动作，打腿过程中腿部要尽量少地露出水面，原因是脚打出的水花越大，实效性越差。

（三）手臂动作

动作要领：自由泳游进中，手臂动作是身体前进的主要推进力。一个动作周期分为入水、抱水、划水、出水和空中移臂五个阶段。划水阶段完成后，转肩提肘做空中移臂，前臂自然放松前伸入水，手的入水点在肩关节向前的延长线上。入水时手指自然伸直并拢，手掌斜向外下方，使手指首先触水，其次是前臂，最后是上臂自然插入水中；手臂入水后，手掌继续前伸，由外向内转腕，将最前端相对静止的水划入手中，进入抱水阶段；屈臂抱水，保持高肘姿态，此时手掌、前臂、上臂形成最大的对水面积，整个手臂好像抱住一个大球，做向后划水，由肩部发力，上臂带动前臂，用力向后推水，从屈臂到伸臂应有明显的加速过程，始终保持手掌向后对水，加速划至大腿旁。为延长有效的划水路线，增加前进的动力，推水动作要尽可能向后，但绝不能造成躯干的扭转或侧弯，影响身体姿势。整个划水动作中，手的轨迹开始于肩关节延长线的最前端，以最便于发力的角度划水，始终保持最大的对水面积，经由身体下方，最后到大腿外侧，整个划水过程成S形。划水结束后，肘部向外上方提拉，带动前臂和手移出水面，从空中移动到肩的延长线，进入下一次入水。出水动作要借助推水的惯性，不应有停顿，同时动作应该柔和、放松。

动作练习：陆上模仿练习，先做单臂动作，再做双臂配合动作（图12-2-15）；水中站立划水练习（图12-2-16）；配合呼吸的站立划水练习（图12-2-17）。

图 12-2-15

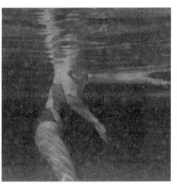

图 12-2-16

图 12-2-17

难点提示：手臂划水过程中须保持高肘姿态，保证手臂形成最大的对水面积；同时尽可能地采用晚呼吸的换气技术，手出水时随空中移臂动作转头换气，移臂过程中必须强调提肘、提肩、转肩。两肩随着两侧手臂的入水和推水向前、向后进一步延伸，随划水和移臂的动作做围绕身体纵轴的转动，既可以延长划水路线，又便于划水发力和轻松地进行空中移臂。

（四）配合技术

动作要领：自由泳游进时，换气动作要迅速，不能干扰划水节奏。在两臂交替划水的过程中，移臂的一侧进行换气，为保持用力均衡，建议采用两侧呼吸。以右侧换气为例，右手入水后，口和鼻开始慢慢呼气，右臂正常划水，增大呼气量，右臂推水即将结束时，用力呼气并开始向右侧转头。右臂出水的同时借助提肘动作的转肩角度，向右侧稍微转头，当口和鼻露出水面后，迅速张嘴吸气，吸气过程至空中移臂动作即将结束时完成，随手臂入水动作转头还原。两侧呼吸技术，一般3次划臂动作配合1次呼吸，在进行下一次换气前，可以短暂地闭气，此时头部保持稳定，两臂保持连贯划水动作。（图12-2-18）

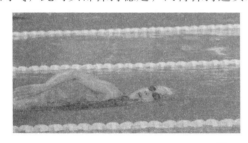

图 12-2-18

两臂配合：自由泳的两手配合形式是在一手处于入水阶段时，根据另一手所处的位置来划分。一般分为3种类型。

（1）前交叉，一臂入水后继续向前延伸，待另一臂结束推水并进行空中移臂之后，才开始抱水动作，两臂交叉点位于肩部前方。前交叉的配合方式有利于自由泳初学者体会划水动作和呼吸节奏。优点：容易获得更长的划水路线和划水实效，手在前方的支撑能够保持比较理想的身体位置。不足：动作频率较慢。

（2）中交叉，一臂入水后向前延伸时，另一臂已处于推水阶段，在完成推水动作时，即开始抱水动作，两臂交叉点刚好位于肩部。优点：两臂配合比较连贯，动作频率较快。不足：不易抓水，尤其水感较差的更易失去水感。

（3）后交叉，一臂入水后，另一臂已完成推水动作，不再向前延伸，即开始做抱水动作，一侧开始划水，另一侧完成推水即将移臂，两臂交叉点位于肩部后方。后交叉配合动作多出现在自由泳初学人群中，常因为推水结束后动作停顿而形成，易造成入水延伸不够，划水路线短等不足。

手腿配合如下。

（1）6次腿配合，即两臂各做1次划水动作，两腿各做3次打腿的配合。一侧手臂入水至抱水后，打对侧腿，划水至推水前段，打同侧腿，推水后阶段，打对侧腿。初学者一般采用这种配合，易保持平衡和协调及掌握自由泳技术。

（2）2次腿配合，即两臂各做1次划水动作，两腿各做1次打腿的配合，一侧手臂入水时，打对侧腿，另一手划水至推水阶段。

（3）4次腿配合，即两臂各做1次划水动作，两脚各做2次打腿的配合。一侧手臂入水时，用力打对侧腿，接着轻打同侧腿，也就是在2次腿配合的前提下，每打1次腿后再增加1次轻打同侧腿动作。此种配合方法有利于保持身体的平衡。

动作练习如下。

（1）手臂并拢前伸连续打腿，每进行10～12次打腿，做1次手臂划水动作，配合同侧转头换气。

（2）保持身体位置连贯打腿，连续做单臂划水动作，2～4次动作配合1次呼吸，另一侧手臂伸直在肩前或向后并拢至体侧。

（3）连贯打腿，两臂依次做划水动作，即完全前交叉，每3次手臂动作配合1次换气，练习两侧呼吸。掌握动作后可以逐渐加快手臂动作频率，进行完整配合练习。

难点提示：自由泳的换气动作是头部侧转，完全不同于蛙泳的抬头换气。由于头部侧向转动会改变身体的平衡位置，必须尽可能地将转动幅度减少到最低限度，才能保持好身体平衡；动作要求固定眼睛视线，目视方向与水面成45°角。头颈部保持一定紧张度，控制方向，尤其在吸气阶段，在口和鼻露出水面的前提下，应尽可能地减小转头幅度，以不影响身体纵轴前进方向的转动为好。吸气后头部回到原有位置，保持良好的身体姿势。

自由泳常见错误及纠正方法见表12-2-2。

表12-2-2　自由泳常见错误及纠正方法

部位	常见错误	原因	纠正方法
腿部动作	小腿打水（屈膝过大）	动作概念不清或小腿过于紧张	直腿打水练习，体会大腿带动小腿的动作
	勾脚尖打水（锄头脚）	动作过分紧张或踝关节的灵活性差	（1）绷直脚尖打水 （2）多做踝关节的灵活性练习

部位	常见错误	原因	纠正方法
臂部动作	手臂入水后向下压水	直臂入水和过早用力划水，没有形成S形划水	手臂入水时，手指先入水，入水后不要马上用力划水，而要抓到水后才能用力划水
	划水时摸水	沉肘划水	划水时屈臂，肘高抬、掌心向后
	手沿纵轴外侧划水和划水路线短	（1）手臂入水点偏外或手臂入水后过分向外侧抓水和划水。（2）没有推水动作	（1）划水时强调屈臂，沿身体中轴进行S形划水，划水结束时手触大腿。（2）可用柱过正法，改进入水偏外的错误，要求手在中线入水
	身体下沉和手出水困难	划水结束前，掌心向上，没有向后推水	划水后程以掌心向后推水，利用惯性提肘带动手臂出水前移
	直臂移臂	肩臂紧张	（1）多进行模仿练习，加强移臂概念。（2）强调移臂放松，手臂垂直
配合动作	配合不协调，游不远	（1）动作过分紧张。（2）游得少，呼吸无节奏或吸气动作不好	（1）放松慢游，注意技术，逐步加长距离。（2）多练呼吸动作
	抬头吸气	（1）怕呛水或用鼻吸气。（2）呼气或转头过晚	（1）强调纵轴转头，用口吸气。（2）强调呼吸及呼吸动作与划臂配合
	吸气进气	（1）吸气不充分。（2）吸气方法不对	（1）反复练习呼气方法，体会呼吸节奏。（2）呼气与吸气之间不要停顿，注意呼气后顺势张口吸气

五、仰泳技术

仰泳是人体仰卧在水中游进的一种姿势。仰泳呼吸较容易掌握，动作简单易学，受到各年龄段人们的喜爱。现代仰泳技术是人们借鉴了爬泳技术后发展而来的。两者有许多相似之处，如身体位置、身体绕纵轴的转动、两臂的配合时机及臂腿的配合时机等。仰泳具有呼吸方便、动作简单、省力轻松、实用性强等特点。

仰泳

（一）身体姿势

在仰泳过程中，要求身体伸展，平直地仰卧于水面，头部和肩部略高于腰部和腿部。头部和髋部的位置关系在仰泳中非常重要。在仰泳中，头的位置在很大程度上决定了整个身体的位置，起着"舵"的作用。头部应与身体在一条直线上，水面约位于头顶中部。头部过于后仰，容易使髋部抬高，脚和腿露出水面，影响打水效果并容易造成鼻子进水。反之，如果害怕呛水而抬高头的位置，髋和腿就会下沉，身体容易"坐"在水中，增大身体前进的阻力。

（二）腿部动作

仰泳腿部打水的主要作用是保持身体位置并产生一定的推进力。此外，快速有力的仰泳打水对有效发挥上臂和躯干的力量也起着重要作用。仰泳腿部动作由上踢和下压两部分组成，但产生推进力的动作是上踢。

动作要领：仰泳打水时，以髋关节为轴，大腿发力，大腿带动小腿和脚上下交替做鞭状打水，两脚的打水幅度为入水40～45厘米，并做到直腿下压，屈腿向后上方用力踢水。

练习步骤如下。

（1）坐在池边，做打水动作，脚踝放松，体会上踢比下压更加用力。（图12-2-19）

图12-2-19

（2）两手抱浮板仰卧打水，仰头挺胸收下颌，尽量平直地仰卧于水面，向后向上用力踢水，使身体前进；仰卧打水，两臂伸直夹在两耳后面，两手叠起，挺胸收下颌，身体保持较好的流线型姿势，此时用力连贯打水就可以明显感觉到很容易前进。（图12-2-20）

图12-2-20

难点提示：仰泳打水时，腿部完全在水下用力，膝关节、小腿和脚都不能露出水面，踢出的水花要翻滚。

（三）手臂动作

动作要领：仰泳手臂的划水动作是产生推进力的主要因素。划水技术的优劣直接影响身体前进速度的快慢。仰泳手臂的动作分为入水、划水、出水和空中移臂4个主要部分。仰泳手臂的入水动作应与身体的转动协调配合。一侧臂入水时，身体向同侧转动，这样可以加大手臂入水的深度。入水后迅速屈臂形成高肘姿态，此时手掌、前臂、上臂均以最大面积向后对水，并持续用力向后划水，直至手掌划到大腿旁，先压水后提肩，使肩部先出水，再带动上臂、前臂和手依次出水，出水时手臂应伸直，保持直臂姿势经空中向前移臂，入水前上臂应贴耳。

练习步骤如下。

（1）陆上模仿练习，在地面站立划水，两脚前后分开，以保持平衡，充分体会肩部随

手臂划水动作的转动，眼睛看向前方，头要正且保持稳定。（图12-2-21）

图 12-2-21

（2）水中站立划水．进入水中确认划水动作，体会手臂划水的感觉。（图 12-2-22）

图 12-2-22

（3）仰卧打水，单臂划水练习，另一臂置于体侧。练习时要集中注意力，尽快掌握正确的划水动作。（图12-2-23）

图 12-2-23

难点提示：入水点在肩的延长线，入水后屈臂高肘，在体侧逐渐加速向后划水，两臂要协调配合，连贯不停顿地交替做动作。

（四）配合技术

仰泳的两臂配合与自由泳一样，应保证身体得到连贯且均匀的推进力，使身体匀速前进。

动作要领：学习仰泳时最好采用中交叉配合，即一臂入水，另一臂划水结束，两臂基本处于相反的位置，使一臂结束划水动作后，另一臂能立即产生推进力。仰泳较常见的完整配合是6次打水、2次划臂、1次呼吸的配合技术。游仰泳时口和鼻始终露出水面，呼吸不受限制。为了避免由于吸气不充分造成动作出现紊乱，最好保持一定的呼吸节奏。常见的是一臂移臂时吸气，另一臂移臂时呼气。

难点提示：身体仰卧并保持较好的流线型姿势，避免屈髋随意转动；头部位置保持稳定，后脑浸入水中，手臂和腿部的动作协调配合，要求动作连贯不停顿；呼吸要配合手臂动作，保持相对稳定的节奏，不能随意呼吸。

第三节　游泳安全与救护

一、游泳安全常识

游泳是在水中进行的，稍有疏忽就会有溺水情况发生。初学者在水中容易因失重无法掌握平衡而呛水、溺水；技术不佳的游泳者常因肌肉痉挛、精神紧张等，发生溺水事故；即使是技术精湛的游泳者，也可能由于疾病或自然水域条件等因素造成不幸。因此，在参加游泳运动时，必须提高安全意识。进入游泳场所后，要观察或询问水温、水深情况，了解并遵守场馆内的提示及警告条例。进行充分的热身运动，避免游泳中途发生肌肉痉挛。进入公开水域游泳前，必须要先了解水质、水温、水深、水流、水底和岸边等水域情况，熟悉地图和危险隐患的说明，并尽量携带救生器材，结伴而行。

（一）参加游泳运动的注意事项

（1）患有较严重心血管疾病的人不能游泳，患有各类传染疾病，以及皮肤、黏膜感染或有外伤的人不能游泳。

（2）剧烈运动后持续出汗时，要先降低体表温度适应水温，再入水游泳。

（3）身体状态不佳，疲劳、虚弱、饮酒后都不宜游泳。

（4）在自然水域中游泳，要充分了解水质、水流速度、水温、水深等条件，绝不能贸然下水。另外，对于雷雨、大风等恶劣天气，也不宜在露天场所游泳。

（5）游泳前要做充分的热身活动，拉伸各部位的肌肉和韧带，预防肌肉痉挛。

（6）不要跳水，不要潜泳，避免潜在的意外伤害，对自己和他人的安全负责。

（7）持续游泳的时间不宜过长，应控制在2小时以内，中途可以适量补充运动饮料。

（二）参加游泳运动的常用装备

游泳运动的常用装备包括舒适的游泳衣裤，游泳场所要求必须佩戴的泳帽，既能保护

眼睛又便于观察自身技术动作和水中情况的泳镜，保暖用的浴巾、拖鞋，等等。

二、游泳救生常识

游泳救生包括间接赴救和直接赴救两种：间接赴救是指通过使用救生器材（如救生杆、救生圈、救生浮漂或其他器物等），对正在挣扎的溺水者，经过准确判断，在保证自身安全的前提下，优先选择的一种赴救技术；直接赴救是在无法使用间接赴救技术的情况下，所采取的赴救技术，包括入水、接近、解脱、拖带、上岸、运送等技术环节。

（一）游泳救生原则

岸上救生优于水中救生；器材救生优于徒手救生；团队救生优于个人救生；先救有意识后救无意识。救人的前提是保证自身的安全，发生溺水事故时，首先要呼救，争取更多的救援力量，要充分考虑现场情况，如水深、水温、水流等，及时做出正确的判断，并要客观地评价自身能力，利用身边一切可利用的器材，如竹竿、木板、绳索等工具，尽可能在岸上或船上完成施救。

（二）直接赴救的解脱技术

在发生溺水事故不得不入水采取直接赴救时，为保证自身安全，尽量由背面或侧面接近溺水者，避免正面接近时被溺水者抓住或抱住，造成危险。一旦被抱持，也不要慌张，应及时采取有效的解脱方法。

解脱时，应采用反关节技术或适当的手法，技术动作要准确、突然，发力要迅速，但不能用力过大，避免对溺水者造成伤害。对于有意识的溺水者，可以通过语言进行安抚、鼓励，使其依照指令配合。

（三）溺水后的生理变化

溺水实质上是一种特殊型急性呼吸功能衰竭，溺水者在不同阶段的症状和临床表现见表12-3-1。

表 12-3-1　溺水者的症状和临床表现

溺水时间	症状	临床表现
10 秒内	人会感到头晕、恶心	神志清醒，仅有血压升高、心率增快的症状
10～20 秒	昏厥或抽搐	神志模糊，呼吸浅慢、不规则，血压下降，心率减慢，反射减弱
30～45 秒	昏迷，瞳孔散大	
60 秒	呼吸停止，大小便失禁	面部肿胀、青紫，两眼充血，口、鼻、气管内充满血性泡沫，肢体冰冷，烦躁不安，伴有抽搐，心音弱或心律不齐
4～6 分钟	脑细胞开始发生不可逆转的损害	
10 分钟	脑细胞死亡	

（四）对溺水者使用心肺复苏施救方法

将溺水者摆正成急救体位：成仰卧姿势，有利于通气和按压；头部不能高于心脏，否则会造成回心血量不足。

（1）判断意识，轻拍溺水者两肩，高声呼救，请人帮忙拨打120。

（2）清理溺水者口腔的异物。

（3）打开气道，嘴角和耳垂垂直于地面

（4）判断呼吸：一看，二听，三感觉；一侧面部贴近溺水者口鼻，同时完成看、听、感觉。

（5）进行人工呼吸：检查后确认没有呼吸，要先做好防护，可以将湿巾、手帕或衣角之类覆盖在溺水者口鼻处，先吹两口气，捏紧鼻子，封严嘴，吹气量要达到700～1000毫升。

（6）检查脉搏：食指和中指并拢，触摸溺水者的颈动脉。

（7）建立人工循环：检查确认没有脉搏后，以中指来定位，沿着肋弓向上滑动至胸骨剑突处，另一只手以掌根对正胸骨下1/3处，两手交叠，十指交叉，肩与掌根垂直再做下压，保持直臂，以髋关节为支点，肩部发力做下压动作，按压深度为4～5厘米，按压与放松的时间比为1：1，按压频率为120次/分。单人进行操作时，按压与吹气的比例为30：2。（图12-3-1）

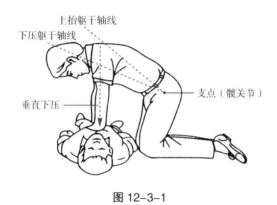

图 12-3-1

第四节　游泳主要竞赛规则

一、游泳比赛场地

国际标准游泳池长为50米，宽至少为21米，深度至少2米，推荐3米；设8～10条泳道，每条泳道宽2.5米，分道线由直径0.1～0.15米的单个浮标连接而成。运动员比赛必须站在出发台上出发（仰泳除外），出发台前沿应高出水面0.5～0.75米，出发台的台面面积为0.5米×0.5米。

二、各项泳式主要竞赛规则

（一）蛙泳

（1）在出发和每次转身后，运动员身体可没入水中并可做 1 次手臂充分向后划至腿部的动作。在第1次手臂划水动作过程中，允许打1次蝶泳腿接蛙泳蹬腿动作。在出发和每次转身后的第2次划臂至最宽点两手向内划水前，头的一部分必须露出水面。

（2）从出发和每次转身后的第1次手臂动作开始，身体应保持俯卧。除转身动作外，任何时候都不允许身体成仰卧姿势。在出发后的整个游程中，动作周期必须是以1次划臂和1次蹬腿的顺序完成。两臂的所有动作应同时并在同一水平面上进行，不得有交替动作。

（3）两手应同时在水面、水下或水上由胸前伸出。除转身前的最后1次划水动作、转身过程中及抵达终点前的最后1次划水动作外，肘部不得露出水面。两手应在水面或水下向后划水。除了出发和每次转身后的第1次划水动作外，两手向后划水不得超过臀线。

（4）在每个完整动作周期内，运动员头的一部分必须露出水面。两腿的所有动作应同时并在同一水平面上进行，不得有交替动作。

（5）在蹬腿过程中，两脚必须做外翻动作。不允许做交替打腿或向下的蝶泳打腿动作（本条"（1）"款所述除外），允许两脚露出水面。

（6）在每次转身和到达终点时，两手应分开在水面、水上或水下同时触壁。转身和到达终点前的最后1次手臂动作后可不接蹬腿动作。在触壁前的最后1次划水动作结束后，头可以没入水中。但在触壁前最后1个完整或不完整的动作周期中，头的一部分必须露出水面。

（二）自由泳

（1）自由泳比赛中，运动员可采用任何泳式。但在个人混合泳及混合泳接力比赛中，自由泳是指除了蝶泳、仰泳、蛙泳以外的泳式。

（2）每次转身和到达终点时，运动员身体的某一部分必须触及池壁。

（3）在整个游程中，运动员身体的某一部分必须露出水面。在出发和转身时，允许运动员身体完全没入水中。出发和每次转身后，在 15 米前（含15米）运动员头的一部分必须露出水面。

（三）仰泳

（1）在"出发信号"发出前，运动员应在水中面对出发端，两手抓住出发握手器。禁止两脚蹬在水槽里、水槽上或脚趾勾在水槽沿上。当使用仰泳出发器出发时，两脚脚趾必须与池壁或触板接触；严禁脚趾勾在触板上沿。

（2）出发和每次转身后，运动员应蹬离池壁，除在做转身动作外，运动员在整个游程中保持仰卧姿势，允许身体做转动动作，但必须保持与水平面小于90°的仰卧姿势。头部位置不受此限。

（3）在整个游程中，运动员身体的某一部分必须露出水面。在出发和转身时，允许运动员身体完全没入水中。出发和每次转身后，在15米前（含15米）运动员头的一部分必须露出水面。

（4）在转身过程中，运动员身体的某一部分必须触壁。转身过程中允许肩的转动超过

145

垂直面，之后立即做1次连贯的单臂划水或双臂同时划水动作，并以此划水动作作为转身动作的开始。运动员必须以仰卧姿势蹬离池壁。

（5）运动员到达终点时，必须在各自泳道内以仰卧姿势触壁。

（四）蝶泳

（1）从出发和每次转身后的第1次手臂动作开始，身体应保持俯卧，允许水下侧打腿。除了触壁后的转身动作外，任何时候都不允许成仰卧姿势。只要身体成俯卧姿势蹬离池壁，允许运动员在触壁后用任何方式转身。

（2）整个游程中，两臂应在水面上同时向前摆动，并在水下同时向后划水。

（3）所有腿部的上下打水动作应同时进行。两腿或两脚可不在同一水平面上，但不允许有交替动作，不允许蹬蛙泳腿。

（4）在每次转身和到达终点时，两手应分开在水面、水上或水下同时触壁。

（5）在出发和每次转身后，允许运动员在水下做1次或多次打腿动作和1次划水动作，这次划水动作应使身体升至水面。在15米前（含15米）运动员头的一部分必须露出水面。运动员应使身体保持在水面上，直至下次转身或到达终点。

第五节　游泳课考核评价标准

一、游泳课考核内容

根据游泳运动的项目特点，考核采用单项基本技术达标与完整配合技术评分相结合的方式进行。

【考核内容】深水原地踩水能力及50米蛙泳完整配合技术，具体见表12-5-1。

表12-5-1　游泳技术考核内容

考核项目	考核目的	得分权重
深水原地踩水	通过踩水能力的考核，促使学生熟练掌握深水环境中求生与自救的动作方法	30%
50米蛙泳完整配合技术	通过蛙泳完整配合技术的考核，考查学生对水环境中身体运动规律和蛙泳规范技术的掌握情况	70%

【考核方法】

（1）深水原地踩水：在深水区进行考核，要求身体与水平面垂直，通过手臂与腿部动作的协调配合，使头面部完全浮出水面，并保持30秒以上为合格。

（2）50米蛙泳完整配合技术：考试在深水区进行，要求蹬池壁出发，以蛙泳姿势连续游，完成50米为合格，在此基础上对技术动作的规范性评分。

二、游泳技术考核的评分标准

（1）深水原地踩水评分标准：保持头面部完全浮出水面以上30秒合格，对技术动作的规范性进行评分。满分为100分，每项技术要求占25分，具体见表12-5-2。

表 12-5-2　深水原地踩水评分标准

考核内容	技术要求	分值
身体姿势	整个身体几乎垂直于水面，稍前倾，头部始终露出水面，下颌接近水面	25分
手臂动作	两臂稍弯曲，在体侧前做向外、向内的摸压水的动作，动作幅度不大，有分水和挤水的感觉；两手摸压水的路线形成双"⌒"弧形，划水平稳不紧张	25分
腿部动作	踩水的腿部动作几乎与蛙泳腿一样，两腿同时进行不间断的蛙泳腿外划水动作，保持在竖直平面，注意收蹬腿的幅度要小。收腿时，膝关节可外翻，蹬腿时膝关节向内扣压，同时小腿和脚内侧蹬夹，两腿尚未蹬直并拢，即开始做第二次的收腿动作	25分
配合动作	臂、腿、呼吸配合：臂腿的动作配合要连贯、协调，一般是两腿蹬夹水时，两手向外做摸压水的动作，收腿时，则向内摸压，呼吸要跟随臂、腿自然进行。蹬夹水（臂向外）时吸气；收腿（臂向内）时呼气	25分

（2）50米蛙泳完整配合技术评分标准：完成连续游进50米为合格，在此基础上对技术动作的规范性评分。满分为100分，每做错一个动作扣5分，具体见表12-5-3。

表 12-5-3　50 米蛙泳完整配合技术评分标准

考核内容	技术要求	分值
身体姿势	身体姿势舒展，不紧张，接近平行于水面	5分
手臂动作	手臂划水动作，做到明显的外划、内收、前伸过程	5分
腿部动作	腿部动作，做到收小腿不收大腿，收腿后有明显的翻脚掌动作，蹬腿做向外蹬夹水	5分
配合动作	手臂与呼吸配合，一划手就抬头，两手并拢前伸时低头	5分
动作顺序	划收伸蹬：先划手后蹬腿，划（划手）→收（手臂向内收，同时开始收腿）→伸（两手及前臂并拢前伸）→蹬（向外、向后蹬夹水）	5分
动作周期	每一个动作周期很清晰，有明显的全身伸直滑行过程	5分

思考题

1. 游泳初学者如何进行熟悉水性练习？
2. 蛙泳完整配合技术的动作口诀是什么？
3. 自由泳的常见错误和纠正方法有哪些？
4. 参加游泳运动的注意事项有哪些？

第十三章 健美运动

第一节 健美运动概述

一、健美运动的起源与发展

健美运动起源于古希腊，而其作为体育锻炼项目，是近百年来从欧洲兴起的。德国体育家、表演家、艺术家尤金·山道是现代健美运动的创始人。尤金·山道自幼体弱多病，10岁那年，他随父亲到意大利的罗马旅游，深深地被那些古代角力士雕像的健美体魄所吸引，于是他开始每天坚持锻炼。尤金·山道上大学后学习了人体解剖学，更加懂得了科学锻炼的重要意义。他从实践中摸索出了一套发展肌肉的锻炼方法。1901年，他组织了世界上首次健美大力士比赛。1946年，加拿大的韦德兄弟创建了国际健美联合会。女子健美运动始于20世纪40年代，初期只是关于身材、体姿、容貌的"选美"比赛，被安排在男子健美比赛之后。20世纪60年代以后才出现正式的女子健美比赛。

自1965年起，每年举办1次由职业运动员参加的奥林匹亚先生健美大赛；从1980年开始，每年举办1次奥林匹亚小姐健美大赛。

中国的健美运动于20世纪30年代初在上海兴起。赵竹光是我国健美运动的开拓者。1940年，赵竹光与其学生曾维祺创办了上海健身学院，并于同年7月创办了《健力美》杂志。中华人民共和国成立后，各地健美运动发展较快。1983—1989年，我国共举办了7届全国"力士杯"健美比赛。从1986年第4届全国健美比赛开始，正式增设了女子健美比赛，并按照国际健美比赛的规定穿比基尼泳装。1985年，中国正式加入国际健美联合会。1986年，中国举重协会健美运动委员会成立。1988年，我国派运动员参加了在澳大利亚举行的第42届世界男子业余健美锦标赛。

随着中国体育事业的蓬勃发展，健美运动与其他体育项目一样，已成为人们追求健美和提高身体素质的一项时尚体育活动。目前，我国高校内有全国大学生健身健美锦标赛和中国高等职业院校健身健美锦标赛两项赛事。

二、健美运动的锻炼价值

经常参加健美锻炼，能够促进人体血液循环，增强心脏的功能；促使呼吸肌力量增强、肺活量增大，使肺的功能得到改善；能改善大脑的供血状况，消除疲劳，使人头脑清醒，思维更加敏捷；有效地增强人的体质，促进人体全面协调地发展；能使人的力量素质、柔韧素质、速度素质、耐力素质等素质得到提高，为参加其他体育活动打下良好的基础。通过进行各种科学的、有计划的、有目的的徒手动作和器械辅助动作的练习，能使肌肉粗壮结实，肌红蛋白增多，骨骼坚韧，骨密质增厚，骨的抗弯、抗折能力增强。长期坚持健美锻炼，能使人的体能、体态都得到较多的改善。具有良好的体能、优美的体态，能使人充满活力，身心愉悦，朝气蓬勃。

第二节　健美运动的训练原则

运动训练作为特殊的、有专门组织的、有明确目标的一种教育过程，具备与其他教育过程不同的特点。因此，健美运动的训练必须遵循和贯彻以下几条原则。

一、渐进训练原则

人的认知是由简到繁、由浅到深、由未知到已知逐步形成的，条件反射也是由简单到复杂、由低级到高级逐步形成的。同样，人体各器官机能的改善、肌肉的发达及竞赛技术动作的形成都要经历一个逐步提高的过程，只有循序渐进地进行训练，才能收到良好的训练效果，否则会欲速则不达，适得其反。因此，在参加健美运动时，必须遵循渐进性原则，要针对个人体质情况，由小到大逐步加大锻炼的难度和负荷。

二、全面训练和专项训练相结合原则

身体全面训练与专项训练密切联系和结合，是健美训练的主要特点。要想使身体发展得协调、匀称，除了采用多种多样的锻炼方式和方法外，还应进行各项身体素质训练（力量素质、耐力素质、速度素质、灵敏素质和柔韧素质等）。全面训练对打好专项基础和弥补专项训练的不足可以起到促进作用。因此，在进行专项训练的同时，要与全面训练结合起来，这样才能收到良好的效果。

三、区别对待原则

因为个体之间存在着各种差异，所以运动训练要遵循区别对待原则，要兼顾到个体在性别、年龄、体质等方面的不同。

四、全身训练与分部位训练相结合原则

要使全身各部位肌肉群高度发达，就必须坚持全身训练与分部位训练相结合原则。前者是基础，后者是提高，两者有机结合起来，是取得良好训练效果的关键所在。

五、不间断性原则

根据超量恢复原理，锻炼和恢复要经历四个阶段：第一阶段为工作阶段，由于体内能量物质被消耗，各系统的机能随之逐渐下降，从而造成机体工作能力下降和疲劳的出现；第二阶段为工作后的恢复阶段，随着各系统机能的恢复和能量物质的补充，机体工作能力又逐

渐恢复到工作前的状态；第三阶段为超量恢复阶段，由于运动负荷造成的机体异化作用刺激了同化作用的加强，加上食物营养的及时补充，机体的能量储备和机能会超过锻炼前的水平；如果在超量恢复阶段不持续进行锻炼，机体就会进入第四个阶段——复原阶段，机体原先获得的锻炼效果就会消失。由此可见，健美训练最忌"三天打鱼，两天晒网"。也就是说，健美锻炼者要想获得理想的锻炼效果，必须持之以恒地进行锻炼。

第三节　人体主要肌肉群的锻炼

一、身体各部位肌肉的锻炼方法

（一）腿部肌肉的锻炼方法

腿是人体的基座，承担着整个身体的质量。如果两腿无力，就会给日常生活和工作带来不便，更谈不上健美。人的衰老主要从腿开始，因为两腿无力，行走活动减少，会导致心肺功能下降，所以应重视腿部肌肉的锻炼。

1. 股四头肌、臀大肌的锻炼方法

股四头肌位于大腿前侧，是人体中体积较大的肌肉之一，由四块相互联系的肌肉组成，包括股直肌、股中间肌、股内侧肌和股外侧肌。股直肌起自髂前下棘，股中间肌起自股骨体前面，股内侧肌起自股骨粗线内侧唇，股外侧肌起自股骨粗线外侧唇。四个肌头相合，形成一条强有力的肌腱，从前面及两侧包绕髌骨，并在髌骨下方形成髌韧带，借助此韧带止于胫骨粗隆。

臀大肌位于臀部皮下，为四方形扁肌，生理横断面较大。在形体健美中，臀大肌是影响臀围和形成臀部外形的主要因素。臀大肌起于髂骨翼外面和骶骨背面及骶结节韧带，止于臀肌粗隆和髂胫束。

（1）负重深蹲。

预备姿势：将杠铃置于颈后肩上，两手松握横杠，抬头，挺胸，紧腰。

动作过程：屈膝缓慢下蹲至膝关节的角度略小于90°；稍停，再伸膝起立至预备姿势。（图13-3-1）

负重深蹲

动作要领：做动作过程中，始终抬头、挺胸、紧腰，使杠铃垂直上升。注意力集中在股四头肌和臀大肌上。

图 13-3-1

（2）跨举。

预备姿势：将杠铃置于两腿之间，两脚间距与肩同宽。屈膝下蹲，一手在身前握杠，另一手在身后握杠。

动作过程：上体保持正直，目视前方，保持挺胸、紧腰姿势，股四头肌、臀大肌用力使两腿伸直。

动作要领：下蹲和起立时，腰背要挺直，两臂伸直，不得屈臂和耸肩；起立时，完全依靠腿部的力量；屈膝下蹲时，不可突然下蹲，应以股四头肌、臀大肌的力量控制杠铃缓缓下降。注意力集中在股四头肌和臀大肌上。

（3）坐姿腿屈伸。

预备姿势：将哑铃或沙袋等重物绑在踝关节处，坐于练习凳上，小腿与地面垂直。

坐姿腿屈伸

动作过程：用股四头肌收缩的力量将小腿完全伸直，直到感觉股四头肌极度绷紧，稍停，随后还原成预备姿势；也可在专用器械上练习该动作。（图13-3-2）

动作要领：动作要有节奏，不可太快，一定要等小腿完全伸直、股四头肌极力收缩且稍停1~2秒后，再用股四头肌的力量控制小腿缓缓放下。注意力集中在股四头肌上。

图13-3-2

2. 股二头肌的锻炼方法

股二头肌有两个头，长头起于坐骨结节，短头起于股骨粗线外侧唇下部，两头合并以长腱止于腓骨头。

（1）俯卧腿弯举。

预备姿势：俯卧在练习凳上，上体和大腿紧贴凳面，两手扶住凳子。

动作过程：以股二头肌收缩的力量将小腿弯起，直到感觉股二头肌极度绷紧，稍停，小腿缓缓下落至完全伸直；也可在专用器械上练习该动作。（图13-3-3）

俯卧腿弯举

动作要领：做俯卧腿弯举时，腹部要始终紧贴凳面，臀部不能凸起。注意力集中在股二头肌上。

（2）站姿腿弯举。

预备姿势：站立，上体略前倾，将哑铃、沙袋等重物系在踝关节上。

动作过程：小腿弯起，尽量靠近臀部。

动作要领：动作节奏不可太快，等股二头肌极力收缩后，稍停，再缓缓放下。注意力始终集中在股二头肌上。

（3）直腿硬拉。

预备姿势：两脚开立，比肩稍窄，向前屈体，背部保持平直。

动作过程：收缩下背部的肌肉，把上体向上向后挺起，两肩尽量后移。最后，尽力收缩竖脊肌，静止1秒钟，再慢慢屈体向前，直到自己感觉腰背无法再向下压。（图13-3-4）

动作要领：直膝向前屈体至上体与地面平行，然后下背部肌肉收缩用力，脊柱前挺，上拉杠铃成开始姿势。提铃和还原过程腰部要绷紧，不得含胸弓腰，两腿始终直立。

图 13-3-3　　　　　　　　　　　图 13-3-4

3. 腓肠肌、比目鱼肌的锻炼方法

腓肠肌的内、外侧头分别起于股骨内、外侧髁后面。比目鱼肌起于胫骨和腓骨的后面上方。腓肠肌和比目鱼肌的肌腹在小腿中部合并向下形成跟腱，止于跟骨结节。

（1）站姿提踵。

预备姿势：将杠铃置于颈后肩上，腰、背、腿伸直，两手握住横杠。两脚分开约20厘米。

动作过程：收缩小腿肌群，使脚跟尽量提起直至不能再提为止；稍停，脚跟下降至最低点。（图13-3-5）

动作要领：做动作时，要保持重心稳定。注意力集中在小腿肌群上。

（2）坐姿提踵。

预备姿势：坐在凳上，将杠铃横杠置于腿上。

动作过程：尽量向上提踵至脚跟不能再抬高为止，小腿肌群极力收缩绷紧；稍停，脚跟下降至最低点。（图13-3-6）

动作要领：做动作时，杠铃横杠的位置要正对脚跟。注意力集中在小腿肌群上。

站姿提踵

坐姿提踵

图 13-3-5　　　　　　　　　　　图 13-3-6

（二）胸部肌肉的锻炼方法

胸部肌肉主要是由胸大肌和胸小肌组成的。胸大肌从外形来看，分为上部、中部和下部。为了便于训练，可将胸大肌分为四个部位，即外侧缘、上胸部、中间沟、下胸部。胸大肌起于锁骨内侧、胸骨前侧和第一至第六肋软骨，止于肱骨大结节嵴。胸小肌起自第三至第五肋骨前面，止于肩胛骨喙突。

在锻炼胸部肌肉时，需要用不同的动作从不同的角度对肌肉进行不同的刺激，才能使胸部肌肉既发达，又有线条。

发展胸部肌肉的锻炼方法如下。

1. 平卧杠铃推举

预备姿势：仰卧于卧推凳上，两手握距稍宽于肩，将杠铃的横杠置于胸部乳头上方部位，两脚平踏于地面。（图13-3-7①）

平卧杠铃推举

动作过程：将杠铃垂直上举至两臂完全伸直；稍停，缓缓将杠铃还原至预备姿势。

动作要领：上推路线要垂直；注意力集中在胸大肌上。（图13-3-7②）

①　　　　　　　　　②

图 13-3-7

2. 仰卧飞鸟

预备姿势：仰卧在长凳上，两脚踏于地面，上背部和臀部触及凳面，胸部用力向上挺起。两臂自然伸直，两手对握哑铃于肩关节的正上方，两手间距小于肩宽。

仰卧飞鸟

动作过程：两手持铃向体侧缓缓落下，伴随着哑铃下降，两肘间的角度逐渐变小。下降到极限时，肘关节成100°～120°角。以胸大肌主动收缩的力量将哑铃沿原路线升起，上升路线形成弧形，肘间角度逐渐加大，最后还原成预备姿势，肘关节角度成170°左右。（图13-3-8）

动作要领：肩、肘、腕始终在同一垂直面内。注意力集中在胸大肌和三角肌前束上。

3. 仰卧臂上拉

预备姿势：上背部仰卧在凳面上，头部稍露出凳端，两腿弯曲；两脚分开，间距比肩稍宽；腰部放松，臀部尽量下沉，挺胸收腹。两臂后伸，肘关节角度为100°～120°。两手于头下方用虎口托住哑铃一端，哑铃自然下垂。

仰卧臂上拉

动作过程：以胸大肌的收缩力量将两臂向前夹拢，肘关节角度逐渐加大，至两臂垂直于地面时，两臂基本伸直，保持1～2秒，沿原路线返回。（图13-3-9）

动作要领：做动作时，始终保持挺胸收腹，沉臀松腰，注意"夹胸"。注意力集中在胸大肌上。

图 13-3-8　　　　　　　　　　　图 13-3-9

（三）背部肌肉的锻炼方法

背部肌肉主要有斜方肌和背阔肌。斜方肌位于颈后区和胸背区上部，起于上项线、枕外隆凸、项韧带、第七颈椎及全部胸椎棘突，止于锁骨外1/3、肩峰及肩胛冈。背阔肌位于胸背区下部和腰区浅层。背阔肌是宽阔平坦的三角形肌肉，它的起点范围较广，起于下6个胸椎棘突、全部腰椎棘突、髂嵴外侧唇后1/3，其肌纤维附着于脊柱，然后绕行于肋骨骨架和上肢之间，止于肱骨小结节嵴，其上部肌纤维在到达肱骨以前，垂直向上行走，并附着于肩胛骨下角。

强壮发达的背部肌肉使上体成V字形，并能使腰背挺直，塑造良好的体形。发展背部肌群的锻炼方法如下。

1. 站姿杠铃耸肩

预备姿势：直立姿势，两脚自然分开，两手间距比肩稍宽，手握杠铃，掌心向后，两臂自然下垂于体前。

动作过程：肩部尽量前倾下垂，两臂伸直不动，然后以斜方肌的收缩力量使两肩耸起并尽量接近两耳；稍停，缓缓还原成预备姿势。（图13-3-10）

动作要领：在做动作的过程中，两臂不得上提杠铃；臂部和两手仅起固定杠铃的作用；耸肩时，不得弯腰、驼背。注意力集中在斜方肌上。

站姿杠铃
耸肩

图 13-3-10

2. 正握引体向上

预备姿势：两手正握单杠，握距与肩同宽，身体自然下垂。

动作过程：用背阔肌收缩的力量，将身体拉起，直至下颌超过横杠上缘；稍停，然后身体缓缓下降至两臂完全伸直。

动作要领：在做动作的过程中，身体不能摆动。向上拉时，不能借助蹬腿的力量，拉得越高越好。注意力集中在背阔肌上。

3. 坐姿器械下拉

预备姿势：正坐于凳上，横杠位于头部正上方；两腿自然分开着地支撑，两手握住横杠，两臂完全伸直。

动作过程：以背阔肌的收缩力量将拉杆垂直下拉，可分为向前拉和向后拉。向前拉至胸前第三至第四肋骨处，同时上体稍后仰，尽量抬头挺胸，两肩胛骨向脊柱靠拢，停留一两秒，然后沿原路线返回，成预备姿势；向后拉至极限，尽量低头，停留一两秒，然后沿原路返回，成预备姿势。

动作要领：臀部始终不能离开凳面，防止利用体重降低练习难度；还原时速度要慢，并注意背部肌群的退让做功，控制还原动作。注意力集中在背阔肌上。

4.俯身划船

预备姿势：俯立，两脚开立、与肩同宽，两腿微屈，上背部与地面接近平行，挺胸，收腹，紧腰，稍抬头，两手持杠铃自然下垂于肩关节下方。

动作过程：以背阔肌收缩的力量将杠铃沿腿前提起至小腹前，同时抬头挺胸，背阔肌尽量收缩绷紧；停留一两秒，然后沿原路线返回，成预备姿势。（图13-3-11）

动作要领：将杠铃拉至小腹前时，抬头挺胸，上体上抬15°～20°。注意力集中在背阔肌上。

俯身划船

图 13-3-11

（四）肩部三角肌的锻炼方法

肩部是否健美，主要看三角肌发达与否。三角肌是单一的扇形肌肉，而非三块独立的肌肉。三角肌的前束、中束附着于锁骨外侧和肩峰之上，后束附着于肩胛骨的肩胛冈，三束肌肉共同止于肱骨侧面的三角肌粗隆，几乎覆盖了肱骨长度的一半。

三角肌的锻炼方法如下。

1.坐姿杠铃颈前推举

预备姿势：坐在凳上，两手正握杠，握距略宽于肩，使杠铃停于锁骨处。

动作过程：以三角肌收缩的力量垂直向上推起杠铃，直至手臂完全伸直；停留一两秒，然后沿原路线返回，成预备姿势。（图13-3-12）

动作要领：上体保持正直，不得借助腰和腿的力量。注意力集中在三角肌前束上。

坐姿杠铃
颈前推举

2.坐姿杠铃颈后推举

预备姿势：坐在凳上，两手握住杠铃，置于颈后肩上，握距宽于肩。

动作过程：以三角肌收缩的力量，将杠铃垂直向上推起，直到两臂完全伸直；停留一两秒，然后沿原路线返回。（图13-3-13）

动作要领：做动作时，两肘始终保持外展，垂直向上推杠铃。注意力集中在三角肌后束上。

坐姿杠铃
颈后推举

图 13-3-12

图 13-3-13

3. 站姿哑铃侧平举

预备姿势：直立，两手持哑铃，虎口向前，两臂自然下垂于体前。

动作过程：以三角肌收缩的力量将哑铃由身体两侧向上提起，保持肘关节的角度为100°～120°。当提至肘高于肩时，停留一两秒，而后沿原路线返回。（图13-3-14）

动作要领：身体保持正直，不得借助腰臀摆动的力量。注意力集中在三角肌中束上。

站姿哑铃
侧平举

图 13-3-14

（五）臂部肌肉的锻炼方法

臂部肌肉分为上臂肌肉和前臂肌肉。上臂肌肉主要包括肱肌、肱二头肌和肱三头肌。肱肌位于肱二头肌下半部的深层，为梭形扁肌，起于肱骨下半部的前面，止于尺骨粗隆。肱二头肌位于上臂前部，形成梭形，屈前臂时可见。肱二头肌有长、短两头，属于双关节肌肉。长头起自肩胛骨盂上结节，短头起自肩胛骨喙突，两个起点汇合成一个肌腹，止于桡骨粗隆和前臂筋膜。肱三头肌位于上臂后部，覆盖肱骨的后面。肱三头肌由三个头组成，在上臂后部的内侧有长头和内侧头，外侧有外侧头，它们汇集成一个共同的肌腱止于尺骨鹰嘴。长头起自肩胛骨盂下结节，内侧头起自肱骨后部桡神经沟内下方骨面，外侧头起自桡神经沟外上方骨面。

前臂前侧的屈肌主要有桡侧腕屈肌、掌长肌、尺侧腕屈肌。前臂后侧的伸肌主要有尺侧腕伸肌、桡侧腕长伸肌、桡侧腕短伸肌。

1. 上臂肌肉的锻炼方法

（1）站姿杠铃反握弯举。

预备姿势：两脚自然开立，两臂反握杠铃下垂于体前，握距与肩同宽。

动作过程：上臂保持固定不动，以肘关节为轴弯起前臂，至杠铃几乎触及胸部为止，停留一两秒，再还原成预备姿势。（图13-3-15）

动作要领：弯臂时，上体切忌前后摆动。注意力集中在肱肌、肱二头肌上。

站姿杠铃
反握弯举

图 13-3-15

（2）反握引体向上。

预备姿势：两手拇指向外反握单杠，握距与肩同宽，两脚为交叉状，身体为悬垂状。

动作过程：以肱二头肌收缩的力量，拉引身体，使胸部靠近横杠，停留一两秒，再沿原路线下落，成预备姿势。

动作要领：在上拉过程中，不得借助腰腹的振摆来做动作。注意力集中在肱二头肌上。

（3）俯立臂屈伸。

预备姿势：俯立，上体与地面平行，一侧手臂拳眼朝前屈肘持哑铃，上臂紧贴于体侧，前臂与上臂约成90°角，另一侧手臂抚膝或抚凳。

俯立臂屈伸

动作过程：用肱三头肌收缩的力量，将前臂向后上方抬起，直至前臂与上臂形成一条直线，停留一两秒，再沿原路线缓缓收下，成预备姿势。（图13-3-16）

动作要领：上体始终平行于地面，上臂紧贴于体侧。意念集中在肱三头肌上。

（4）站姿哑铃弯举。

预备姿势：采取直立姿势，一手握哑铃，一手叉腰。

动作过程：持哑铃一侧手臂的上臂以肘为轴经体侧弯举哑铃，上臂和前臂用力收紧，稍停2～3秒，然后持哑铃缓慢放下还原至体侧，重复练习。练习一定次数后，换另一手臂练习。（图13-3-17）

站姿哑铃弯举

动作要领：弯举哑铃时，上臂固定不动，直腕握哑铃，不得借助上体摆动的惯性力。

图13-3-16　　　　　　　　图13-3-17

2.前臂肌肉的锻炼方法

（1）坐姿杠铃反握腕弯举。

预备姿势：坐在凳上，大腿与小腿约成90°角，两手掌心向上反握杠铃，前臂放于大腿上，腕部下垂于膝外。

坐姿杠铃
反握腕弯举

动作过程：用前臂肌肉收缩的力量，使手腕向上弯曲，直至不能再弯曲为止，停留一两秒，再沿原路线返回，成预备姿势。（图13-3-18）

动作要领：手腕向上弯曲时，要尽量收缩前臂肌肉。注意力集中在前臂屈肌群上。

（2）坐姿杠铃正握腕屈伸。

预备姿势：坐在凳上，大腿与小腿约成90°角，两手掌心向下正握杠铃，前臂放于大腿上，腕部下垂于膝外。

坐姿杠铃
正握腕屈伸

动作过程：用前臂肌肉伸展的力量，使手腕向上弯曲，直至不能再屈为止，停留一两秒，再沿原路线返回，成预备姿势。（图13-3-19）

动作要领：手腕向上伸时，尽力收缩前臂肌肉。注意力集中在前臂伸肌群上。

图 13-3-18 图 13-3-19

（六）腹部肌肉的锻炼方法

腹部肌肉主要由腹直肌、腹外斜肌和腹内斜肌构成。腹直肌起于耻骨上缘和耻骨联合处，并且有小的纤维束连于对侧肌肉和股内收肌，止于第五至第七肋骨的前弓和肋软骨，以及胸骨剑突。腹外斜肌以锯齿状肌束起于第五至第十二肋骨的外侧面，后部肌纤维向下止于髂嵴，前部肌束移行为腱膜，经腹直肌的前面，参与构成腹直肌鞘的前层，止于腹白线。腹内斜肌起于胸腰筋膜、髂嵴及股骨弓，后部肌束几乎垂直上升，止于第十至第十二肋骨下缘，前部肌束移行为腱膜，经锻炼形成腹直肌鞘的前层和后层，止于腹白线。

腹部肌群的锻炼方法如下。

1. 仰卧举腿

预备姿势：仰卧于练习凳上，两手抓住凳缘，两腿伸于凳外。

动作过程：用腹直肌收缩的力量，直腿上举，超过水平面，停留一两秒，再慢慢还原，成预备姿势。（图13-3-20）

动作要领：不得借助身体摆动的助力。注意力集中在下腹部。

2. 仰卧起坐

预备姿势：屈膝仰卧在练习凳上，两手扶于两耳侧。

动作过程：用腹直肌收缩的力量，使上体前屈，直至两肘尖触及膝部，停留一两秒，再循原路线返回，成预备姿势。（图13-3-21）

仰卧起坐

动作要领：上体前屈时动作要慢，不得后仰助力。注意力集中在腹直肌上。

3. 站姿哑铃体侧屈

预备姿势：两脚左右分开，与肩同宽，左手叉腰，右手持哑铃下垂于体侧。

动作过程：上体尽量向右侧屈体至不能屈为止。做15～20次为1组，休息40～50秒后，换另一侧做。（图13-3-22）

站姿哑铃
体侧屈

动作要领：向左侧、右侧屈体时，主要用腹外斜肌的收缩力将上体拉向一侧。不论向哪一侧屈体，均应屈至极限，不得有转体动作。注意力集中在腹外斜肌上。

图 13-3-20 图 13-3-21

图 13-3-22

二、健美锻炼中常见的运动损伤及其原因和预防措施

（一）常见的运动损伤

在诸多竞技体育项目中，虽然健美运动受伤的概率是相对较低的，但是运动损伤也是健美锻炼取得成效的最大障碍之一。健美锻炼中常见的运动损伤如下：① 皮肤擦伤；② 软组织损伤，包括轻度撞伤、扭伤等；③ 外伤出血，包括体表的切伤、刺伤和撕裂伤；④ 骨折、脱臼。

（二）造成运动损伤的原因

（1）对运动损伤的危害性和预防运动损伤的重要性认识不足，未能积极地采取有效的预防措施。

（2）未做准备活动或准备活动不充分。在肌肉、关节、韧带没有进行充分活动，各器官、系统机能未被动员起来的情况下就进行较大强度的训练，很容易发生软组织拉伤和关节扭伤。

（3）准备活动与训练内容脱节。准备活动分为一般准备活动与专项准备活动。有的练习者虽然做了准备活动，但针对性不强，没有针对运动的部位进行专项准备活动，导致主要的部位没有活动开，从而造成拉伤或扭伤。

（4）技术不正确。对健美锻炼的技术动作不了解，在肌肉练习中，违反肌肉收缩线路的规律。

（5）器械方面的原因。器械过重，锻炼中不遵循循序渐进原则，导致肌肉拉伤；锻炼前未仔细检查器械，如活动哑铃的螺丝松动，做飞鸟练习时哑铃脱落，导致受伤；器械倾倒，对人体造成伤害。

（6）练习过于频繁。在健美锻炼中，同一块肌肉的练习必须间隔48小时以上。

（7）注意力不集中。练习时，注意力应集中于所要针对练习的肌肉。

（8）带伤、带病练习。身体有伤病时生理功能和运动能力下降，此时练习很容易因肌力较弱、反应迟钝、身体协调性差而损伤身体部位。

（三）常见运动损伤的预防措施

（1）提高认识，预防为主。在平时锻炼中认真贯彻"预防为主"的方针，加强对运动损伤的预防。

（2）认真做好准备活动。根据当天的锻炼部位，有针对性地做好准备活动，使各器官、系统适应运动需要。

（3）合理安排运动量。根据自己的身体状况，合理选择运动负荷。

（4）掌握正确的技术。认识正确姿势在锻炼中的重要性，了解并掌握正确姿势的要领。

（5）做好整理活动。锻炼后做一些伸展性的放松练习，可以加速消除肌肉紧张状态。

（6）加强医务监督，提高自我保健意识。定期进行体格检查，以便及早发现隐患，采取针对性措施。

第四节　健美课考核评价标准

健美课主要通过引体向上和俯立臂屈伸两个动作进行考核评价，具体评分标准见表13-4-1。

表 13-4-1　引体向上和俯立臂屈伸评分标准表

单项得分	引体向上	俯立臂屈伸
100 分	23 个	25 个
98 分	22 个	24 个
96 分	21 个	23 个
94 分	20 个	22 个
92 分	19 个	21 个
90 分	18 个	20 个
87 分	17 个	19 个
84 分	16 个	18 个
81 分	15 个	17 个
78 分	14 个	16 个
75 分	13 个	15 个
72 分	12 个	14 个
69 分	11 个	13 个
66 分	10 个	12 个
63 分	8 个	10 个
60 分	6 个	8 个
50 分	5 个	7 个
40 分	4 个	5 个
30 分	3 个	4 个
20 分	2 个	3 个
10 分	1 个	2 个

? 思考题

1. 简述健美运动的锻炼价值。

2. 简述健美运动的训练原则。

3. 腿部肌肉的锻炼方法有哪些？

4. 健美运动中常见的运动损伤有哪几种？如何预防？

第十四章

健美操运动

第一节　健美操运动概述

健美操运动是以有氧运动为基础，以健、力、美为特征，融体操、舞蹈、音乐于一体，通过徒手、手持轻器械和使用专门器械的操作练习，以达到健身、健美和健心的目的。

一、健美操运动的起源与发展

（一）国际健美操运动的起源与发展

现代健美操运动起源于 20 世纪 60 年代初期，最早是美国航空航天局专门为宇航员设计的体能训练内容，并很快风靡世界。健美操成为一项独立的体育项目是在 20 世纪 80 年代，其明显的标志是《简·方达健美术》一书的出版。美国著名演员简·方达对健美操运动在世界范围内的流行和发展起了很大的推动作用。

健美操运动不仅在发达国家和地区蓬勃发展，还在一些发展中国家和地区得到了不同程度的发展，它以强大的生命力迅速在全世界流行起来。越来越多的人喜爱健美操运动，并积极地参与到健美操锻炼中来，形成了世界范围的健美操热。

（二）中国健美操运动的发展

20 世纪 30 年代，《女子健美体操集》的出版标志着中国已经出现了追求人体健与美运动的雏形。现代健美操运动于 20 世纪 80 年代传入中国。根据健美操运动的不同特性，按动作的难易程度、运动强度的高低及不同层次的需要，国家体育总局颁布了《健美操运动员技术等级标准》和《全国健美操大众锻炼标准》，为中国健美操运动的普及和发展创造了条件。

21 世纪以来，健美操项目被列入许多高校的教学大纲，使健美操运动在高校得到了推广，扩大了健美操运动的社会影响力，并使这一运动项目的开展向社会延伸。

二、健美操运动的锻炼价值

（一）增强体质，增进健康

1. 健美操运动对心血管系统的影响

长期参加健美操运动可以使心肌增厚，心腔容量增大，血管弹性增强，进而增强心脏的功能。

2. 健美操运动对呼吸系统的影响

健美操运动能增加呼吸深度，增加每次呼吸时的气体交换量，保证机体在激烈运动时对氧的需求，从而提高人体的机能水平。

3. 健美操运动对消化系统的影响

在进行健美操运动时，髋部的全方位活动较多，可刺激肠胃蠕动，增强了消化机能，有助于人体对营养物质的吸收和利用。

（二）塑造健美形体，培养端庄气质

健美操运动的独到之处在于其可以对身体比例的均衡产生积极的影响，特别是能增加胸背部肌肉的体积，消除腰腹部沉积的多余脂肪，使身材变得匀称，肌肉线条变得优美，还能矫正不正确的身体姿势，培养端庄的气质。

（三）提高神经系统的机能和身体素质

健美操动作的路线、方向、速度、力度等不断变化，可以加强人的动作记忆，提高神经系统的灵活性，全面发展人的协调性，同时使肌肉、肌腱、韧带的力量得到增强，弹性得以提高，从而全面发展人的身体素质。

（四）调节心理，陶冶情操

健美操运动是在音乐伴奏下进行的身体练习。优美明快的音乐节奏、活泼愉快的形体动作，可使人陶醉在美的韵律之中，有助于消除人心理上的紧张和烦恼，使身心得到全面调节，精神面貌和气质修养也将会有所改善。

三、健美操运动的分类

健美操运动的内容丰富、形式多样、种类繁多，按照不同的目的和任务可将健美操分为健身健美操和竞技健美操两大类。（图14-1-1）

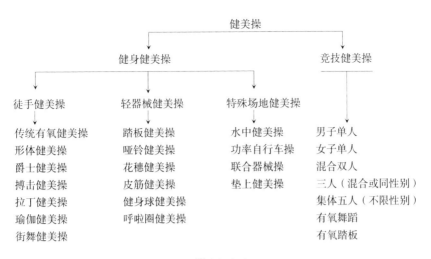

图 14-1-1

健美操

健身健美操 　　　　　　竞技健美操

徒手健美操　　轻器械健美操　　特殊场地健美操

传统有氧健美操　踏板健美操　　水中健美操　　男子单人
形体健美操　　哑铃健美操　　功率自行车操　女子单人
爵士健美操　　花穗健美操　　联合器械操　　混合双人
搏击健美操　　皮筋健美操　　垫上健美操　　三人（混合或同性别）
拉丁健美操　　健身球健美操　　　　　　　　集体五人（不限性别）
瑜伽健美操　　呼啦圈健美操　　　　　　　　有氧舞蹈
街舞健美操　　　　　　　　　　　　　　　　有氧踏板

第二节　健美操基本技术

一、健美操技术的特点

本节主要介绍有氧踏板操，其技术动作的特点具体体现在以下几个方面。

（一）重心的移动

在运动中重心的移动是保证身体安全、平衡和流畅的重要因素之一。运动时重心是随着运动而发生变化的。要顺畅完成板上、板下的过渡，重心及时、准确地移动是这项练习的前提和基础。在完成动作时，两脚的交替用力和身体躯干向脚的动作方向同时跟进，才能使整个重心完整移动，这是踏板操中重心移动的关键。

（二）缓冲

缓冲是踏板操，甚至是有氧运动的基础。缓冲是依靠踝关节、膝关节、髋关节的屈伸和弹动而产生的，合理的缓冲技术能够保证身体的安全。例如，下板时缓冲，大大降低了地面对身体的冲击力和阻力；上板时缓冲，可使腿部肌肉得到充分的收缩和对抗的锻炼，使动作和动作之间的连接安全、自然。对于踏板操，缓冲还能为完成下一个动作积蓄力量。

（三）控制

控制是人体肌肉的紧张和松弛的协调配合。在整个运动中，身体的基本姿态应得到控制，保持身体的自然挺拔。在有氧踏板操中最重要的是对腰腹的控制，特别是当踏在踏板上时，腰腹的控制能起到平衡、固定和安全的作用，为下肢完成各种动作打好基础。

二、健美操的基本动作

（一）基本手型

健美操的基本手型包括并掌、开掌、花掌和拳。（图14-2-1）

| 并掌 | 开掌 | 花掌 | 拳 |

图 14-2-1

（二）基本步法

按照健美操步法对地面的冲击力，可以将基本步法分为无冲击力动作、低冲击力动作和高冲击力动作。其中，许多低冲击力动作也可做成高冲击力动作。根据动作完成形式的不同，又可将基本步法分为以下五类。

（1）交替类：两脚始终做依次交替落地的动作。

（2）迈步类：一条腿先迈出一步，重心移到这条腿上，另一腿用脚跟、脚尖点地或吸腿、屈腿、踢腿等，然后向另一个方向做迈步的动作。

（3）点地类：一条腿屈膝站立，另一条腿伸出，用脚尖或脚跟点地后还原到并腿位置的动作。

（4）抬腿类：一条腿站立，另一条腿抬起的动作。

（5）双腿类：双腿站立，重心在两腿之间的动作。

健美操常用基本步法见表14-2-1。

表 14-2-1 健美操常用基本步法

类别	原始动作形式	低冲击力形式	高冲击力形式	无冲击力形式
交替类	踏步	踏步 走步 一字步 V字步 漫步	跑步	
迈步类	侧并步	并步 迈步点地 迈步吸腿 迈步后屈腿 侧交叉步	并步跳 小马跳 迈步吸腿跳 迈步后屈腿跳 侧交叉步跳	
点地类	点地	脚尖点地 脚跟点地		

类别	原始动作形式	低冲击力形式	高冲击力形式	无冲击力形式
抬起类	抬腿	吸腿 摆腿 踢腿	吸腿跳 摆腿跳 踢腿跳 弹踢腿跳 后屈腿跳	
双腿类			并腿跳 分腿跳 开合跳	半蹲 弓步 提踵

三、有氧踏板操的基本步法

有氧踏板操的基本步法主要分为四类：踏步类、抬腿类、点板类、综合类。

（一）踏步类

1. 踏步	2. 基本步
开始位置：站在踏板前方的中心处。 动作节拍：2 拍。 动作要领：左脚原地踏步 1 拍，右脚原地踏步 1 拍。 注意：①膝关节、踝关节的弹性和缓冲；②可在板上、板下，以及结合板上、下踏步。	开始位置：站在踏板前方的中心处。 动作节拍：4 拍。 动作要领：左脚上板，右脚跟上；左脚下板，右脚跟上，站在地面。 注意：基本步是踏板中最简单、最基本的步法。

3. V 字步

开始位置：站在踏板前方的中心处。

动作节拍：4 拍。

动作要领：左脚上板，位于板中心偏左，右脚上板，位于板中心偏右，使两脚成 V 字形，两脚依次还原。

注意：在地面上两脚成站立姿势；在踏板上两脚分开，比肩稍宽。

4. 漫步

开始位置：站在踏板前方的中心处。

动作节拍：4 拍。

动作要领：左脚上板，位于板中心偏左，右脚原地踏步 1 拍；左脚还原踏步 1 拍（或左脚向后迈步 1 拍），右脚再踏步 1 拍。

注意：动作变化以改变方向为主。

5.6 拍漫步

开始位置：站在踏板前方的中心处。

动作节拍：6 拍。

动作要领：左脚上板，位于板中心偏右，右脚原地踏步 1 拍，左脚还原踏步 1 拍；右脚上板，位于板中心偏左，左脚原地踏步 1 拍，右脚还原踏步 1 拍。

注意：动作完成节拍以及动作方向的变化。

6. 转身步

开始位置：站在板的一侧。

动作节拍：4 拍。

动作要领：左脚上板，右脚紧跟上板的同时转向右边；右脚下板的同时稍向左转，左脚下板至右脚旁边。

注意：从板的一侧开始做动作，在转身的同时，做基本步的变形动作。

7. 分腿站立

开始位置：侧对板站在踏板前方的中心处。

动作拍节：8 拍。

动作要领：左脚侧上板，右脚上板并步；左脚落至板侧，右脚落至板另一侧；左右脚再依次上板，左脚落至板侧，右脚跟随左脚落至板侧并步。

注意：两脚依次交替进行，动作结束在起始位置的对侧。

| 踏步 | V 字步 | 漫步 | 6 拍漫步 | 转身步 | 分腿站立（侧面） | 分腿站立（正面） |

（二）抬腿类

1. 吸腿	2. 并步
开始位置：站在踏板前方的中心处。	开始位置：站在踏板前方的中心处。
动作节拍：4拍。	动作节拍：4拍。
动作要领：左脚上板，右腿屈膝抬腿，大腿与地面平行，小腿垂直于地面，稍绷脚背，右脚还原，左脚还原踏步。	动作要领：右脚上至踏板左侧，左脚在右脚后点板。
注意：可以改变抬腿动作的次数，以加强腿部的负荷强度。	注意：并步主要用来调整步法，也可以通过改变动作次数换脚。

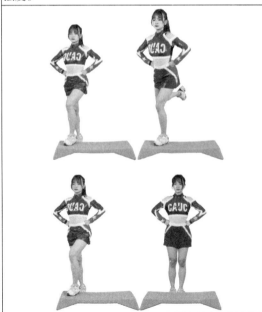

3. 后屈腿跳

开始位置：站在踏板前方的中心处。

动作节拍：4 拍。

动作要领：左脚上至踏板右侧，右腿向后屈腿，大小腿约成直角，脚稍放松。

注意：重心落在支撑腿一侧，可以改变动作次数，以加强腿部负荷强度。

4. 踢腿跳

开始位置：站在踏板前方的中心处。

动作节拍：4 拍。

动作要领：右脚上至踏板左侧，左腿直腿向斜前踢至水平位置后，左脚先还原，右脚还原踏步。

注意：踢腿时，膝盖伸直。

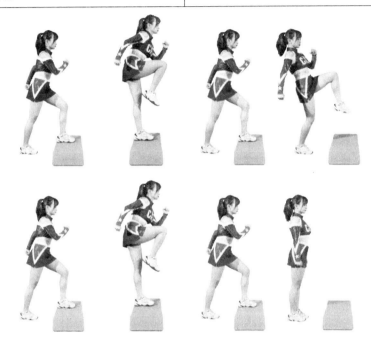

5. 摇摆木马

开始位置：站在踏板前方的中心处。

动作节拍：8 拍。

动作要领：左脚上板，右腿向上抬腿；右脚落地，左腿向上抬腿，左脚落地，右腿再向上抬腿；右脚和左脚依次踏步 1 次。

注意：两腿依次向上抬腿，重心随步法前后移动、摇摆。

吸腿　　　　并步　　　　后屈腿跳　　　踢腿跳　　　摇摆木马

民航公共体育教程

6.L步

开始位置：站在踏板前方的中心处。

动作节拍：8拍。

动作要领：右脚上板，左腿向上抬腿，左脚落至踏板左侧，右腿向上抬腿，右脚落到板上，左腿再向上抬腿，左脚和右脚依次踏步一次。路线成L路线。

注意：重心跟随步法移动，支撑腿始终保持弹性、缓冲状态，便于重心转换。

（三）点板类

1.脚尖点地	2.脚跟点地
开始位置：站在踏板前方的中心处。	开始位置：站在踏板前方的中心处。
动作节拍：2拍。	动作节拍：2拍。
动作要领：左腿稍向上抬，用左脚脚尖点板，左脚再还原。	动作要领：左腿稍向上抬，用左脚脚跟点板，左脚再还原。
注意：脚尖动作的幅度比较小，做动作时要加大动作幅度。动作以改变点板的位置、方向、次数为主。可正对板、侧对板做动作。	注意：脚跟动作的幅度比较小，做动作时要加大动作幅度。动作以改变点板的位置、方向、次数为主。可正对板、侧对板做动作。

（四）综合类

1. 扭转	2. 开合跳
开始位置：站在踏板前方的中心处。	开始位置：两脚站在踏板中间。
动作拍节：4拍。	动作拍节：2拍。
动作要领：左脚上至踏板左侧，右脚上至踏板右侧，身体转向2点方向，两脚抬脚跟同时在板上向右拧转，最后1拍还原至两脚开立，身体正对前方。	动作要领：第1拍两脚向踏板两侧跳开，第2拍两脚跳回至踏板中间。
	注意：在板上的跳跃动作要注意落板时膝关节、踝关节的缓冲，身体保持直立。

3.Y 步

开始位置：站在踏板前方的中心处。

动作拍节：8拍。

动作要领：左脚、右脚依次踏至板中央，左脚踏至板左侧，右脚踏至板右侧，左脚、右脚依次回到板中央，左脚、右脚依次下板。

注意：这是一个结束动作在板上的动作。

L步　　　　脚尖点地　　　　扭转　　　　开合跳　　　　Y步
　　　　　和脚跟点地

第三节　健美操主要竞赛规则

　　健美操的竞赛活动分为健身健美操的比赛和竞技健美操的比赛，两种比赛都有各自的评分规则和评分方法。

　　健身健美操比赛以锻炼身体、推动群众性运动及提高社会参与性为目的，因此，不需要特定的竞赛规则，技术要求较低，比赛操作简单。国家体育总局和中国大学生体育协会都分别制定过健身健美操的竞赛规则。在比赛中，健身健美操的满分通常是20分，其中艺术编排满分为10分，动作完成满分为10分，有8名裁判员分别对艺术编排和动作完成情况进行评判。

　　竞技健美操比赛以夺标和提高技术水平为目的，因此，比赛要求参赛者必须具备一定的身体素质和专项技术水平，参赛人数和年龄受到一定的限制，并严格执行竞赛规则。竞技性健美操比赛的主要形式有锦标赛、冠军赛、邀请赛等。根据国际体操联合会《2017—2020年竞技健美操规则》的精神，结合我国近年来竞技健美操比赛的实际，在此对竞技健美操比赛的规则予以简单介绍。

一、比赛场地

　　竞技健美操赛台高80～140厘米，后面有背景遮挡，赛台不得小于14米×14米。竞赛地板必须是12米×12米，并清楚地标出10米×10米的成年组各项目比赛场地。标记带是场地的一部分。

二、比赛项目和比赛时间

（一）比赛项目

　　（1）男子单人操、女子单人操、混合双人操、三人操（性别不限）和集体五人操。
　　（2）比赛组别：由具体赛事的竞赛规程决定。
　　（3）更换运动员：如有特殊情况需要更换运动员时，须持有效证明，经组委会批准方可更换。

（二）比赛时间

　　（1）计时由第一个可听到的声音（不包括提示音）开始，到最后一个可听到的声音结束。
　　（2）竞技健美操的成套动作时间为1分20秒，有加减5秒的宽容度。

三、裁判组成

高级裁判组由健美操委员会指定3名裁判员组成。正规系列赛的裁判组由14人组成，其中艺术裁判员4人、完成裁判员4人、难度裁判员2人、视线裁判员2人、计时裁判员1人、裁判长1人。

四、评分

艺术分最高分为10分，由艺术裁判员根据音乐和乐感、操化内容、主体内容、空间运用和表现的艺术性5项内容进行评价。10分的艺术分按照以上5项内容均分，每项2分。

完成分是从10分起评，由完成裁判员根据技术技巧及合拍与一致性给予评判，对每个错误给予减分。

难度分由难度裁判员使用国际体操联合会官方速记符号记录全部成套动作的难度动作，数出难度动作的数量。按照加分的方法评分，从0分起评。

最后得分为从总分（艺术分、完成分和难度分相加为总分）中减去难度裁判员、视线裁判员和裁判长减分。

第四节　健美操课考核评价标准

健美操课对健美操运动技能、学习态度、跑步锻炼3个方面进行考核，具体见表14-4-1。

表 14-4-1　健美操课成绩构成表

考核内容	健美操运动技能考核		学习态度	跑步锻炼
	个人成套动作	小组成套动作		
考核形式	动作熟练、规范、技术运用准确、节奏感、表现力好	动作熟练、规范、技术运用准确、节奏感、表现力好	平时出勤率，课堂表现	第二课堂完成情况：学生通过手机软件记录跑步有效里程和锻炼次数，计算相应成绩
成绩比例	30%	30%	10%	30%

（1）健美操运动技能考核。

个人成套动作评分标准见表14-4-2。

考核方法：要求学生在音乐的伴奏下独立完成成套动作。

小组成套动作评分标准见表14-4-3。

考核方法：要求学生5～8人为1组，在自选音乐的伴奏下完成成套动作。

表 14-4-2　个人成套动作评分标准

分值	90 ～ 100 分	75 ～ 89 分	60 ～ 74 分	60 分以下
评分标准	成套动作规范、到位，动作连贯、流畅且幅度较大，面部表情丰富、有表现力，动作力度大，与音乐配合协调一致	成套动作规范、到位，动作连贯、流畅且幅度较大，动作表情较自然，动作力度较大，与音乐配合协调一致	成套动作有停顿，不连贯，表情紧张，动作僵硬，与音乐不吻合，动作力度一般，但能独立完成成套动作	不能完成成套动作

表 14-4-3　小组成套动作评分标准

分值	90 ～ 100 分	75 ～ 89 分	60 ～ 74 分	60 分以下
评分标准	成套队形变化丰富，造型新颖，动作一致，表情丰富，整体感好，与音乐配合协调一致	队形、造型变化较好，动作较一致，整体感较好，与音乐配合协调一致	有造型，队形变化在6次以上，动作一致性一般，与音乐配合协调一致	缺乏造型，队形变化少于6次，动作完全不一致

（2）学习态度。

根据学生平时出勤率、课堂表现进行评定。

（3）跑步锻炼。

跑步锻炼根据每周跑步3次，以17周跑步锻炼的总次数进行评分，具体见表14-4-4。

表 14-4-4　跑步锻炼评分对照表

得分	100 分	90 分	80 分	70 分	60 分	0 分
跑步锻炼次数	≥ 50 次	45 ～ 49 次	40 ～ 44 次	35 ～ 39 次	30 ～ 34 次	≤ 29 次

思考题

1. 健美操的基本步法分为哪几类？

2. 健美操常用的手型有哪些？

3. 简述有氧踏板操基本步法的类别，并说明每类动作中的特点。

4. 请列举 2 或 3 个有氧踏板操动作，并说明其动作要领。

第十五章 形体与舞蹈

第一节 形体概述

一、形体和形体美的概念

形体是人体美的一种艺术表现形式，是包括人的表情、身体姿态在内的人的外在形象总和。虽然先天遗传对形体起着决定性的作用，但形体与后天生活条件及科学训练也有着密切关系。形体美不仅指身材美，还能反映出一个人的精神面貌、气质、文化修养和审美层次等。要想把健康和美丽掌握在自己的手中，就必须了解和掌握形体美的相关知识，进行科学系统的形体训练，从而达到从内到外的形体美。

二、形体美的标准

从古至今，人们都追求形体美。由于人们所处的时代不同，地域不同，社会经历、民族文化、职业的差异等，形体美的标准也不同。在我国历史上就有"唐肥汉瘦"的审美标准的记载。大学生追求的形体美是充分体现了健康、力量、舒展、积极向上的精神状态。总之，形体美的标准为拥有健康而完善的机体、发达有力的肌肉、优美的人体外形和健康向上的精神气质。

现在越来越多的人认识到，通过形体训练不仅能增强体质，增进身心健康，还能塑造优美形体，是使形体达到理想标准的基本手段。了解了形体美的标准，也就知晓了形体训练的方向和目标。

第二节 形体训练的基本内容

形体训练的基本内容主要结合了芭蕾舞、中国舞的技术。形体训练的目的是提高人的身体素质，塑造优美的体态，培养高雅的艺术气质，纠正生活中不正确的姿态，等等。通过形体训练，在塑造形体美的同时，也提高了柔韧素质、协调素质、灵敏素质等身体素质，提高学生与人交往、沟通、协作的能力。

一、基本身体姿态

（一）站姿

站姿是人们生活交往中一种最基本的举止。优美、典雅的站姿能显示出人的自信，衬托出高雅的气质和风度，给他人留下美好的印象。（图15-2-1）

【正确的站姿】

（1）头正，两眼平视，下颌微抬，面带微笑。

（2）颈椎挺直、向后微靠。

（3）两肩一字平行展开。

（4）手臂自然放在身体两侧。

（5）收腹，挺胸，立腰，拔背。

（6）两脚并拢，脚尖可展开10°～45°。

【错误的站姿】

（1）塌腰、翘臀部。

（2）含胸驼背，头部前倾。

（3）挺腹，低头。

（4）两腿分开，顶胯站立。

图 15-2-1

【站姿的练习方法】

（1）五点靠墙练习；双腿夹纸练习；头顶书本练习。（图15-2-2）

（2）呼吸练习：反复吸气和呼气，感受收腹的状态。

图 15-2-2

（二）坐姿

坐姿文雅、端庄，不仅可以给人沉着、稳重、冷静的感觉，还可以展现自己的气质和修养。

【正确的坐姿】

（1）臀部要坐在椅子前方的 1 / 3 处，不要整个臀部坐在椅子上。

（2）躯干的姿态要保持垂直，挺胸收腹。头部和颈部仍是靠墙站的感觉。

（3）两腿并拢，平放在地面上。如果椅子较矮，两腿可向一侧倾斜放置。

（4）两手自然地叠放在腿上。

【错误的坐姿】

（1）躯干左右倾斜或含胸驼背。

（2）两腿距离太远或跷二郎腿。

（3）两肘支撑在某处。

【坐姿的练习方法】

定时长时间地以静止姿态保持坐姿。从站立姿态快速转换至标准坐姿。面对镜子进行自我姿态修正。

（三）走姿

走姿是人体所呈现出的一种动态，是站姿的延续。走姿是展现人的动态美的重要形式。（图15-2-3）

【正确的走姿】

（1）头正，肩平，躯干挺直。

（2）步法直，步幅适度，步速平稳。

（3）手臂自然地、前后小幅度地摆动。

图 15-2-3

【错误的走姿】

（1）两腿分得太开，成内八字步或外八字步。

（2）摇头、晃肩、扭臀。

（3）手臂乱甩或两手插入口袋。

（4）低头，含胸驼背，眼睛不看向前方。

（5）重心放在脚跟上。

【走姿的练习方法】

（1）足尖步：走步时把重心放在足尖上，学会控制重心。

（2）头顶物品走步：控制躯干形态，保持身体处于挺拔姿态，不要左右摇晃。

（3）直线行走：两腿在行进时不要横向前进，交叉走一条直线。

（4）手臂控制：无手臂控制走步与手臂控制前后摆臂定位。

二、柔韧练习

柔韧性是指人体关节活动幅度，以及关节韧带、肌腱、肌肉、皮肤和其他组织的弹性和伸展能力。柔韧练习在形体与舞蹈中是非常重要的一项训练环节。柔韧练习的拉伸可使全身舒展，让身体更好地达到形体的标准姿态。柔韧性的提高不仅有利于练习舞蹈，还能促进血液循环，塑造肌肉的线条，减轻肌肉的疲劳感，防止在日常生活和运动中发生扭伤等。

（一）把杆压肩（正肩和反肩）

正肩：两手搭在把杆上，手臂与肩同宽，肘关节伸直，两脚分开站立，与肩同宽，上体下趴至与下体成90°，颈部放松，肩部向下用力震荡，做4个8拍。

反肩：背向把杆站立，两手反向向后搭在把杆上，两臂打开与肩同宽，肘关节伸直，两腿并拢向下蹲，身体向后用力，做4个8拍。

（二）把杆向前、侧、后压腿

（1）把杆向前压腿：身体向被压的腿方向转45°，单手扶把，外侧手臂上举至三位，外侧腿的踝关节放在把杆上，手臂带动上体往前压，躯干与腿部完全重叠，手臂抱住腿。

（2）把杆向侧压腿：面向把杆，单手扶把，主力腿方向的手臂上举至三位，扶把的腿的踝关节放在把杆上，手臂带动上体向侧倒腰，侧身与腿部完全重叠，手从头部上方抱住腿。

（3）把杆向后压腿：侧向把杆站立，外侧腿向后伸，踝关节放在把杆上，里侧手臂扶把，外侧手臂上举至三位，放至把杆的腿伸直，支撑腿向下蹲，身体保持直立。

（三）掉腰

背向把杆，两腿分开站立于把杆里侧，将腰放在把杆上，向后下腰，仰头，手臂向后甩，注意动作要规范，力度要适中。

（四）体前屈

两腿并拢伸直，绷脚。上体保持直立，手臂成三位。上体向前压，尽量用胸贴紧腿。

（五）压脚趾、压脚背

（1）压脚趾：脚趾抵住地面，向下用力压，小腿保持垂直。

（2）压脚背：两腿并拢站立，一只脚从前侧绕到另一只脚的外侧，脚背抵住地面，两脚踝关节贴在一起，主力腿向下蹲，给脚背施加压力。

【韧带拉伸方法】

（1）每个动作做4个8拍，重复压。

（2）动作保持静止，保持在疼痛点的位置一定的时间。

（3）练习者可相互帮助。

【注意】在进行柔韧练习时，不要过快、过猛，应循序渐进。每个人的柔韧程度不一样。无论柔韧性的高低，练习者都要进行正规系统的训练，避免拉伤韧带。

第三节　舞蹈概述

一、舞蹈的概念

舞蹈是一种表演形式，需要使用身体来完成各种优雅或高难度的动作。舞蹈是人类最古老的艺术形式之一，它本身有众多的社会意义和作用，包括运动、社交、求偶、祭祀、礼仪等。舞蹈在仪式、庆典和娱乐方面十分重要，是人类表达情感的产物。

二、舞蹈的锻炼价值

舞蹈是一门综合性艺术。学习舞蹈不仅能提高练习者的艺术修养，还能促进练习者达到德智体美劳全面发展的要求。练习者在舞蹈练习中可以真实地感受美、认识美、理解美、表现美，更好地发掘潜能。

通过舞蹈训练不仅能有效地塑造身体的挺拔感、延伸感和规范感，还能有效地提高身体的协调性、柔韧性、灵活性等。

舞者的最高境界在于"舞传心声"。舞蹈的训练不仅包含身体，还包含情绪。通过舞蹈抒发自己内心的情感，能缓解情绪，释放压力，有效地促进人体血液循环和肌肉纤维组织的代谢等，从而美化人们的心灵、体态等。

三、舞蹈的分类

目前舞蹈的分类大致上可以分为以下三大类。

（1）专业舞蹈：古典舞、芭蕾舞、民族舞、现代舞、踢踏舞、爵士舞。

（2）国际标准交谊舞：拉丁舞（伦巴、桑巴、恰恰恰、斗牛舞、牛仔舞）；摩登舞（华尔兹、探戈、快步舞、狐步舞）。

（3）时尚舞蹈：迪斯科、街舞、啦啦操、钢管舞、肚皮舞等。

在形体训练中主要采用的是芭蕾舞、中国舞两大舞蹈的基本功内容，本章第四节和第五节将对这两类舞蹈进行介绍。

第四节　芭蕾舞

一、芭蕾舞概述

芭蕾舞是一种欧洲古典舞蹈，孕育于文艺复兴时期，17世纪后期开始在法国发展并逐渐职业化。芭蕾舞在数百年的发展过程中，对世界各国影响很大，传播极广，已成为一种有代表性的艺术形式。

芭蕾舞是形体训练的主要内容之一。形体训练主要借鉴了芭蕾舞中的基本功练习内容，包括芭蕾舞的基本手型、基本手位、基本脚位、把杆组合、腿部形态练习等。芭蕾舞的基本功内容难度较低，运动强度适中，很适合非专业人士训练。

二、芭蕾舞的基本手型、基本手位和基本脚位

（一）基本手型

拇指与中指指节微贴，使虎口自然与手掌合拢，形成以中指为主要用力点，带动其余三指指尖向上翘的形态。

（二）基本手位

芭蕾舞的基本手位共有七个位置。（图15-4-1）
一位：两臂弧形下垂于体前，指尖相对。
二位：两臂弧形胸前平举，指尖相对。
三位：两臂弧形上举，掌心相对。
四位：一臂弧形上举，另一臂弧形胸前平举。
五位：一臂弧形上举，另一臂弧形侧举，肘关节向后，掌心向前。
六位：一臂弧形侧举，肘关节向后，掌心向前，另一臂弧形前平举。
七位：两臂弧形侧举，肘关节向后，掌心向前。

| 一位 | 二位 | 三位 | 四位 | 五位 | 六位 | 七位 |

图 15-4-1

（三）基本脚位

芭蕾舞的基本脚位共有五个位置。（图15-4-2）
一位：两脚脚跟紧靠在一条直线上，脚尖向外打开180°。
二位：两脚脚跟距离一脚的长度，两脚在一直线上，脚尖向外打开180°。
三位：两脚脚跟前后重叠放置，前脚脚跟在后脚脚掌的中间位置，脚尖向外打开180°。
四位：两脚前后保持一脚的距离，两脚平行，脚尖向外打开180°。
五位：两脚前后重叠，一脚脚趾与另一脚脚跟互触，脚尖向外打开180°。

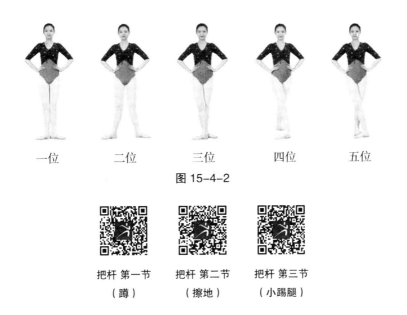

一位　　　　二位　　　　三位　　　　四位　　　　五位

图 15-4-2

把杆 第一节　　把杆 第二节　　把杆 第三节
（蹲）　　　（擦地）　　　（小踢腿）

第五节　中国舞

一、中国舞概述

中国舞是中国古典舞和中国民间舞的统称，多数时候被业余爱好者用来特指中国古典舞。通过对中国舞的学习，可以改善身体的不良姿态，使练习者的力量素质、柔韧素质、协调素质、耐力素质等各方面身体素质得到提高。练习中国舞，在获得舞蹈知识和技能的同时，还能够提高练习者认识美、展现美的能力，促进身心健康发展。

二、舞蹈——《我和我的祖国》

《我和我的祖国》舞蹈动作分解如下。

第一组合

第1个8拍，如图15-5-1所示。

1拍：左脚侧点地，左臂置于胸前，右臂放在背后。

2拍：左脚侧点地，右臂于胸前交叉。

3~4拍：两臂打开，右臂上举，左臂侧举，右腿弯曲。

5拍：两腿并拢，左臂上举。

6拍：左臂屈肘收回于胸前。

7~8拍：左臂经前向侧打开，左脚侧点地，右腿弯曲。

舞蹈《我和我的祖国》

图 15-5-1

第2个8拍，如图15-5-2所示。

1～2拍：右腿后踢，右臂经上举向前绕环。

3～4拍：两腿交叉并提脚跟，两臂向侧下方打开。

5～8拍：反方向重复上述动作1次。

图 15-5-2

第3个8拍，如图15-5-3所示。

1拍：左腿向前上步，右臂于胸前交叉。

2拍：右腿向前上步，两臂于胸前交叉。

3～4拍：两臂经体前向两侧打开。

5拍：左腿后退一步，左臂于胸前交叉。

6拍：右腿后退一步，两臂于胸前交叉。

7～8拍：两臂经前向两侧打开。

图 15-5-3

第4个8拍，如图15-5-4所示。

1～2拍：左腿弯曲，右脚侧点地，右臂经上举向左侧绕环。

3～4拍：反方向重复上述动作1次。

5～6拍：左腿后踢腿，右臂上举。

7～8拍：左脚向前上步，右脚后退点地，右臂屈肘，左臂向后打开。

图 15-5-4

第二组合

第1个8拍，1～4拍如图15-5-5所示；5～8拍如图15-5-6所示。

1～2拍：原地转体2圈，左臂侧举，右臂上举。

3～4拍：两臂经上举向两侧打开。

图 15-5-5

5～6拍：向右侧做华尔兹舞步，两臂向右侧做小波浪。

7～8拍：向左侧做华尔兹舞步，两臂向左侧做小波浪，两臂还原至两侧。

图 15-5-6

第2个8拍，如图15-5-7所示。

1～2拍：右脚上前一步，左臂前伸。

3～4拍：左臂屈肘收于胸前。

5～6拍：左脚侧点地，两臂向两侧波浪打开。

7～8拍：右腿弯曲，左臂侧举，右臂上举。

图 15-5-7

结束造型：右脚后退一步，左脚前点地，右臂上举至三位，左臂为一位。（图15-5-8）

图 15-5-8

三、舞蹈创编

可采用小组团队的形式来展示舞蹈作品。练习者可以5～8人为1组，要在舞蹈的基础动作上进行创编和完善。创编内容包括以下几点。

（1）队形的变化。练习者可根据小组人数和舞蹈动作的情况创编出新颖的队形。参考队形如图15-5-9所示。

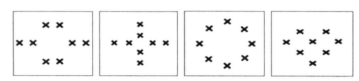

图 15-5-9

（2）舞蹈动作层次的变化。例如，有人的舞蹈动作是向左侧的，有人舞蹈动作是向右侧的；或者舞蹈动作依次进行，有人先做，有人后做；等等。突出人数上的优势，让舞蹈有多样性的变化。

（3）舞蹈开始和结束时的动作造型。舞蹈造型是舞蹈中经典的展示方式之一，静止的动作更能体现练习者的控制力和平衡性，动作造型应体现优美和舞感。

第六节　形体与舞蹈课考核评价标准

一、考核内容

（1）学生的身体素质占总成绩的30%。
（2）个人形体基本姿态考核成绩占总成绩的30%。
（3）团队舞蹈创编考核成绩占总成绩的30%。
（4）平时成绩占总成绩的10%。

二、考核评分标准

个人形体基本姿态考核评分标准，见表15-6-1。

表 15-6-1　个人形体基本姿态考核评分标准

分值	90 ～ 100 分	75 ～ 89 分	60 ～ 74 分	60 分以下
评分标准	动作规范、无错误，身体姿态、脚位、手位控制到位，与音乐配合协调一致	动作出现错误，身体姿态、脚位、手位控制一般，与音乐配合不协调	动作出现错误，身体姿态、脚位、手位控制较差，与音乐配合不协调	不能完成把杆组合动作
评分标准	队形变化丰富，造型新颖、动作一致、表情丰富、整体感好，与音乐配合协调一致	队形、造型变化较好，动作较一致，整体感较好，与音乐配合协调一致	有造型，队形变化6组以上，动作一致性一般，与音乐配合协调一致	缺乏造型，队形变化无6组，动作完全不一致

团队舞蹈创编考核评分标准，见表15-6-2。

表 15-6-2　团队舞蹈创编考核评分标准

分值	90 ～ 100 分	75 ～ 89 分	60 ～ 74 分	60 分以下
评分标准	队形变化丰富，造型新颖、动作一致、表情丰富、整体感好，与音乐配合协调一致	队形、造型变化较好，动作较一致，整体感较好，与音乐配合协调一致	有造型，队形变化6组以上，动作一致性一般，与音乐配合协调一致	缺乏造型，队形变化未达到6组，动作完全不一致

　　学生身体素质的评分可参照其《国家学生体质健康测试》的分数。平时成绩主要通过平时的课堂考勤和上课态度进行评分。

思考题

1. 什么是形体美？
2. 简述形体训练的锻炼价值。
3. 芭蕾舞的基本手位包括哪些？
4. 通过形体与舞蹈课的学习与训练，谈谈你的收获与体会。

第十六章

瑜伽运动

第一节　瑜伽运动概述

一、瑜伽运动的起源和发展

"瑜伽"由梵文"yoga"音译而来，其含意为"一致""结合""和谐"。瑜伽是一种运用古老而易于掌握的方法，提高人们生理、心理方面的能力，以达到身体与精神和谐统一的运动形式。

瑜伽起源于古印度。古印度修行者在大自然中修炼身心时，无意中发现有的动物天生具有自我治疗、放松、保持清醒的能力，于是古印度修行者观察动物的姿势，模仿并亲自体验，创编出一系列有益于身心的锻炼方法。这些方法历经了几千年的演变，逐步形成了一套理论完善、确切实用的养生健身体系，并可使人们从中获益。

近现代时期，瑜伽在印度得到了迅速的传播和发展。如今，瑜伽是印度普及性最高的强身健体的运动之一。印度还有很多专门研究瑜伽的机构和培养瑜伽专业人员的学校，越来越多的瑜伽师赴世界各地收徒授艺，将瑜伽向全世界传播。

随着瑜伽热潮在中国的迅速升温，越来越多的爱美人士对瑜伽这一古老的健身体系产生了浓厚的兴趣。

二、瑜伽运动的锻炼价值

（1）修身养性，调理身心。长期练习瑜伽能够使人心静，更好地陶冶情操，让自己充满自信、更加热爱生活。

（2）提升意识，发挥潜能。瑜伽通过梳理身体中的气息来调节紊乱的心绪。当人的心绪排除烦躁、忧郁和压力而平静下来时，注意力会变得更加集中，洞察力会变得更加深刻，人的心智也会得到升华。

（3）消除疲劳，舒缓压力。通过瑜伽的呼吸法，练习时有意识地呼吸，能排出体内的废气、虚火，消除压力和疲劳。

（4）改善体质，延年益寿。瑜伽的呼吸法和扭、挤、伸、拉的姿势，能畅通练习者全身的经络气血，活化其脏腑机能；能使细胞延迟衰老；能增强血液循环，从而使机体组织得到充分的营养补给。

（5）舒展身体，控制体重。瑜伽呼吸法配合各种体位，可按摩练习者的身体器官，促进其血液循环，伸展其僵硬的肌肉，使其关节更加灵活，达到改善体质、控制体重的目的。

第二节　瑜伽基本技术

一、瑜伽呼吸法

瑜伽呼吸法是瑜伽技术的重要组成部分，是进行瑜伽体位法练习前和练习中均要认真感知的内容之一。瑜伽呼吸法一般分为胸式呼吸、腹式呼吸和全瑜伽式呼吸法，胸式呼吸表现为呼吸时胸部起伏，而腹式呼吸则更深一点，即表现为呼吸时腹部随之起伏的状态。初学者应先领会胸式呼吸和腹式呼吸的区别，尽量掌握腹式呼吸法。全瑜伽式呼吸法的难度较大，需要多年积累方可进行，初学者不要盲目追求效果，否则会造成呼吸不稳。

二、瑜伽冥想

瑜伽冥想一般指练习者通过冥想来控制自己的心理状态。瑜伽冥想可以使练习者内心平静，缓解精神压力。

瑜伽冥想的形式有语音冥想、烛光冥想和情景冥想等。进入瑜伽冥想时，要保持注意力的集中，保持顺畅、缓慢且均匀的呼吸，促进神经系统的放松。

三、瑜伽体位

瑜伽体位，也称瑜伽体式，是人们肉眼可见的瑜伽外在形态。瑜伽体位法能够活络肌肉和神经系统，强壮僵硬的韧带和肌腱，使关节灵活，按摩身体内部组织。

瑜伽体位的具体介绍，见表16-2-1。

表 16-2-1　瑜伽体位

瑜伽体位	动作要点	健身效果
莲花坐	坐立，两腿并拢前伸，两脚依次盘于另一侧腿大腿处，肩背保持正直	可用于瑜伽调息、冥想与休息术，提高下肢脚踝、膝关节和髋关节的柔韧性，稳定神经系统
V 字平衡功	屈膝坐立，重心后移，将两腿向上伸直，躯干与两腿成 V 字形	增强核心力量，锻炼平衡能力，促进核心稳定

民航公共体育教程

瑜伽体位	动作要点	健身效果
骆驼式	跪姿，两手依次经前向后放于脚跟上，立腰，挺胸，向前推髋	消除腰背疼痛，调节肠胃功能，促进消化，提高腰背部的柔韧性，消除两肩下垂
战士第一式	山式站立，两臂垂直上举合掌，两脚左右打开，与肩同宽，右脚右转90°，上体右转，右腿屈膝，大腿平行于地面	增强下肢力量，锻炼平衡性，磨炼意志力
战士第二式	山式站立，两臂侧平举，两脚左右打开，比肩稍宽，左脚左转90°，上体不动，左腿屈膝成弓步，大腿平行于地面	增强下肢力量，燃烧大腿多余的脂肪，稳定两膝
战士第三式	站立，两臂上举合掌，重心前移，后腿抬起，与躯干、前臂成一条直线	增强腿部力量，锻炼平衡性，提高意志力，提高专注力
舞蹈式	站立，左脚向前一步，左手手臂向上伸展，右手拉紧右脚脚背，呼气，上体前倾，右手拉着右脚脚背向上提拉	提升身体的平衡能力，加强腹部、背部及腿部的力量、柔韧性和控制力，减少脂肪堆积
鸽子式	坐立，屈前腿，抬后腿，使后腿脚踝位于同侧手臂肘部，两手于头部后方相握，抬头，立腰	提高腰和肩的柔韧性，强化大小腿肌肉，美化颈、腰和四肢线条，促进全身血液循环

瑜伽体位	动作要点	健身效果
鸽王式	同鸽子式，将后侧腿绕于后背部，上体后仰，头与后侧脚尽量靠近	效果同鸽子式，并强化了练习幅度和效果
八字扭转式	两手撑地，臀和两腿逐渐抬离地面，保持平衡	增强手臂和肩部的力量，提高注意力，锻炼肢体的平衡性和协调性
兔子式	跪立，两臂于体后向前上举，呼气，上体前倾，额头放在膝关节前侧，臀部前移，大腿垂直于地面，保持 10～15 秒，回到原来跪坐的姿势	促使血液回流到头面部，改善面部肤色
犁式	背部紧贴地面躺下后，两腿伸直并拢。两手按在腰部两侧。下颌向胸部用力靠拢，吸气的同时两腿用力伸直，缓慢地保持水平向上抬起。呼气的同时，两腿向头部后面落下。这时要让脚趾越过头部挨到地面。保持自然的呼吸，维持这个姿势，吸气的同时，使臀部向地面拉下来；呼气的同时，腿部向地面落下，当脚回到地面时可以全身放松进行休息	消除疲劳，促进消化，有益于睡眠
鸟王式	站立，左腿绕过右腿膝关节，左脚钩在右腿小腿处，两臂缠绕，掌心相对，稳定后，呼气，稍屈膝	加强两腿、两肩、两臂的柔韧性练习，强壮两腿肌肉

民航公共体育教程

瑜伽体位	动作要点	健身效果
门闩式	屈膝跪立，打开左腿，上体向左侧屈，左手扶左腿，右臂向上伸直	促进脊柱血液循环，拉长腰部肌肉，缓解腰肌劳损
弓式	俯卧，两腿向后上方屈膝抬起，两手在身体后侧上提踝关节，身体成反弓形	消除圆肩驼背，腹部得到按摩，促进消化，扩展胸部，提臀
三角伸展式	右臂向下放于右脚内侧，左臂向上垂直举起	增强腿部肌肉的力量，消除腿部和臀部的僵硬感，缓解背部疼痛
树式	单腿站立，把左脚放置于右腿大腿内侧，保持平衡，吸气，两臂于头顶上方合掌	增强腿部、背部和胸部的肌肉力量，改善人体的平衡能力和集中注意力的能力
鹤禅式	蹲立，两手撑地，上体前倾，两膝向外打开，放于两臂上臂外侧用力夹紧。呼气，重心前移，两脚离开地面，重复6次	强壮手臂，发展平衡性和协调能力

瑜伽体位	动作要点	健身效果
拜日式	两手于胸前合掌，吸气，两臂带动上体向后仰。 呼气，两臂收回，上体向前屈，两手放在脚前。 吸气，右脚向后方打开，抬头向上弯曲。 呼气，左腿向后伸展，两脚并拢，臀部向后上方挺立。 呼气，胸廓前移，腰腹部紧贴地面，两臂支撑胸廓尽量向后上方弯曲。 呼气，臀部再次向后上方挺立。 呼气，右脚收回，头部向上顶，两臂向上伸直。 呼气，左脚收回，两膝伸直。 呼气，两手于胸前合掌	伸展全身，消除疲劳，恢复体力

第三节　瑜伽课考核评价标准

一、瑜伽课考核内容

瑜伽课考核分为四个部分：学生身体素质成绩占总成绩的35%；瑜伽理论成绩占总成绩的20%；平时成绩占总成绩的5%；瑜伽技术考核成绩占总成绩的40%（包括单人和团队瑜伽考核）。

二、瑜伽技术考核评分标准

单人瑜伽考核评分标准见表16-3-1，团队瑜伽考核评分标准见表16-3-2。

表 16-3-1　单人瑜伽考核评分标准

分值	评价标准
90～100 分	（1）瑜伽动作名称与瑜伽动作记忆准确，能快速反应，及时完成。 （2）瑜伽动作规范到位，完成过程能准确体现瑜伽运动规律，能完美地支配肢体动作。 （3）瑜伽呼吸与动作配合流畅
75～89 分	（1）瑜伽动作名称与瑜伽动作记忆准确，能快速反应，及时完成。 （2）瑜伽动作规范，完成过程符合瑜伽运动规律，能准确地支配肢体动作。 （3）瑜伽呼吸与动作配合一般
60～74 分	（1）瑜伽动作名称与瑜伽动作记忆不够准确，表情紧张，不能较好地完成。 （2）瑜伽动作规范程度以及完成情况不够准确，符合瑜伽运动规律。 （3）瑜伽呼吸紊乱，与瑜伽动作不能完美配合
60 分以下	（1）瑜伽动作名称与瑜伽动作配合错误，记忆错乱。 （2）瑜伽动作完成不规范，完成过程不符合瑜伽运动规律

表 16-3-2　团队瑜伽考核评分标准

分值	评价标准
90～100 分	（1）成套队形变化丰富，造型新颖，动作一致，整体舞台效果好。 （2）团队队员配合默契，并合理运用了每个成员的优势。 （3）团队动作风格明显，音乐选取合理，表演很流畅，具有艺术价值和美感
75～89 分	（1）成套队形变化丰富，造型合理，动作一致，整体舞台效果较好。 （2）团队队员配合相对默契，每个成员的优势发挥一般。 （3）团队动作风格明显，音乐选取比较合理，表演相对比较流畅
60～74 分	（1）成套队形变化较少，整体舞台效果一般。 （2）团队配合不默契，没有较好地发挥成员的优势。 （3）没有团队动作风格，音乐选取一般，表演不够流畅
60 分以下	（1）节目时间短、内容少、结构差。 （2）团队配合混乱。 （3）整体效果差

　　学生身体素质的评分可参照其《国家学生体质健康测试》的分数。平均成绩主要通过平时的课堂考勤和上课态度进行评分。

思考题

1. 简述瑜伽的锻炼价值。

2. 瑜伽呼吸法有哪几种？

3. 简述瑜伽冥想的具体内容。

4. 简述瑜伽各种体位法的具体做法。

第十七章 传统武术

第一节　传统武术概述

一、传统武术简介

武术起源于中国，是中华优秀文化的结晶，传统武术产生于民间的健身活动和自卫。从春秋战国时期到民国时期，民间武术健身的组织层出不穷，武术流派林立，兵器多样。武术成为民间社交、健身活动的主要形式。中华人民共和国成立后，武术主要用于健身活动，以增强人民体质、提高民族素质为主要目标。近年来，武术走向了世界，吸引了很多外国习武爱好者，经常有各种国际武术比赛在世界各地举办，如世界武术锦标赛、世界传统武术锦标赛等。

传统武术主要包括拳术（太极拳、南拳和其他拳术）和器械类项目（刀、枪、棍、剑、棒），同时也分为单人项目和集体项目。

二、传统武术的锻炼价值

传统武术的锻炼价值主要体现在以下几个方面。

（1）健身价值：增大肌肉力量，增强关节、韧带的柔韧性，提高身体协调性、灵活性及平衡能力。

（2）修身价值：培养坚韧、顽强、勇于战胜困难的意志品质和良好的武术道德及团结、协作的精神。

（3）医疗价值：矫正身体姿态，提高大脑的兴奋性和反应能力，调理慢性疾病，促进患者康复。

（4）观赏、娱乐价值：观赏武术表演和比赛，可以提高审美能力，陶冶情操。

（5）国防价值：提高士兵的擒拿格斗技术、身体力量及战斗力。

（6）交流价值：互相交流、切磋武术技艺，促进社会交往，改善人际关系；通过国际武术比赛，加强各国人民之间的交往与合作，促进武术运动的普及。

第二节　初级长拳（第三路）

一、长拳概述

　　长拳是在查拳、华拳、花拳、洪拳、炮拳、少林拳等传统拳术的基础上，综合整理各拳术的风格特点创编而成，而后逐渐发展起来的一种影响广泛的拳术。长拳的主要特点是动作舒展大方、姿势雄壮、精神勇往。长拳讲究快速灵活、刚劲勇猛、节奏鲜明；在技击上讲究放长击远，出拳要拧腰送肩，以发挥"一寸长，一寸强"的优势。长拳能够有效地提高人的柔韧素质、力量素质、耐力素质、协调素质、灵敏素质等身体素质，适合大学生锻炼。

二、初级长拳（第三路）动作名称

　　初级长拳（第三路）动作名称见表17-2-1。

表 17-2-1　初级长拳（第三路）动作名称

组别	动作名称			
预备动作	1. 虚步亮掌	2. 并步对拳		
第一段	1. 弓步冲拳	2. 弹腿冲拳	3. 马步冲拳	4. 弓步冲拳
	5. 弹腿冲拳	6. 大跃步前穿	7. 弓步击掌	8. 马步架掌
第二段	1. 虚步栽拳	2. 提膝穿掌	3. 仆步穿掌	4. 虚步挑掌
	5. 马步击掌	6. 插步双摆掌	7. 弓步击掌	8. 转身踢腿马步盘肘
第三段	1. 歇步抡砸拳	2. 仆步亮掌	3. 弓步劈拳	4. 换跳步弓步冲拳
	5. 马步冲拳	6. 弓步下冲拳	7. 插步亮掌侧踹腿	8. 虚步挑拳
第四段	1. 弓步顶肘	2. 转身左拍脚	3. 右拍脚	4. 腾空飞脚
	5. 歇步下冲拳	6. 仆步抡劈拳	7. 提膝挑掌	8. 提膝劈掌弓步冲拳
结束动作	1. 虚步亮掌	2. 并步对拳	3. 还原	

三、初级长拳（第三路）动作要点

（一）预备动作

　　预备式：头要端正，下颌微收，挺胸、塌腰、收腹。（图17-2-1）

1. 虚步亮掌

　　伸掌、收拳和弓步这三个动作必须连贯一致。成虚步时，重心落于右腿上；左腿微屈，脚尖点地。（图17-2-2）

2. 并步对拳

　　并步后挺胸、塌腰；对拳、并步、转头要同时完成。（图17-2-3）

图 17-2-1　　　　　　　　　　图 17-2-2

图 17-2-3

（二）第一段

1. 弓步冲拳
成左弓步时，右腿充分蹬直，脚跟不要离地；冲拳时，尽量转腰送肩。（图17-2-4）

2. 弹腿冲拳
弹出的腿要有爆发力，力达脚尖；弹腿与冲拳要协调一致，同时完成。（图17-2-5）

3. 马步冲拳
成马步时，大腿要与地面平行，两小腿平行，挺胸、塌腰。（图17-2-6）

图 17-2-4　　　　　　　　　　图 17-2-5　　　　图 17-2-6

4. 弓步冲拳
动作要点与本段的"弓步冲拳"相同，只是左右相反。（图17-2-7）

5. 弹腿冲拳
动作要点与本段的"弹腿冲拳"相同，只是左右相反。（图17-2-8）

图 17-2-7　　　　　　　　　　图 17-2-8

6. 大跃步前穿

跃步要远，落地要轻，整个动作要协调、连贯。（图17-2-9）

图 17-2-9

7. 弓步击掌

成左弓步时，右腿要蹬直。（图17-2-10）

8. 马步架掌

成马步时，大腿要与地面平行；抖腕、甩头要同时进行。（图17-2-11）

图 17-2-10　　　　　　　　　　图 17-2-11

（三）第二段

1. 虚步栽拳

落步、架拳、栽拳、转头要同时完成。（图17-2-12）

2. 提膝穿掌

提膝时，支撑腿和右臂充分伸直。（图17-2-13）

图 17-2-12　　　　　　　　　　图 17-2-13

3. 仆步穿掌

成左仆步时，左腿要伸直。（图17-2-14）

4. 虚步挑掌

上步要协调，虚步要稳。（图17-2-15）

图 17-2-14　　　　　　　　　　图 17-2-15

5. 马步击掌

右掌搂手时，先使手臂内旋，手腕伸直，手掌向下、向外转；接着手臂外旋，掌心经下向上翻转，同时抓握成拳。收拳与击掌的动作要同时进行。（图17-2-16）

图 17-2-16

6. 插步双摆掌

两臂要画立圆，幅度要大，摆掌与后插步要协调一致。（图17-2-17）

7. 弓步击掌

右手画弧、撤步、推掌三个动作要同时进行。（图17-2-18）

图 17-2-17　　　　　　　　　　图 17-2-18

8. 转身踢腿马步盘肘

两臂抡动时要画立圆，动作连贯；盘肘时要快速有力，右臂前送。（图17-2-19）

图 17-2-19

（四）第三段

1. 歇步抡砸拳

抡臂动作要连贯完成，画立圆；成歇步时，两腿要交叉前蹲，左腿的大小腿靠紧，膝关节在右小腿外侧，脚跟提起，臀部贴于左小腿外侧；左脚脚尖外撇，前脚掌着地。（图17-2-20）

图 17-2-20

2. 仆步亮掌

落步下蹲时，先成右弓步，然后迅速过渡成左仆步。成左仆步时，左腿充分伸直，脚尖内扣，右腿前蹲，两脚脚掌全部着地；上体挺胸塌腰，稍左转。（图17-2-21）

图 17-2-21

3. 弓步劈拳

左右脚上步时稍带弧形。（图17-2-22）

图 17-2-22

4. 换跳步弓步冲拳

换跳步动作要连贯、协调；震脚时，腿要弯曲，全脚掌着地；左脚离地不要太高。（图17-2-23）

图 17-2-23

5. 马步冲拳

成马步时，大腿要与地面平行。（图17-2-24）

6. 弓步下冲拳

成左弓步时，右脚外蹬，挺胸，塌腰。（图17-2-25）

7. 插步亮掌侧踹腿

插步时，上体稍向右倾斜，腿与手臂的动作要协调一致；侧踹的高度不能低于腰，着力点在脚跟。（图17-2-26）

图 17-2-24　　　图 17-2-25　　　　　　　　图 17-2-26

8. 虚步挑拳

成虚步时，要虚实分明。（图17-2-27）

图 17-2-27

（五）第四段

1. 弓步顶肘

做交换步时不要跳得过高，速度要快；两臂抡摆时要画立圆。（图17-2-28）

图 17-2-28

2. 转身左拍脚

右掌拍脚时，手掌稍横过来，拍脚要准而响亮。（图17-2-29）

图 17-2-29

3. 右拍脚

动作要点与本段的“转身左拍脚”相同。

4. 腾空飞脚

蹬地要向上，不要过于向前冲，左膝尽量上提；击掌要在腾空时完成，两臂要伸直。（图17-2-30）

5. 歇步下冲拳

歇步动作要求与第三段中的“歇步抡砸拳”相同。（图17-2-31）

图 17-2-30   图 17-2-31

6. 仆步抡劈拳

抡臂时，两臂一定要画立圆。（图17-2-32）

图 17-2-32

7. 提膝挑掌

抡臂时，两臂要画立圆。（图17-2-33）

8. 提膝劈掌弓步冲拳

提膝时，支撑腿要蹬直，提膝腿要绷直脚背。（图17-2-34）

图 17-2-33   图 17-2-34

（六）结束动作

1. 虚步亮掌

成虚步时，虚实要分明。（图17-2-35）

图 17-2-35

2. 并步对拳

穿掌后，两臂动作要对称，同时进行。（图17-2-36）

图 17-2-36

3. 还原

拳变掌，两臂自然下垂，目视正前方。（图17-2-37）

图 17-2-37

第三节　太极拳八法五步

一、太极拳八法五步概述

太极拳八法五步是国家体育总局为了更好地推广和普及太极拳，弘扬中国优秀传统文化，遵循科学化、规范化、简易化的原则，在现有二十四式简化太极拳的基础上，对各流派太极拳中最为核心的"八法五步"技术：掤、捋、挤、按、采、挒、肘、靠八法，以及进、退、顾、盼、定五步，进行了系统的提炼和整理，形成了一套具有文化性、健身性和简易性的太极拳普及套路。它动作结构简单、内容丰富、易学易练，是较为理想的太极拳入门套路。

二、太极拳八法五步基本技术

（一）起势

头颈保持正直，微收下颌，身体直立，两臂垂于体侧，两臂抬起的同时吸气，沉肩坠肘，下按的同时呼气，屈膝下蹲。（图17-3-1）

图 17-3-1

（二）左掤势

上体向右微转，抱球，身体转正，左掤，手肘抬平，右手指尖朝前，置于体侧。（图17-3-2）

图 17-3-2

（三）右捋势

身姿保持平稳，中正身直，动作缓慢，保持匀速，上体微左转，内外悬臂，下捋，手肘微屈，捋至腹前。（图17-3-3）

图 17-3-3

（四）左挤势

虚领顶劲，转身时以腰脊为轴，膝关节微屈，向右转身，搭手于胸前，回正时目视前方，挤。（图17-3-4）

图 17-3-4

（五）双按势

目光随手运动的路线转动，余光看手，收手时吸气，两手收至胸前，两手下沉的同时，呼气向前按。（图17-3-5）

图 17-3-5

（六）右採势

动作连绵不断，匀速平缓，重心放在两脚之间，两手变拳，肘关节微屈，向下採。（图17-3-6）

图 17-3-6

（七）左捋势

转身幅度不宜过大，沉肩收腹。右臂微屈，指尖朝前；左臂抱圆，掌心斜向下。（图17-3-7）

图 17-3-7

（八）左肘势

左肘横击置于前方，膝关节微屈，重心在两脚之间，右手变掌置于左臂上，身体稍向右转，头向前看。（图17-3-8）

图 17-3-8

（九）右靠势

身姿保持中正，不可侧目斜视，肩向前耸，右手变拳，以肘为轴，内旋向下靠。（图17-3-9）

图 17-3-9

（十）右掤势

同左掤势，只是左右相反。（图17-3-10）

图 17-3-10

（十一）左捋势

同右捋势，只是左右相反 。（图17-3-11）

图 17-3-11

（十二）右挤势

同左挤势，只是左右相反。（图17-3-12）

图 17-3-12

（十三）双按势

同前述的双按势。（图17-3-13）

图 17-3-13

（十四）左採势

同右採势，只是左右相反。（图17-3-14）

图 17-3-14

（十五）右捌势

同左捌势，只是左右相反。（图17-3-15）

图 17-3-15

（十六）右肘势

同左肘势，只是左右相反。（图17-3-16）

图 17-3-16

（十七）左靠势

同右靠势，只是左右相反。（图17-3-17）

图 17-3-17

（十八）进步左右掤势

进步时注意变换重心。成弓步时，后腿微屈，正中安舒，沉肩收胯，目光顺着手的方向。（图17-3-18）

图 17-3-18

（十九）退步左右捋势

动作保持匀速，上下肢配合要协调，退步时下捋，两手后撤时应随体转走弧形，下肢动作要转腰、松垮，两脚避免在一条直线上。（图17-3-19）

图 17-3-19

（二十）左移步左挤势、左移步双按势

向左平移，开步，两手发力，并步挤，发力时身体放松，翻掌，掌心朝上，向耳侧收掌，转身按。（图17-3-20）

图 17-3-20

（二十一）右移步右挤势、右移步双按势

同左移步左挤势、左移步双按势，只是左右相反。（图17-3-21）

图 17-3-21

（二十二）退步左右採势

上下肢配合要协调，退步採，注意挺直身姿，不能左右摇晃、松垮、沉肩、坠肘，退左步时左腿应向左后方斜，退右步时右腿应向右后方斜。（图17-3-22）

图 17-3-22

（二十三）进步左右捌势

进步时脚跟先着地，下肢移动时，重心要稳，两手端平，动作应匀速，内旋转掌自然圆活。（图17-3-23）

图 17-3-23

（二十四）右移步右肘势

平移步时，膝关节全程微屈，重心不可忽高忽低，发力时全身要放松，身体转动以腰脊为轴。（图17-3-24）

图 17-3-24

（二十五）右移步右靠势

重心要比右肘势低，目视右拳。（图17-3-25）

图 17-3-25

（二十六）左移步左肘势

同右移步右肘势，只是左右相反。（图17-3-26）

图 17-3-26

（二十七）左移步左靠势

同右移步右靠势，只是左右相反。（图17-3-27）

图 17-3-27

（二十八）中定左右独立势

上体直立，支撑腿微屈，腿提起时脚尖自然下垂。（图17-3-28）

图 17-3-28

（二十九）十字手

两手打腕，左手在外。（图17-3-29）

图 17-3-29

（三十）收势

同起势。（图17-3-30）

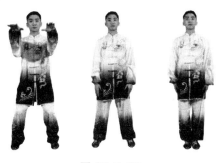

图 17-3-30

第四节　传统武术课考核评价标准

一、考核内容

（1）初级长拳（第三路）的全套动作。
（2）太极拳八法五步的全套动作。

二、评价方法与评分标准

（一）评价方法

学生须独立完成全套动作。

（二）评分标准

60分以下：没有完成全套动作或出现4次以上动作遗忘。
60～69分：基本完成全套动作，动作的规格性较差。
70～79分：完成全套动作，动作准确、有力，协调性一般。

80～89分：熟练完成全套动作，动作准确，规格较好，劲力充足，协调性较好。

90～100分：熟练完成全套动作，动作准确，劲力充足，身体协调性好，动作规格很好。

思考题

1. 简述传统武术的锻炼价值。

2. 初级长拳（第三路）的动作要点是什么？

3. 八法五步的动作要点是什么？

4. 你认为学好传统武术的关键是什么？

第十八章

散打运动

第一节　散打运动概述

散打，又称散手，具有独特的中华民族风格，多年来在民间流传和发展，并深受人们的喜爱。现代散打是按照国家体育总局武术运动管理中心制定的规则，运用武术中的踢、打、摔等方法，进行徒手对抗的竞技体育项目，是武术的重要竞赛形式。

散打可以有效地提高武术攻防动作的实际运用能力。散打动作的技击性强、杀伤力大，因此练习时要特别注意安全，自觉地培养和提高自己的武德修养。

散打之所以具有比较强的感染力和生命力，是因为它本身具有体育性、对抗性和民族性等特性。

（1）体育性：相对于传统的防身术，散打作为竞技体育项目，必须体现体育的本质属性，即把人身安全和健康作为自身生存和发展的前提，不允许使用致伤、致残的技术动作。

（2）对抗性：散打运动的内在特点决定了其相互对抗的表现形式。散打的基本特性就是对抗性，这种对抗是在双方掌握了散打的基本技术，并经过一段时间的训练后，在规则规定的范围内进行的对抗。

（3）民族性：散打是中华民族的优秀传统文化，是在中国特定的社会历史条件下逐渐演变而来的，具有鲜明的民族性。

第二节　散打基本技术

一、基本姿势

两脚前后开立，两手握拳，左前右后，左臂弯曲，肘关节的夹角为90°～100°，右拳与鼻同高；右臂弯曲，肘关节的夹角小于90°，紧贴右侧肋部；身体侧立，下颌微收，闭嘴合齿，面部、左肩、左拳正对对手。左脚、左拳在前称为正架（图18-2-1），右脚、右拳在前称为反架。

预备姿势

图 18-2-1

【动作要点】进退灵活，防守严密，移动迅速；姿势不可太低，重心控制在两脚之间；两拳保护躯体，尽量缩小暴露给对手打击的有效面积。

二、基本步法

（一）进步

前脚先向前进半步，后脚再跟进半步。（图18-2-2）

进步

图 18-2-2

【动作要点】进步步幅不宜过大，后脚跟进后的身体姿势保持不变，进步与跟步的衔接越快越好。

（二）退步

后脚先后退半步，前脚再退回半步。（图18-2-3）

退步

图 18-2-3

【动作要点】退步步幅不宜过大，身体姿势保持不变。

（三）上步

右脚经左脚向前上一步，同时转体，左拳、右拳前后交换，成反架姿势。（图18-2-4）

上步

图 18-2-4

【动作要点】上步时，身体不能前后晃动，上步与两拳交换同时进行。

（四）撤步

左脚经右脚内侧向后撤一步，左脚脚跟离地，右脚外展，重心偏于右腿上。（图18-2-5）

撤步

图 18-2-5

【动作要点】撤步时，身体保持平稳，两脚动作要轻灵。

（五）跨步

右脚向右侧跨半步，两膝微屈；同时右拳收至左腮旁。（图18-2-6）

跨步

图 18-2-6

【动作要点】跨步后，重心下降，两腿要一虚一实，动作要灵活敏捷。

（六）闪步

左脚向左侧移半步，右脚随之向左滑步；同时身体向右转体约90°。（图18-2-7）

图 18-2-7

【动作要点】步法要轻灵，转体闪躲要灵活敏捷。

（七）垫步

右脚蹬地向左脚内侧并拢，同时左腿屈膝提起。（图18-2-8）

垫步

图 18-2-8

【动作要点】后脚向前脚并拢时要迅速，垫步与提膝不脱节、不停顿；身体向前移动，勿向上腾空。

三、基本拳法

（一）冲拳

1. 左冲拳

预备姿势为正架，即左脚、左拳在前（以下均同）。右脚微蹬地面，重心微向左脚移动；同时左拳直线向前冲出，力达拳面。（图18-2-9）

左冲拳

图 18-2-9

【动作要点】冲拳时，上体不可过于前倾；上臂带动前臂，前臂微内旋，肘微屈，力达拳面。

【用法】左冲拳是一种直线型进攻动作，其特点是距离对方较近，动作隐蔽，灵活性强，但力度较小。可以结合身体姿势的高低变化或左右闪躲动作击打对方腰部以上部位。左冲拳既可主动进攻，又能防守反击，以假乱真，以虚招引诱对手，是进攻技术中最常见的动作之一。

2. 右冲拳

预备姿势为正架。右脚蹬地稍向内、向右转；在转腰送肩的同时，右拳沿直线向前冲出，力达拳面；左拳收回至左肩内侧。（图18-2-10）

右冲拳

图 18-2-10

【动作要点】右脚发力，将力传送到腰、肩、肘，最后力达拳面。

【用法】右冲拳是主要的进攻动作之一，其特点是攻击距离长，能充分利用蹬腿转腰的力量加大冲拳的力度，具有较强的威胁性。可以结合身体姿势的高低变化击打对方的腰肋部位。

（二）掼拳

1. 左掼拳

预备姿势为正架。上体微向右转，左臂微屈，同时左拳向外、向前、向内横掼，拳心朝下，力达拳面或偏于拳眼侧；右拳护于右腮处。（图18-2-11）

【动作要点】掼拳发力时，左臂微屈，肘尖抬至与肩齐平，以腰发力，力达拳面。

【用法】左掼拳是一种横向型进攻动作，可以结合身体姿势的高低变化击打对方的侧面。上盘可击打太阳穴，中盘可击打腰肋部位。

左掼拳

图 18-2-11

2. 右掼拳

预备姿势为正架。右脚微蹬地并向内扣转，合胯并向左转腰，同时右拳向外、向前、向内横掼，力达拳面或偏于拳眼侧；左拳护于左腮处。（图18-2-12）

图 18-2-12

【动作要点】摆拳发力时，肘尖微抬，使肩、肘、腕基本在同一水平线。发力要协调，力达拳面。

【用法】右摆拳是一种横向型进攻动作，其特点是能充分借助右脚蹬地转腰的力量，加大摆拳的力度，具有较强的威胁性。因为其进攻路线长，故动作幅度宜小不宜大。此拳法多用于连击或防守反击。

（三）勾拳

1. 左勾拳

预备姿势为正架。重心略下沉，左拳由下向前上方勾起，左臂的上臂与前臂的夹角为90°～100°。勾拳时，拳心朝后，力达拳面。

【动作要点】勾拳时，动作要连贯、顺达，用力要由下至上，发力短促，力达拳面。

左勾拳

【用法】勾拳属上下型进攻动作，击打距离短，适用于近距离实战。双方接触时，可用勾拳正面攻击对方的胸部、腹部、下颌和头部。

2. 右勾拳

预备姿势为正架。右脚蹬地，扣膝合胯，微向左转腰；同时，右拳由下向前上方勾起，右臂的上臂与前臂的夹角为90°～100°。勾拳时，拳心朝后，力达拳面；左拳回收至右肩内侧。（图18-2-13）

右勾拳

图 18-2-13

【动作要点】右勾拳要借助蹬地、扣膝、合胯、转腰的力量，由下至上发力，连贯、顺达，力达拳面。

四、基本腿法

（一）蹬腿

1. 左蹬腿

预备姿势为正架。右腿稍蹬直支撑，左腿提膝抬起，以脚跟领先向前蹬出，力达脚跟；也可送髋，脚掌下压，力达前脚掌。（图18-2-14）

左蹬腿

图 18-2-14

2. 右蹬腿

预备姿势为正架。重心前移，左腿稍屈支撑，身体稍左转，右腿屈膝前抬、勾脚，以脚跟领先向前蹬出，力达脚跟；亦可送髋，脚掌下压，力达前脚掌。（图18-2-15）

右蹬腿

图 18-2-15

【动作要点】屈膝高抬，爆发用力，快速连贯。

【用法】击中对方时，脚踝发力，前脚掌下压，这样更容易将对方蹬倒。

（二）鞭腿

1. 左鞭腿

预备姿势为反架。右腿稍屈支撑，上体右转；同时左腿屈膝向左侧摆起，扣膝、绷脚背，随即挺膝向前弹踢小腿，力达小腿下端至脚背。（图18-2-16）

左鞭腿

图 18-2-16

2. 右鞭腿

预备姿势为正架。左腿稍屈支撑，上体左转；同时右腿屈膝向右侧摆起，扣膝、绷脚背，随即挺膝向前弹踢小腿，力达小腿下端至脚背。（图18-2-17）

【动作要点】脚背紧绷，膝关节内扣，以膝带腿，快速有力。

【用法】弹腿的优点是动作快速、容易改变，可视不同情况击打对方身体的不同部位。

右鞭腿

图 18-2-17

（三）踹腿

1. 左踹腿

预备姿势为正架。右腿稍屈支撑，左腿屈膝抬起，小腿外摆，脚尖勾起，脚掌正对攻击目标，展髋、挺膝，用力向前踹出，力达脚掌；上体可侧倾。（图18-2-18）

左踹腿

图 18-2-18

2. 右踹腿

预备姿势为正架。左腿直立或稍屈支撑，身体向左转，同时右腿屈膝前抬，小腿外摆，脚尖翘起，脚掌正对攻击目标，展髋、挺膝，用力向前踹出，力达脚掌；上体可侧倾。（图18-2-19）

右踹腿

图 18-2-19

【动作要点】踹出时一定要以大腿带动小腿，沿直线向前发力。

【用法】踹腿是散打比赛中使用率较高的腿法之一，其特点是身体成直线运动，速度快、力量大、不易防守，并且可以配合散打步法使用，变化较多，可以在不同距离上攻击对方。

五、常用摔法

（一）主动摔

抱腿前顶摔：乙出拳击打甲的头部时，甲突然下潜躲闪，随即逼近乙，两手抱住乙的两腿，两臂屈肘用力回拉；同时用左肩前顶乙的大腿或腹部，将乙摔倒。（图18-2-20）

抱腿前顶摔

甲　　　　乙　　　　甲　乙　　　　甲　　乙

图 18-2-20

【动作要点】下潜快，抱腿紧，两臂要回拉，肩顶要有力。

【用法】可用于主动进攻或防守反击。

（二）接招摔

1. 夹颈磕腿摔

乙用左拳击打甲的头部时，甲用右臂格挡乙的左臂，顺势抓住乙的左手手腕；同时，左手从乙的右肩上穿过，左臂屈肘夹乙的颈部；甲向右转体，用左小腿向后横打乙的左小腿，将乙掀起摔倒。（图18-2-21）

夹颈磕腿摔

甲　　　乙　　　　甲　乙　　　　乙　　甲

图 18-2-21

【动作要点】格挡要迅速，夹颈要有力，横打腿与转身的动作要协调一致。

【用法】在对方用冲（掼）拳击打己方时，可用此摔法防守反击。

2. 拨颈勾踢摔

乙用右拳击打甲的头部时，甲用左掌格挡乙的右前臂，然后顺势抓住乙的手腕，并伸右臂用手向右拨乙的颈部右侧；同时右脚勾踢乙的右脚踝关节处，将乙勾倒。（图18-2-22）

拨颈勾踢摔

甲　　　乙　　　　甲　乙　　　　甲

乙

图 18-2-22

【动作要点】拨颈、勾踢要协调有力。

【用法】在对方用冲（掼）拳击打己方时，可用此摔法防守反击。

第三节　散打基本战术

一、直攻战术

直攻战术是指在没有附加动作掩护时直接进攻的战术。

【应用须知】在对方实战水平低于己方、防守破绽尽露、体力不佳、心理承受能力较差等情况下，运用此种战术效果颇佳。

二、强攻战术

强攻战术是指强行突破对方的防守而进攻的战术。

【应用须知】当自己的技术明显强于对方时，运用强攻战术更能突出硬打、硬踢、无遮拦之特点，从而瞬间制胜对方。

三、反击战术

反击战术是在对方出招攻击时，己方进行防守后突然攻击的战术。

【应用须知】当对方进攻盲目、经验不足、心态急躁时，可运用反击战术，以静待动，意在其先，反击制胜对方。

四、佯攻战术

佯攻战术是指用虚招、假动作给对方造成错觉，趁其出现空当再进行真打的战术。

【应用须知】在对方水平较高、反应敏捷、防守能力较强的情况下，运用佯攻战术引上打下、指左打右、虚实互变以制胜对方，要求佯攻动作或假动作一定要逼真。

第四节　散打主要竞赛规则

一、竞赛办法

赛制采用循环赛和淘汰赛。每场比赛采用3局2胜制，每局比赛2分钟（青年比赛和少年比赛可采用1分30秒），局间休息1分钟。

二、服装护具与场地

（1）运动员必须穿中国武术协会认定的武术散打比赛服装及护具。

（2）比赛护具分红、蓝两种颜色，包括拳套、护头、护胸，以及自备的护齿、护裆和缠手带，护裆必须穿在裤子内，缠手带的长度为3.5～4.5米。

（3）女子运动员和男子65公斤级及以下级别的拳套重230克；男子70公斤级～85公斤级的拳套重280克；男子90公斤级及以上级别的拳套重330克。

（4）比赛场地为高80厘米、长800厘米、宽800厘米的擂台，台面上铺有软垫；软垫上铺有盖单；台中心画有直径为120厘米的中国武术协会的会徽。台面边缘有5厘米宽的红色边线，台面四边向内90厘米处画有10厘米宽的黄色警戒线。

（5）台下四周铺有高30厘米、宽200厘米的保护软垫。

三、技法要求

（1）禁击部位：后脑、颈部、裆部。

（2）得分部位：头部、躯干、大腿。

（3）禁用方法：用头、肘、膝攻击对方或迫使对方反关节的技法；用迫使对方头部先着地的摔法或有意砸压对方；用任何方法攻击倒地一方的头部；青少年比赛可禁止运动员使用腿法击打对方头部或用拳法连续击打对方头部。

（4）可用方法：武术的各种拳法、腿法和摔法。

四、得分标准

（一）得2分

（1）一方下台，另一方得2分。

（2）一方倒地，站立者得2分。

（3）用腿法击中对方头部、躯干得2分。

（4）用主动倒地的动作致使对方倒地，而自己顺势站立者，得2分。

（5）一方被强制读秒1次，另一方得2分。

（6）一方受警告1次，另一方得2分。

（二）得1分

（1）用拳法击中对方头部、躯干得1分。

（2）用腿法击中对方大腿得1分。

（3）先后倒地，后倒地者得1分。

（4）被指定进攻后达5秒钟仍不进攻时，对方得1分。

（5）主动倒地3秒钟不起立，对方得1分。

（6）受劝告1次，对方得1分。

（三）不得分

（1）方法不清楚、效果不明显，不得分。

（2）双方下台，互不得分。

（3）双方下台或同时倒地，不得分。

（4）用方法主动倒地，对方不得分。

（5）抱缠时击中对方，不得分。

五、犯规与罚则

（1）运动员如有以下行为，将被判技术犯规：① 消极搂抱对方；② 消极逃跑；③ 处于不利状况时举手要求暂停；④ 有意拖延比赛时间；⑤ 上场不戴或吐落护齿，有意松脱护具；⑥ 比赛中对裁判员有不礼貌的行为或不服从裁判员；⑦ 不遵守规定的比赛礼节。

（2）运动员如有以下行为，将被判侵人犯规：① 在口令"开始"前或喊"停"后进攻对方；② 击中对方禁击部位；③ 以禁用方法击中对方；④ 故意致使对方的伤情加重。

（3）罚则：① 每出现1次技术犯规，劝告1次；② 每出现1次侵人犯规，警告1次；③ 侵人犯规达3次，取消该场比赛资格；④ 故意伤人，取消其比赛资格，所有成绩无效；⑤ 运动员使用违禁药物或局间休息时输氧，取消比赛资格，所有成绩无效。

第五节　散打课考核评价标准

散打课主要对步法和拳法、身体素质、腿法、学习态度和日常表现进行考核评价。

一、步法和拳法（40分）

【方法】2人1组进行实战，时间为1分钟，共进行2局。

【技评】临场技战术的发挥、礼节的遵守和意志品质的呈现。

【标准】按技评成绩得分。

二、身体素质（10分）

【方法】独立完成横劈叉和竖劈叉，检查叉腿后，裆部与地面的垂直距离。

【技评】动作协调准确，停留时间在5秒以上，满分为10分。

【标准】身体素质评分表见表18-5-1。

表18-5-1　身体素质评分表

裆部与地面垂直距离	20厘米	15厘米	10厘米	5厘米	0厘米
得分	3分	5分	7分	9分	10分

三、腿法（40分）

【方法】两人一组模拟实战考核。

【技评】临场技战术的发挥、礼节的遵守和意志品质的呈现。

【标准】按技评成绩得分。

四、学习态度和日常表现（10分）

【方法】根据学生在散打课上的学习态度和日常表现评分。

思考题

1. 简述散打运动的特性。

2. 散打的基本姿势是什么？

3. 散打步法、拳法、腿法的技术要领分别是什么？

4. 散打的基本战术有哪些？

第十九章

轮滑运动

第一节 轮滑运动概述

一、轮滑运动的起源和发展

轮滑的起源可以追溯到轮滑鞋的发明。1819年，佩蒂布莱德于法国发明了第一双单排轮滑鞋，该轮滑鞋由成一条直线的2~3个轮子组成。1823年，居住于英国伦敦的罗伯特·约翰·泰尔斯设计了一双底部由5个轮子排成一列的轮滑鞋。1863年，美国的詹姆斯·普利姆普顿设计了具有4个轮子的轮滑鞋，并且4个轮子前后分为2组，可以转弯、前进和向后溜冰，这就是最传统的轮滑鞋。1884年，滚珠轴承的发明使轮滑运动得以蓬勃发展。

二、轮滑运动的锻炼价值

轮滑运动是一项集健身、竞技、趣味、娱乐、技巧、休闲于一身的全身性运动。轮滑运动要求练习者灵活变换自己的重心，维持动态平衡。轮滑在腿部用力上有侧蹬用力的特点，练习者在学习过程中必须克服在陆地上走或跑时后蹬用力的习惯，养成向侧用力的习惯，掌握正确的用力方法。经常参加轮滑运动可以提高心肺系统的功能，改善机体的新陈代谢，对增强臂、腿、腰、腹等部位的肌肉力量，以及提高各关节的灵活性效果显著，具有鼓励练习者表现自我、挑战自我，增强其自信心，培养其审美情趣的作用。

三、轮滑运动的装备

（一）单排轮轮滑鞋

单排轮轮滑鞋目前多数由塑料外壳、内衬及一双海绵袜套组成，穿起来比较舒适，但有不透气、闷热等缺点。单排轮轮滑鞋的下部由底板、双轮板、夹轮板、轴承、轮子和制动器组成。

单排轮轮滑鞋的特点：一是滑起来支点窄而长，前后方较稳，左右稳定性较差，需要踝关节内外侧使用较强的力量来控制；二是轮与轮之间相距较近，前后方有多个支点，可以顺利通过地面上的小坑、小沟。单排轮轮滑鞋不仅可以在轮滑场地上使用，还可以在粗糙的地面上滑行。

（二）头盔

头盔对于速度轮滑和花样轮滑都十分重要。无论是快速滑行，还是花样轮滑中的翻腾、旋转等动作，都需要用头盔来保护轮滑者。

轮滑者在选择头盔时，首先要看头盔戴在头上是否合适，既不能过紧，也不能过松；其次看头盔内垫的泡沫、海绵是否柔软；再次确认头盔外壳的厚度，确保厚度大于1.5毫米。

做一般滑行动作的轮滑者所需要的头盔应是流线型的，头盔有许多条形孔，能让空气顺畅地从头顶流过，可给头部降温。做极限轮滑动作的轮滑者应该选择外壳的硬度和强度都非常高的头盔。

（三）护具

护具对于轮滑运动来说是必不可少的，它能防止轮滑者在跌倒时发生擦伤或撞伤。轮滑运动的专用护具包括护肘、护腕、护膝等。

轮滑运动的护具采用多层结构，靠近身体的部分是厚厚的海绵，海绵外面用皮革包裹，皮革外面还有一层坚硬的塑料外壳，材质很结实，能有效地减少冲击，保护身体。

轮滑者在选择护具时，应该注意护具的尺寸与身体是否匹配，护具过大或过小都易造成身体损伤。

四、速度轮滑的安全常识

（一）速度轮滑的注意事项

轮滑者在运动前要认真进行热身。轮滑是一项激烈运动，可让全身肌肉都参与其中，如果轮滑者不做热身练习，身体突然剧烈运动容易造成肌肉扭伤或拉伤，因此，进行适当的热身是刺激肌肉、使身体兴奋起来以保护自己的最好方法。轮滑者在运动前要检查轮滑鞋的螺母是否拧紧，如果松弛，就要加固，否则轮滑鞋容易分体，造成危险。初学者应在规定范围内练习，或者尽可能在人少的地方练习。在没有熟练掌握技术的情况下，初学者不可过度追求滑行速度。轮滑者在运动中发生摔跤是不可避免的，要注意自我保护。轮滑者在运动中要注意观察周围情况，不可低头滑行，以免撞伤他人。患有严重疾病（如心脏病等）的人，不宜做轮滑运动。

（二）速度轮滑的自我保护

在滑行过程中，轮滑者如果向前或向两侧摔倒，要屈膝下蹲，用两手撑地缓冲，减缓摔倒时身体向地面的冲击力；在滑行过程中，如果向后摔倒，更要屈膝下蹲，降低重心，以使臀部先着地，同时低头团身，避免头部向后磕地；在摔倒的过程中，要避免直臂单手撑地，防止手腕出现损伤。

（三）速度轮滑的损伤及其处理

速度轮滑的损伤及其处理见表19-1-1。

表 19-1-1　速度轮滑的损伤及其处理

受伤部位	受伤情况	处理
腰部	因腰部用力不当或腰部负荷过大而引起急性腰扭伤	卧床休息，并遵医嘱
踝关节	由落地不稳、地面不平引起。受伤部位会有疼痛、肿胀、压痛、皮下淤血等症状	可冰敷、按摩或用夹板固定踝关节1～2周
膝关节	由膝关节被撞击而引起。受伤部位会有肿胀、压痛、活动障碍等症状	可冰敷、按摩或加压包扎，固定膝关节3～5天

第二节　轮滑基本技术

轮滑运动包括速度轮滑、花样轮滑、自由式轮滑、轮滑舞、轮滑球等项目。其中，速度轮滑是轮滑运动的重要组成部分，也是其他轮滑项目的基础。因此，这里主要介绍速度轮滑技术。

速度轮滑的基本技术是完成速度轮滑动作的有效方法。良好的技术能节省体力、发挥最大速度、创造优异的成绩。速度轮滑技术主要由直道滑行技术和弯道滑行技术组成。速度轮滑的滑跑动作带有明显的周期性特征，它由蹬地、收腿、着地、支撑滑行等循环动作阶段组成，围绕这些动作阶段，又涉及速度、力量、方向、角度、路线、轨迹、频率、节奏、时机、幅度等技术细节，这些都是构成良好技术的关键。下面主要介绍直道滑行和弯道滑行两大技术。

一、直道滑行技术

直道滑行技术包括身体姿势、蹬地技术、收腿技术、着地技术、惯性滑进、摆臂技术和配合技术。

（一）身体姿势

为减少空气阻力，达到快速滑跑的目的，必须采取特殊的滑跑姿势。正确的身体姿势，对于轮滑者正确地完成动作、有效地使用技术、充分地发挥身体的潜能都有重要的作用。因此，正确的滑跑姿势是滑行技术的基础。直道滑行采用上体前倾的半蹲式姿势，髋、膝、踝三个关节成屈曲状态。上体放松，两手握于背后，头微抬起，目视前方30～40米处。在滑行中重心以落在脚掌处为宜，髋关节的角度为90°～100°，膝关节的角度为110°～120°，踝关节的角度为65°～75°。鼻、膝和脚三点成一条直线。（图19-2-1）

图 19-2-1

（二）蹬地技术

蹬地是推动轮滑者向前滑行的唯一动力来源。蹬地效果取决于蹬地用力的方式、角度、方向、力量、速度、重心的运用等技术细节的合理性。蹬地技术是速度轮滑的核心技术，由开始蹬地、蹬地用力和蹬地结束三个阶段构成。合理的蹬伸顺序是展髋的同时伸髋，

再伸膝，最后伸踝。（图19-2-2）

（三）收腿技术

当蹬地腿完成蹬地动作后，浮腿抬离地面至再次着地前的过程称为收腿。收腿的任务是连接蹬地和着地动作，配合重心的移动，保持身体平衡及放松。另外，浮腿积极地摆动也有助于蹬地腿发挥蹬地力量。（图19-2-3）

图 19-2-2   图 19-2-3

（四）着地技术

着地技术是指从收腿动作结束后至轮滑鞋落地的动作阶段。着地技术包括两个动作阶段：一是向前摆腿动作阶段；二是轮滑鞋着地动作阶段。着地的方法是以髋关节屈曲的动作为主，大腿由后向前提拉，后轮领先在靠近蹬地腿内侧的前方着地。（图19-2-4）

（五）惯性滑进

惯性滑进是指一条腿从轮滑鞋着地后的支撑滑行至开始蹬地的动作阶段。（图19-2-5）

图 19-2-4   图 19-2-5

（六）摆臂技术

摆臂技术是配合蹬地获得速度的重要因素。摆臂技术可以调节身体平衡，加大蹬地的力度，有利于整个身体协调运动。（图19-2-6）

直道摆臂动作

（七）配合技术

配合技术在滑跑过程中起着协调动作和节约体力的重要作用。同时，配合技术也有利于完成各种战术。配合动作大体由两个配合动作构成，即两腿之间的动作配合及手臂与腿之间的动作配合。（图19-2-7）

图 19-2-6

图 19-2-7

二、弯道滑行技术

弯道滑行是轮滑运动的基本技术之一，既要保持高速滑行，又要保持平衡，还是体现战术意图的重点区域。弯道滑行技术包括基本姿势、蹬地技术、收腿技术、着地技术、摆臂技术和配合技术。

（一）基本姿势

弯道滑行的基本姿势是上体前倾，支撑腿的髋、膝和踝三个关节保持屈曲状态。在弯道滑行的过程中，上体始终向弯道内侧倾斜，并保持鼻与支撑腿的膝关节、前轮处于同一纵轴平面上。倾斜的幅度较大，蹬地角度为40°～50°。单臂或双臂前后自然摆动，重心以落在轮滑鞋的中部为宜。（图19-2-8）

图 19-2-8

（二）蹬地技术

弯道的蹬地技术动作与直道技术动作相比有明显的不同。由于重心的投影点始终在身体的左侧，离心力与向心力形成了平衡，使重心沿弧线方向运动，这样也就自然形成了左脚外侧轮和右脚内侧轮交替、连续、快频率地向右侧蹬地的动作。（图19-2-9）

图 19-2-9

（三）收腿技术

弯道收腿技术是弯道滑行动作的一个阶段，是指蹬地腿离开地面至将浮腿收至支撑腿侧方的某一点的过程。收腿技术在滑行的过程中可以起到放松肌肉、调节身体平衡、协调蹬地腿的蹬伸等作用。（图19-2-10）

233

图 19-2-10

（四）着地技术

弯道滑行时轮滑鞋着地的动作过程只是轮滑鞋着地的瞬间动作。着地技术由着地方向、着地时机、着地部分、着地位置等组成。着地技术在滑行中起到确定滑行方向、调节蹬地时机、协调配合蹬地动作、建立和保持身体平衡等作用。（图19-2-11）

图 19-2-11

（五）摆臂技术

弯道滑行摆臂技术的重要任务是调节身体平衡，加大蹬地力度，加快蹬伸频率，有利于在滑行的过程中使整个身体处于协调状态，对战术的发挥起到积极的作用。（图19-2-12）

弯道摆臂动作

图 19-2-12

（六）配合技术

弯道滑行的配合技术在弯道滑行过程中起着协调动作、带动动作的作用，有利于轮滑

者在滑行中节省体力，发挥各个环节的技战术意图等。

第三节　轮滑课考核评价标准

轮滑课主要对直排休闲轮滑技术进行考核评价。

一、直排休闲轮滑技术的考核内容和方法

根据直排休闲轮滑的技术特点，考核采取技术评定的方式进行。

（一）考核内容

基础滑行和花式过桩。

（二）考核方法

（1）基础滑行：在场地内连续完成直道、弯道和制动技术。

（2）花式过桩：在场地内连续完成花式过桩技术（20个桩，桩与桩的间距为80厘米）。

二、直排休闲轮滑技术评分标准

直排休闲轮滑的成绩由基础滑行技术和花式过桩技术两项成绩组成，其中基础滑行技术成绩占总成绩的60%，花式过桩技术成绩占总成绩的40%。

（1）基础滑行技术：在规定的场地内完成直道、弯道和制动技术，根据学生的身体协调情况、动作连贯情况、速度情况进行综合评分。（表19-3-1）

表 19-3-1　基础滑行技术评分标准

等级	标准
优秀 （90～100分）	技术动作准确、熟练，身体协调，动作连贯，速度较快
良好 （75～89分）	技术动作较为准确，身体协调，速度中等偏上，效果较好
及格 （60～74分）	基本完成滑行，动作不够熟练，个别技术环节存在问题
不及格 （60分以下）	不能完成滑行动作或跌倒2次以上，身体僵硬，不敢滑行

（2）花式过桩技术：在规定的距离内完成花式过桩表演，根据学生技术动作的准确性、连贯性、动作难度、过桩速度、身体姿态进行综合评分。（表19-3-2）

表 19-3-2　花式过桩技术评分标准

等级	标准
优秀 （90～100 分）	技术动作准确、连贯，动作难度大，速度快，姿态优美
良好 （75～89 分）	技术动作较为准确、连贯，速度中等，身体放松，无碰桩现象
及格 （60～74 分）	基本完成表演，动作不够熟练，难度较低，碰桩数量少于 2 个
不及格 （60 分以下）	不能完成表演，动作无难度，身体僵硬，碰桩数量超过 2 个

 思考题

1. 简述轮滑运动的锻炼价值。

2. 进行速度轮滑时，如何进行自我保护？

3. 速度轮滑的直道滑行技术包括哪些？

4. 速度轮滑的弯道滑行技术包括哪些？

第二十章

毽球运动

第一节　毽球运动概述

一、毽球运动的起源和发展

毽球运动起源于我国古代的踢毽子活动。踢毽子是我国一项流传很广，有着悠久历史的民族民间体育活动。毽球运动是一项新兴的体育项目，国家体育运动委员会（现为国家体育总局）于1984年将毽球列为全国正式比赛项目，并组织了全国毽球邀请赛。中国毽球协会于1987年成立，国际毽球联合会于1999年成立。这些年来，毽球在我国快速发展，吸引了很多人的参与。

二、毽球运动的特点和锻炼价值

（一）毽球运动的特点

1.观赏性强

毽球运动是一项竞技性强，十分吸引人的比赛项目。毽球运动以其熟练、准确、细腻的技巧，快速多变、激烈反复的对抗，吸引了众多的爱好者。因此，毽球运动具有较强的观赏性。

2.普及性强

毽球运动易于开展，活动场地可大可小，活动时间可长可短，男女老少均可参加，普及性很强。

（二）毽球运动的锻炼价值

1.提高身体素质，增强体质

毽球运动的技术以踢、触为主，可用头、脚及身体其他部位去接球，但不能用手臂接球，其打法类似于排球。经常参加毽球运动，可以提高参与者的心脏功能，增加其肺活量，锻炼其神经系统，改善其代谢能力，使参与者的协调性、柔韧性等身体素质得到全面锻炼，以达到增强体质的目的。

2. 培养团结协作的集体主义精神

毽球运动是集体比赛项目，不管是在进攻过程中还是在防守过程中，全体队员都要相互配合，齐心协力，各司其职，因此毽球运动能够培养参与者团结协作的集体主义精神和反应迅速、机智灵敏、勇敢顽强、积极果断等优良品质。

3. 增强心理素质

毽球运动的娱乐性、趣味性比较强，能够调节参与者的心态，愉悦其身心，减轻其心理压力和精神焦虑，特别是在增进人际关系方面效果明显。

4. 继承和发扬中国的传统文化

毽球运动是我国独有的民族传统体育项目之一，它同武术一样，是应该加以挖掘、整理、继承和发展的。开展毽球运动，能够展示我国民族民间体育的特色，增强民族自豪感，对继承和发扬我国优秀传统文化有促进作用。

第二节　毽球基本技术

一、准备姿势

毽球的准备姿势主要有两种形式：左右开立准备姿势和前后开立准备姿势。

（一）左右开立准备姿势

两脚左右开立，比肩略宽，两膝稍弯曲内扣，着力点在脚掌内侧，重心前倾，两臂自然弯曲于体侧。（图20-2-1）

（二）前后开立准备姿势

两脚前后开立，两脚相距一脚的距离，两膝稍屈，两臂自然弯曲于体侧。（图20-2-2）

图 20-2-1　　　　　　图 20-2-2

二、发球技术

发球技术可以分为正脚背发球、脚内侧发球、侧身脚背发球等。

（一）正脚背发球

向前方轻抛球，提收大腿，踝关节绷紧，弹踢小腿，利用脚背正面击球，将球击过球网。（图20-2-3）

图 20-2-3

（二）脚内侧发球

向身体侧前方轻抛球，髋关节、膝关节外翻，屈膝向前摆动，踝关节绷紧，用脚内侧将球击出。（图20-2-4）

图 20-2-4

（三）侧身脚背发球

向身体侧上方抛球，踢球腿提膝，以大腿带动小腿，由后向前弹踢，侧身用脚背正面击球，将球击过球网。（图20-2-5）

图 20-2-5

三、踢球技术

（一）脚内侧踢球

以右脚踢球为例，右腿大腿带动小腿向前上方摆动，用脚内侧击球。（图20-2-6）

图 20-2-6

（二）脚外侧踢球

以右脚踢球为例，右腿小腿内翻快速上抬，用脚外侧击球。（图20-2-7）

图 20-2-7

（三）正脚背踢球

以右脚踢球为例，右脚主动插入球下，利用适度的伸膝和踝关节背屈的勾脚动作用脚背把球向上踢起。（图20-2-8）

图 20-2-8

（四）胸部停球

首先判断好来球的方向和落点，屈膝降低重心，击球的瞬间伸膝挺胸，用胸部主动迎击来球。（图20-2-9）

图 20-2-9

四、攻球技术

（一）腾空前踏球

击球前，起跳腿蹬地起跳，摆动腿大腿带动小腿迅速上摆，击球的瞬间前脚掌快速下压击球。

（二）头顶球

首先判断来球的方向和落点，上体后仰，顶球时上体由后向前摆动，以腰腹和颈部的快速摆动力量用前额击球，把球攻入对方场区。

第三节 毽球基本战术

一、进攻战术

毽球的进攻战术主要采用三种阵型，即"一二"阵型、"二一"阵型和"三三"阵型。（图20-3-1）

（一）"一二"阵型

"一二"阵型配备就是在3名上场的队员中，有1名队员是主攻手，2名队员是二传队员。运用此阵型时，主攻手一般不参与接发球，2名二传队员交替接发球和担任二传。这种战术的进攻特点是分工明确、稳而不乱，尤其适用于有高大主攻手、擅长打中"一二"和2次进攻等打法。

（二）"二一"阵型

"二一"阵型配备就是在上场的3名上场队员中，有1名主攻手、1名副攻手和1名二传队员的组合。这种阵型配备，适用于有倒勾球、脚踏球攻击力较强的攻手各1名和1名传球水平较高的二传队员的队伍。

（三）"三三"阵型

"三三"阵型就是在3名上场的队员中，任何一名队员既是攻球手又是二传队员。在"三三"阵型中，场上队员的接球站位一般成倒三角形，任何一名队员在接到球后随时都可以组织2人以上同时参与进攻。这种阵型既可以打出掩护交叉战术，也可以打出快攻、背溜、双快、掩护等较复杂多变的战术。

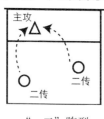 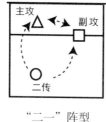 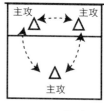

"一二"阵型　　　　　"二一"阵型　　　　　"三三"阵型

图20-3-1

二、防守战术

拦网战术是防守中的重要战术，是破坏对方进攻并组织反击的重要手段，在比赛中占有重要地位。运用拦网战术时，应根据对方进攻的不同特点决定本方的防守阵型。拦网一般分为单人拦网和双人拦网2种形式。（图20-3-2）

（一）单人拦网

单人拦网又称"一拦二防"战术，即在3名防守队员中，1名队员在网前拦网，2名队员在其身后分区防守。这种战术在对方进攻威力不太大、变化不多时采用，在拦快球时也常常被迫运用。单人拦网时，拦网队员一定要判断准确，把握好起跳时机，用身体堵防攻球点，拦住攻手主要的、威胁大的进攻路线。其余2名防守队员可在其身后平行落位防守或一前一后防守。这种防守的特点是有2道防线，网上拦网封线路，网下中场防落点，拦防结合，有利于反击。

（二）双人拦网

双人拦网又称"二拦一防"战术，即在场上的3名队员中，有2名队员在网前拦网，1名队员在场区中后区防守。当对方进攻力量较大，有多条进攻线路时可采用双人拦网。这样不论对方在哪个位置进攻，本方均有两人起跳拦网，防守队员应站在拦网队员身后中间位置，可靠前，也可靠后，得以加强保护和防守。这种"封线补防"的特点是网上强行拦网封堵线路，网下保护补空缺，拦防互补，上下配合；既可网上争先抑制对方进攻，又可网下补空，防住对方的进攻变化，变被动为主动。

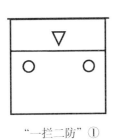
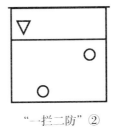
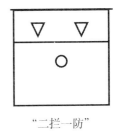

"一拦二防" ①　　　　　　"一拦二防" ②　　　　　　"二拦一防"

图 20-3-2

（三）全防守战术

全防守战术是一般球队较少采用的一种战术。在对方进攻威胁性不大，本方基本技术熟练、防守能力很强、队员脚上基本功比较过硬时可以采用，也可以不拦网。

第四节　键球主要竞赛规则

一、比赛场地和器材

键球比赛场地包括比赛场区和无障碍区，其形状为对称的长方形。比赛场区长11.88米，宽6.1米。场地中间挂网（男子比赛网高1.6米，女子比赛网高1.5米）。键球的高度为13～15厘米，重13～15克。键球由键毛、键垫等构成。4支桃红色鹅翎成十字形插在毛管内，组成键毛，每支键毛宽3.2～3.5厘米，毛管高2.5厘米；键垫直径为3.8～4厘米，厚1.3～1.5厘米。

二、竞赛规则简介

比赛时，键球不允许明显地停留在队员身体的任何部位；在本方场区最多只能有3人次共击球4次；每名队员最多可以连续击球2次。

比赛采用三局二胜制和每球得分制。不论发球权在哪一方，胜一球即得1分。一方发球失误、接发球失误或犯规，对方得1分。三人赛按每局21分计算，最高比分为29分；其他各项比赛按每局15分计算，最高比分为21分。先得21分（三人赛）或15分（双人赛、单人赛）的队胜一局。当出现20：20（三人赛）或14：14（双人赛、单人赛）时，一方领先2分胜该局。当出现28：28（三人赛）或20：20（双人赛、单人赛）时，先获得29分（三人赛）或21分（双人赛、单人赛）的一方胜该局。

球触地或障碍物，以及裁判员鸣哨间断比赛时，比赛成死球。比赛成死球后，教练员或场上队长可以请求暂停，前提是不改变场上队员的比赛位置。暂停时，场上队员不得离开比赛场区，教练员可以进行指导，但不得进入比赛场区。每局比赛每队有2次请求暂停的机会，每次暂停时间不得超过30秒。

第五节　毽球课考核评价标准

一、毽球课考核方式

（1）总成绩＝平时考核成绩×70%（平时成绩占10%；课堂实操技能占60%）＋课余时间跑步成绩×30%。

（2）平时成绩由教师根据学生的考勤、课堂表现及进步幅度评定。

（3）课堂实操技能：学生随堂项目中的表现、投入程度及小团队完成的成果占80分；个人挑战项目完成的情况占20分。

（4）课余时间跑步成绩评分标准，详见本书表14-4-4。

二、毽球技能考核评分标准

（一）单人颠球

考核方法：颠球部位不限，记录连续颠球的次数。

单人颠球次数考核评分标准见表20-5-1。

表 20-5-1　单人颠球次数考评分标准

成绩	15 次	25 次	35 次	45 次	50 次
得分	20 分	30 分	40 分	50 分	60 分

单人颠球技术评分表见表20-5-2。

表 20-5-2　单人颠球技术评分表

分数	技术要求
40 分	动作准确、熟练、协调，控球能力强
30 分	动作熟练、较协调，控球能力较强
20 分	动作较熟练，控球能力一般
10 分	动作不熟练，控球能力差

（二）三人颠球

考核方法：3人1组进行考核，轮流颠球，颠球部位不限，记录小组连续颠球的次数，每人至少3次触球。

三人颠球次数考核评分标准见表20-5-3。

表 20-5-3　三人颠球次数考核评分标准

成绩	15次	25次	35次	45次	50次
得分	20分	30分	40分	50分	60分

三人颠球技术评分表见表20-5-4。

表 20-5-4　三人颠球技术评分表

分数	技术要求
40分	动作准确、熟练、协调，控球能力强
30分	动作熟练、较协调，控球能力较强
20分	动作较熟练，控球能力一般
10分	动作不熟练，控球能力差

思考题

1. 简述毽球运动的锻炼价值。

2. 毽球的基本技术有哪些？

3. 毽球的基本战术有哪些？

4. 简述毽球的主要竞赛规则。

第二十一章　极限飞盘运动

第一节　极限飞盘运动概述

一、极限飞盘运动的起源和发展

1968年，美国新泽西州梅伯伍德地区哥伦比亚高中的校报和学生会成员乔尔·西尔弗发明了极限飞盘运动。最初，他们把这项运动称为飞盘橄榄球，每场比赛可以上场 20 ～ 30 名队员，可以持盘跑和摔抱等。随着极限飞盘运动的发展，西尔弗等人对规则进行了修改，并制定了新的防守规则，比赛变成了 7 人制。此时的极限飞盘运动强调的是休闲娱乐，参与的人员也非专业运动员，无性别限制。更重要的是，运动员在比赛中不允许有任何身体接触，并进行自我裁判。

极限飞盘运动传入我国的时间虽然不是很长，但是近些年来发展迅速，深受大学生的喜爱。2007年，第1届中国极限飞盘公开赛在天津举行。2019年，首届全国大学生极限飞盘锦标赛在厦门举行，极限飞盘运动正吸引越来越多的大学生的关注。

二、极限飞盘运动的锻炼价值

在极限飞盘运动过程中，运动者要变向跑、变速跑，要急停、急转，要投掷、跳跃，这些动作都能对运动者的身体形态、机能和运动素质起到有效的改善作用，对人的力量素质、速度素质、耐力素质、协调素质、灵敏素质等身体素质具有很好的锻炼价值，同时可以培养参与者的团队合作精神和意志品质。极限飞盘运动是一项没有裁判员、靠比赛双方自觉遵守竞赛规则并互相监督的运动项目，它要求比赛队员自律、诚实、互相尊重。这种"飞盘精神"可以促进参与者形成健康、积极的价值观念。

第二节　极限飞盘基本技术

极限飞盘基本技术主要由掷盘和接盘两大技术组成。

一、掷盘技术

（一）反手掷盘

1. 握法

拇指扣紧飞盘的正面，其余四指则扣紧飞盘的边缘，并要求食指顺着盘缘，食指第二关节刚好与飞盘的边缘卡在一起，其余三指置于盘沟。（图21-2-1）

2. 掷法

反手掷盘是极限飞盘比赛中比较常用的一种掷盘方式。传递的飞盘要尽量成水平，如果倾斜得太厉害就会造成接盘的困难。反手掷盘时，右手持盘的选手，右脚在前（左手持盘则相反），飞盘尽量保持在低位出手。掷出的飞盘要尽量旋转，以降低气流对飞盘线路的影响。（图21-2-2）

反手掷盘

反手掷盘
的远景

图 21-2-1　　　　图 21-2-2

（二）正手掷盘

1. 握法

拇指扣紧飞盘的正面，其余四指则扣紧飞盘的边缘。握住飞盘边缘的四指中的食指、中指应紧扣住飞盘内缘，而无名指、小指要扣住飞盘外缘，以便能够紧紧地握住飞盘。（图21-2-3）

2. 掷法

正手掷飞盘时，可以通过半蹲或将左腿后撤一步（右手掷盘）来降低重心，虽然这样不能快速地将飞盘掷出，但可以使掷出的盘更加有力，同时可以通过后撤一步来避开防守队员的封堵。当然，也可以不用降低重心而直接将飞盘掷出，这种情况往往可以有效地提高进攻速度，更好地把握场上战机，这种掷法力量小，一般适用于短传。（图21-2-4）

正手掷盘

正手掷盘的
远景

图 21-2-3   图 21-2-4

二、接盘技术

由于双手接盘较稳定，在所有的接盘技术中常被运用。（图21-2-5）

（一）双手夹盘

（1）五指微张，一只手在上，另一只手在下，两手合力夹住飞盘。（图21-2-6）
（2）接盘时，要主动迎接飞盘，顺势接住。

图 21-2-5   图 21-2-6

（二）双手腰上接盘

双手腰上接盘如图21-2-7所示，其技术要点如下。
（1）双手抬起，五指自然张开，四指在下，拇指在上。
（2）盯紧盘，伸手向前迎接。
（3）接盘的瞬间，五指紧扣。

（三）双手腰下接盘

双手腰下接盘如图21-2-8所示，其技术要点如下。
（1）两手抬起，五指自然张开，四指在下，拇指在上。
（2）盯紧盘，伸手向前迎接，顺势接盘。
（3）四指拖住盘，拇指扣紧。

图 21-2-7 图 21-2-8

第三节 极限飞盘基本战术

一、进攻和防守的站位与技巧

进攻和防守是组成比赛的主要因素。站位是否合理决定着进攻和防守质量的高低，因此，对于初级选手来说，掌握进攻和防守的站位与技巧是提高比赛中实战能力的关键。

（一）掷盘手的站位与技巧

掷盘手的任务是将盘合理地传给接盘手，当面对防守队员时，以一只脚为轴，向两侧迈步的幅度决定着出手的范围和传盘角度的大小。因此，掷盘手应通过上体快速的虚晃和脚下大幅度的两侧迈步来寻找传盘的机会。（图21-3-1）

图 21-3-1

1. 无防守传接盘练习
一次正手传盘，一次反手传盘；传盘时，左右上步幅度要大，尽量传低位盘。
2. 两人模仿练习
两人模仿防守与摆脱防守的掷盘练习，练习10次后互换。注意步法和站位。
3. 三人练习传接盘
一人防两名掷盘手的传接盘练习，传盘失败后进行互换，失误者进行防守。

（二）防掷盘手的站位与技巧

一般来说，防掷盘手的站位以防其反手为主，逼迫对方传正手盘，同时，其他防守队员也需注意掷盘手传出正手盘的路线，并封锁对方的传盘。另外，防掷盘手的队员要与掷盘手之间保持一盘的距离，防守时应降低重心，两臂张开，扩大防守范围。

（三）接盘手的站位与技巧

要选择好站位，同时侧身向前，用余光关注飞盘和防守队员，在活动区域摆脱防守，寻找空间，进行接应。

（四）防接盘手的站位与技巧

防接盘手的队员保持面向对方，同时降低重心，两臂张开，防止摆脱。另外，站位要守住内线，防止对方内切。听到出手的信号后，兼顾飞盘，破坏对手接盘。

二、短传

短传是极限飞盘战术的基础，也是极限飞盘初级选手必备的基本技能之一。比赛中，短传的稳定性直接决定着整体控盘的能力，同时，区域间的短传配合也是调动对方防守、打开防守空间的有力武器。比赛中，短传可以采用正手、反手和上手传盘，但多数情况下，掷盘手应传出弧线盘，这样可以防止防守队员的拦截。短传配合是控盘手经常运用的技术手段，掷盘手与控盘手之间穿插接应，通过直传、斜传、回传来进行飞盘的转移和控制，控盘手也可以通过短传配合进行两三人之间的快速推进。

（一）初学者练习短传的方法

1. 两人短传练习
两人相距 15 米左右站立，进行各项技术的传接盘练习。

2. 两人移动短传练习
两人一组进行行进间的半场短传练习，传盘时要求一人正手传盘，一人反手传盘，同时注意传盘的时机和位置，到达底线后，互换位置，继续传盘返回起点。

3. 多人传接盘练习
多人传盘练习，可以进行一人对多人的传接盘练习，也可以进行两组间的多人传接盘练习。一人对多人的传接盘练习，要求接盘队员接到盘后，迅速掷回，并返回到排尾的位置进行轮换；两组间的多人传接盘练习，要求每隔一人手持一盘，接到盘后，迅速持盘返回到排尾位置进行轮换。

（二）提高者练习短传的方法

1. 两人短传练习
已经具有稳定的传接盘技术的选手，进行两人短传练习时，持盘队员传盘到接盘队员的侧方，接盘队员接到盘后迅速传回，然后，持盘队员将盘传到接盘队员身体的另一侧。要求盘传出的落点与接盘队员的跑位正好合拍，注意把握传盘的节奏和力度。

2. 多人传盘练习

多人传盘练习要求跑前接应，接应的同时要做假定的摆脱防守，接盘队员接到盘后，迅速跑向对方的队列后进行轮换。此项练习均在移动中完成，要求传盘队员把握好传盘的时机，并且传盘要稳定、准确，接盘队员摆脱防守后的跑动要及时，接盘要迅速、稳定。

3. "捉兔子"练习

"捉兔子"一般采用五打二的练习（人数可随机），持盘队员不能传盘给相邻的队员，只能传给隔一人以上的队员。练习中，一名防守者负责防守持盘队员，另一名防守者负责封锁传盘队员的传盘路线，争取断盘。断盘后，失误的队员充当防守，里面的一名防守者替换失误队员的位置（防守者按照先后顺序进行替换），以此类推。

第四节　极限飞盘主要竞赛规则

一、场地和设备

（一）场地

正规飞盘比赛的场地为长方形，长100米，宽37米。场地两侧各有一块18米×37米的得分区域。

（二）设备

极限飞盘对材料和外形设计的要求很高，既要符合空气动力学，又要有非常好的手感，最终能可控地远距离飞行。持盘一般有正手、反手的握法，飞盘边缘的弧度和深浅决定了手持的吻合度，也决定了飞盘离手时的平稳度。盘面边缘有海德瑞克线，既有利于提高飞行的平稳性，也可以增加摩擦力。飞盘的盘面要平整，且不易变形，韧性要适中，即使变形，也能快速恢复。

二、开场

由防守方将飞盘掷向进攻方，进攻方在接盘后展开进攻。

三、得分

在己方得分区域内，接到队友的传递或截获对方的飞盘，即获得1分。

四、进攻

进攻方可向任何方向传递飞盘给队友，任何人不允许持盘跑动。掷盘者在10秒内投盘出手。

五、失误

飞盘若没能成功地传递给队友（如出界、没接住、被对方挡下），双方进行攻防转换。

六、换人

仅在得分后允许更换选手，或有选手受伤时允许双方皆更换相同人数的选手。

七、接触

选手间不应有任何身体接触，也不允许阻挡对方的跑动，有身体接触即为犯规。

八、犯规

若因移动而造成与对方的身体接触即算犯规。

九、出界

接盘后落在界外时以界外论，接盘后冲出或跌出界外算是界内。得分时亦然。

第五节　极限飞盘课考核评价标准

一、极限飞盘课的考核内容和方法

根据极限飞盘运动的特点，考核采用技术评定和技术达标相结合的方式进行。

【考核内容】双人定点传接盘和单人掷准。

【考核方法】

双人定点传接盘：在规定距离内两人进行5次对传、对接（男生相距28米，女生相距16米）。

单人掷准：站在距标志杆（两杆相距3米）15米处，每人掷盘10次，女生前移3米，计算飞盘飞过标志杆中间的次数。

二、极限飞盘课的评价标准

极限飞盘课的成绩由双人定点传接盘技术和单人掷准技术的成绩组成。

（一）双人定点传接盘技术的评价标准和得分标准

双人定点传接盘技术的评价标准和得分标准见表21-5-1和表21-5-2。

表 21-5-1　双人定点传接盘技术的评价标准

等级	标准
优秀（90～100分）	动作标准有力，手腕动作明显，传递准确，飞盘在空中能保持良好平稳的飞行姿态，能根据飞盘的飞行方向快速做出预判，轻松接住飞盘
良好（75～89分）	能较好地完成传盘动作，飞盘旋转明显，能将飞盘传递到离队友身体3～5米，较合理地接住飞盘
中等（60～74分）	基本完成传盘动作，飞盘略有晃动，准确性不强，能完成一部分接盘动作
差（60分以下）	不能完成传接盘动作，飞盘无旋转，并在空中晃动明显，传盘无方向性，对飞盘的飞行方向无预判

表 21-5-2　双人定点传接盘技术的得分标准

完成数	得分					
	100分	90分	80分	70分	60分	50分
男	10个	9个	8个	7个	6个	5个
女	10个	9个	8个	7个	6个	5个

（二）单人掷准技术的评价标准和得分标准

单人掷准技术的评价标准和得分标准见表21-5-3和表21-5-4。

表 21-5-3　单人掷准技术的评价标准

等级	标准
优秀（90～100分）	技术正确，动作协调，飞盘指向明确，命中率高
良好（75～89分）	技术正确，动作较协调，飞盘旋转明显，命中率一般
中等（60～74分）	技术不正确，动作不协调，飞盘略有晃动，命中率低
差（60分以下）	技术和动作极不规范，缺乏连贯性，飞盘基本无旋转，晃动明显，命中率较低

表 21-5-4　单人掷准技术的得分标准

完成数	得分						
	100分	90分	80分	75分	70分	60分	50分
男	9个	8个	7个	6个	5个	4个	3个
女	9个	8个	7个	6个	5个	4个	3个

思考题

1. 极限飞盘的锻炼价值包括哪些？
2. 极限飞盘的掷盘和接盘技术包括那些？
3. 极限飞盘的基本战术有哪些？
4. 简述极限飞盘的主要竞赛规则。

第二十二章 拓展训练

第一节 拓展训练概述

一、拓展训练的起源和发展

（一）拓展训练的起源

拓展训练的诞生与欧美盛行的户外拓展教育模式有直接联系。户外拓展是最早的以户外冒险为基础的教育活动，由海员求生训练演变而来，后来被越来越多的人接受，是现代户外体验式学习的雏形。在课程模式上，拓展训练参照了以户外拓展为基础发展起来的学校心理拓展训练教育模式，在模拟自然环境的情况下，降低活动风险，体验经过设计的户外活动项目，最终形成了具有中国特色的体验学习体系。

"拓展训练"一词是我国对这种体验式教育的本土化认识。拓展训练在培训领域所具有的潜在价值和良好效果得到了大众的广泛认可，在多年的发展历程中，拓展训练正如它的名字一样在不断"拓展"。如今拓展训练已由一种课程产品发展成为一种教育理念和学习模式，同时得到了教育系统的认可，并应用到许多领域，成为中国户外体验式教育的主打品牌。

（二）拓展训练在中国的发展情况

1970年，中国香港成立了香港外展训练学校，这是中国第一个加入户外拓展国际组织的专业培训机构。1999年，中国在广东省肇庆市建立了外展训练基地。

1995年，以"拓展训练"命名的体验教育模式经整合改造后进入中国内地，并在培训领域引起了前所未有的震撼。短短几年间，拓展训练的培训机构遍布全国，呈现快速增长势头。随着国内拓展训练的普及，拓展训练面向的对象范围已扩展至各行各业，参训学员从高层领导直至普通员工。很多知名公司还把这种培训课程作为员工培训的必修课。

在近几年的发展中，拓展训练的课程开始多元化，活动项目日益丰富，形式也多种多样。例如，以拓展训练经典的活动项目为主体，结合了野外活动、室内活动项目，甚至在其他培训活动、年会、旅游团体活动中穿插了拓展训练项目。

二、拓展训练的锻炼价值

学校组织学生参加拓展训练主要是为了实现学校的体育教学目标。学生通过拓展训练能够增长阅历和知识，提高自身的适应能力，尤其是按照体育课进行选课并参加学习，学习的动机和目的自然紧扣体育教学目标，即获得身心的全面发展，这是拓展训练锻炼价值的最基本体现。此外，拓展训练对学生能力的全面提升作用，在其走出校园、进入工作岗位后能够得到具体的体现。体育课上的拓展训练以体育教学手段为载体，结合"运动参与、运动技术、身体健康、心理健康、社会适应"五大教学目标，更加充分地体现了拓展训练多元化的价值和文化内涵。这些方面的锻炼价值被定义为全面适应的能力，并进一步被划分为体适能、心适能、群适能三个维度。

（一）体适能

拓展训练的体适能锻炼是指在课堂内外通过项目挑战和课外任务，对学生身体适应活动要求的能力进行锻炼，使学生能够完成拓展训练的课程任务，完成体育课的教学目标，最终获得身体健康所需要的身体适应能力的锻炼。拓展训练不以考查学生体能为目的，往往进行一些学生力所能及的活动，只是基于情境的改变，使学生的心态发生变化，从而将体能锻炼转向心理考验与体能锻炼的完美结合。

（二）心适能

拓展训练的心适能锻炼是指通过拓展训练中的特殊训练，学生可以学会用正确的心态应对项目本身和生活中相似情景的锻炼。拓展训练的心适能锻炼可以激发学生的冒险精神和挑战欲望，使其勇于面对困难和失败，积极挖掘潜能并表现出强烈的进取精神，同时表现出乐于交往、通力合作的心态。拓展训练的心适能主要包括适应力、应激力、承受力、控制力、表现力和自愈力。拓展训练能给学生提供一些具体的心适能帮助，使学生可以清楚地观察到他人的变化，同时可以感知自己的变化。

（三）群适能

拓展训练的群适能主要是指学生在拓展训练课上所体验的适应群体关系的能力。这种能力通过训练可以转化为适应团队文化的能力，最终形成适应群体生活的能力。拓展训练是在一定理论指导下进行的实践过程，强调与他人如何交流、如何沟通、如何协作等问题。拓展训练在群适能方面的锻炼价值包括建立人际信赖关系，培养团队角色认知能力、培养领导能力、团队精神和社会适应能力。

第二节　拓展训练项目

一、室内项目

（一）驿站传书

驿站传书

【项目类型】

团队协作类项目。

【场地】

操场跑道、会议室。

【器材】

笔若干根、A4纸若干张、秒表一块。

【人员要求】

10人及以上。

【项目时间】

50～60分钟。

【项目目标】

（1）了解沟通的过程和要素。

（2）体会沟通中的组织障碍及控制。

（3）认识到突破性思维的益处。

（4）善于利用规则。

（5）增强相互合作的团队精神。

【项目组织】

全队学员排成一列，每位学员相当于一个驿站。项目开始时，教师会将1组带有自然数、数学符号或大写英文字母的卡片交到最后一位学员手中，各组要把这组信息在不变的情况下以最快的速度传到排头。比赛共进行3轮，第一轮开始前，给学员6分钟的讨论时间，以指定沟通密码方式或流程制度。由教师担任裁判员，监督学员是否有违规现象，并给予相应的警告或处分，传递结束后给所有的学员5分钟的讨论时间，总结及完善传递方式以提高准确率；第二轮结束后给4分钟的时间进行总结和讨论；第三轮规则同前几轮。

【注意事项】

（1）严禁从嘴里发出任何声音。

（2）严禁扭转头至后面。

（3）后面学员的手的活动区域不能超过其前面学员的背部的横截面。

（4）前面学员的手的活动区域不能超过自己的背部的横截面。

（5）后面学员的脚的活动区域不能超过其前面学员的背部的横截面。

（6）不准传递任何物品。

（7）不得使用手机等通信工具。

（8）任何人不得移动（即不能离开自己的位置）。

（9）每传完一轮信息后，每一列的第一位学员立即举手示意，教师即会上前去收取信息，然后由第一位学员大声读出卡片上的信息，看是否与纸板上所写的内容相符。

（10）每个人在每一轮要用不同的方式传递，相当于每个人在3轮中要用3种不同的方式去一一传递（传递的时候如果学员用了在背部写字的方式，要在下一轮提醒，不管是用什么写，都是同一种方式）。

（11）总的犯规次数在3次以上就从头开始传，前一名学员只可要求后面的学员传2次。

【引导讨论】

（1）根据学生的完成情况，在恰当的时机引入心理暗示理论，提升学生的自我约束能力及创新思维能力。

（2）团队协作中建立沟通、反馈机制的重要性。

（3）制订工作方案中建立危机管理机制的必要性。

（二）七巧板

七巧板的项目形式如图22-2-1所示。

七巧板

图 22-2-1

【项目类型】

团队协作类项目。

【场地】

操场跑道、会议室。

【器材】

七巧板5套、号码5个、任务书、图卡、积分表、教具收纳袋。

【人员要求】

10人及以上。

【项目时间】

50～60分钟。

【项目目标】

（1）培养团队学员的主动沟通意识。

（2）强调团队的信息与资源共享，通过加强资源的合理配置来提高整体价值。

（3）体会团队之间加强合作的重要性，合理处理竞争关系，实现良性循环。

（4）培养市场开拓意识，更新产品创新观念。

（5）培养学员科学系统的思维方式，增强全局观念。

（6）体会不同的领导风格对团队完成任务的影响和重要作用。

【项目组织】

七巧板是最为经典的拓展训练项目之一，将全部学生平均分为7个小组，模拟团队中不同部门或者各个分支机构。通过团队完成一系列复杂的任务，体验沟通、团队合作、信息共享、资源配置、创新观念、高效思维、领导风格、科学决策等管理主题，系统整合团队。

【注意事项】

（1）在40分钟内完成所在小组的任务书上的内容。除任务书外，七巧板、图纸可以随意交换传递。

（2）要求学员不得移动椅子（凳子），以及身体不得离开所在的位置，发现1次扣10分。

（3）不准抛掷七巧板，也不准贴着地面扔，发现1次扣20分。

（4）所有七巧板和任务书只能由第7组传递。将任务写在任务书上，完成任务，会有积分，全队在规定的40分钟内，总分达到1000分，团队才算完成项目。

（5）学员组好图形后，举手示意，请教师确认图形，符合要求的，在记分表上记分。

（6）项目结束，计算各组的分数和团队总分。

（7）记分完毕，收回所有35块七巧板。

（8）回顾结束后，收回7张任务书和7张图样。

【引导讨论】

（1）规则及团队目标的重要性。

（2）个人与团队间的关系，团队中个人角色的定位。

（3）如何实现团队效益的最大化？

二、室外项目

（一）穿越电网

穿越电网的项目形式如图22-2-2所示。

穿越电网

图 22-2-2

259

【项目类型】

团队协作类项目。

【场地】

在相对开阔的地带，选择2颗主干高2米以上的树或有同样高度的其他支撑物。

【器材】

1张宽4米、长1.6米的绳网，绳网有15～20个、大小、形状各不同的网洞，最小的洞可勉强通过身材比较瘦小的学员。

【人员要求】

10～20人及以上。

【项目时间】

50分钟左右。

【项目目标】

（1）增强团队精神。

（2）体会计划和精心操作的重要性。

（3）认识每个人在团队中的角色及作用。

【项目组织】

（1）将"电网"挂在两棵树之间。

（2）将学员集中于"电网"一侧，介绍项目名称，提出活动要求。

（3）了解活动要求后，在不触动"电网"的情况下，学员开始从"电网"一侧穿越到另一侧，穿越必须在项目规定的时间内完成。

（4）要求每个网洞只能完整地使用一次，如触网必须返回，另选其他网孔，使用过的网孔则不再使用。

（5）已通过的学员不能返回另一侧帮忙。

（6）全部学生只能通过网孔穿过，从其他地方通过无效。

（7）学员在规定的时间内全部通过，视为挑战成功，有一名学员落下视为失败。

【注意事项】

（1）此项目可锻炼学员的决策和操作能力，为避免学员草率地通过，在布置完任务后要提醒学员，此活动并不简单，也许会涉及管理中的一些重要环节，因此要在精心策划之后再开始操作。

（2）根据学员人数提前留出一个或两个多余网孔，若人数太多，则可规定若干的网洞可以通过两次。

（3）教师在判罚时可采取大洞严，小洞宽的原则，根据实际情况进行判罚。

（4）如在夏季，可提醒学员穿轻便服装，女学员不要穿裙子；如在冬季衣着较厚，判罚要求可适当放宽。

（5）详细观察每个人的表现，以便进行指导。将学员托起通过时，应提醒学员注意安全，注意平稳地起放，以保证安全，在活动进行的过程中，学员如有危险的动作，教师要及时制止。

【引导讨论】

（1）在完成集体任务时，确定决策人是迈向成功的第一步。

（2）确立方案，明确分工是团队成功的关键。

（3）确立有效的团队纪律，激发学员的积极性，是团队成功的保证。

（4）有效地利用资源，有助于团队获得成功；相互协调和精心操作，可以使计划顺利实施。

（5）正确对待不同意见和挫折，可以增强团队的凝聚力。

（6）摆正个人在团队中的位置，是团队成功的基础。

【指导点评】

（1）根据学员的讨论，引导学员分析活动中的学员分工是否明确，方案是否合理，进而让学员深刻理解团队合作的重要性。

（2）根据学员的讨论，在恰当的时机引入目标设置理论，运用理论联系实际的方法，帮助学员制订科学合理的目标。

（二）信任背摔

信任背摔的项目形式如图22-2-3所示。

信任背摔

图 22-2-3

【项目类型】

个人挑战与团队协作类项目。

【场地】

在相对开阔的平整场地。

【器材】

背摔台1个、捆手布1条，长约2米的体操垫1块。

【人员要求】

10～20人及以上。

【项目时间】

80分钟左右。

【项目目标】

（1）克服心理恐惧。

（2）活跃集体气氛，增强团队的凝聚力。

（3）增强信任和理解。

【项目组织】

（1）向学员介绍项目名称和活动要求。

（2）说明活动要求后，学员轮流站在高台上，两手握于胸前，背对台下学员直立向后倒，台下全体学员保护其安全。

（3）挑选10～12名下方保护人员摆成保护姿势，保护人员一对一、面对面地排列，两臂向前平举。抬头挺胸，腰挺直，头稍微后仰防止被倒下的学员碰撞，两手叠压，掌心朝上，手背贴在对面学员的肩膀上，所有学员都成弓步站立。训练开始之前，教师应先用身体下压台下学员的手臂，让学员感受到重量，并表现出足够的支撑力。

（4）台上、台下学员口令呼应。

台上学员：准备好了吗？

台下学员：准备好了！

台上学员大声喊1、2、3之后，直挺身体向后倒下。

（5）教师站在台上，用捆手布将台上学员的手捆住后，用手抓住捆手布，从捆上布条至喊完口号前，教师必须用手握住布条，以防止学员突然倒下，教师站在学员的身侧，在提醒台下学员注意后，开始让所有学员按照顺序完成该项目。

【注意事项】

（1）全体学员摘去手表、胸针、发卡、眼镜等可能造成伤害的物品。

（2）第一位背摔者可由学员主动报名，确定一位体重较轻的人进行第一次背摔。体重较重的人应放在中间进行，并可适当增加保护人数。

（3）有心脑血管病、高血压及严重腰伤者不能参加该项目。

（4）要保证背摔台的四角稳固、结实。

（5）要注意台面木板是否结实。

（6）防止台上学员倒下时将教师同时拉下。

（7）教师在台上后移时，注意防止摔下。

（8）教师要检查背摔者身上是否有硬物等危险物品。

（9）台上学员和台下学员未经口令呼应，不得操作。

（10）下方保护学员接到上方倒下学员后不得将其抛起。

（11）禁止将接住的学员顺势平放在地上。

【引导讨论】

（1）突破心理障碍瞬间的感受和挑战自我的意义。

（2）通过对比"看"与"做"之间的心理差别，体会换位思考和相互理解。

（3）体会相互信任的重要性。

（4）有些事情未能做或未能做好，不是能力不行，而是心理不行，心理素质是可以通过锻炼提高的。

（5）不是不能做，而是不敢做，这不是个人能力问题，是心理问题。

（6）"心理保护层"厚的人，其潜在能力很难发挥出来。

（7）不断突破"心理保护层"是成功的关键。

（8）要勇敢迈出第一步，并不断地突破自己。

【指导点评】

（1）采用合作学习法，使每个学员都能获得成功的体验。

（2）根据学员的讨论及作业，在恰当的时机引入心理暗示理论，运用理论联系实际的方法，帮助学员学会运用积极的心理暗示语。

（3）此项目对受训者的心理承受能力和团队协作能力是一次极大的考验，可帮助学员克服心理障碍，使其相信团队的力量。

（三）动感颠球

动感颠球

【项目类型】

团队协作类项目。

【场地】

在相对开阔的平整场地。

【器材】

鼓3个、秒表1块、笔1支、排球3个。

【人员要求】

10～20人。

【项目时间】

60分钟左右。

【项目目标】

（1）认识团队发展的四阶段（形成期、动荡期、规范期和高效期），并认真反思每个学员在团队发展的不同阶段应该怎么做。

（2）要学会感谢对手，他可以给你很大的刺激，促使你有更好的表现。

（3）当团队处在一直低迷的状态时，大家要放下包袱，抱着"不抛弃、不放弃、不抱怨"的心态来挑战，同时团队中要有很多人扮演鼓舞者，在每个时期都有大家的鼓励，比如"稳住""不要激动"的鼓励。

（4）专注于目标，学习要全身心地投入，唯有如此才可能突破自我，取得意想不到的成就。

（5）思考无论是个人还是团队从胜利中走向更高的胜利的代价要远远小于从失败到成功的转变代价。

【项目组织】

（1）集合学生，介绍项目名称和活动要求。

（2）每组学员持一面鼓和一个排球。

（3）每名学员最少拉住一根绳，可以有一名学员专门放球。

（4）在全队学员的共同配合下使鼓面保持平衡，手必须握住绳套部位，要求在鼓不落地、球不落地的情况下将球在鼓面上连续颠动，颠动次数最多的胜出。

【注意事项】

（1）所有的绳子都由学员拉起，防止其落在地上绊倒学员。

（2）确保有足够大的场地，活动前应检查地面，确保地上无石头、木棍等硬物。

（3）学员应穿运动鞋参加活动。

（4）此项目是一个难度较大的游戏，对学员的整体协作能力要求较高，需要大家在短时间内制订出达到目标的方案，并在执行过程中协调一致。

（5）实际操作时，难免会遭遇球落地等失败的情况。这就要求学员们在认真负责的同时能够沉下心来，承受得住失败的挫折，越挫越勇，持之以恒，最终成功地完成任务。

【引导讨论】

（1）项目操作前的愿景计划。

（2）对比"计划"和"操作"之间的心理差别，以及面对困难的态度。

（3）体会队友之间相互包容、相互信任的重要性。

（4）有些事情未能做或未能做好，并不是能力不行，而是心理素质较弱。心理素质是可以通过训练加强的。

（5）团队如何协调、改进协作方式，如何维持团队平衡。

（6）目标、计划、跟进、人员、抓住重点和把握细节。

【指导点评】

（1）目标分解与激励人心。目标分解是团队战略层面的问题，战略制定的正确与否直接决定了目标是否能实现。正确的目标分解保证了执行不走样，促进总体目标的实现；既有挑战性，又有可执行性的目标分解，加上及时、适时的表扬和鼓励，一方面激起学员的成就感，另一方面鼓舞队友的士气。

（2）合理分工，扬长避短。打造一支高效运转的协作团队，让每个人在团队中充分发挥作用，有效执行。

（3）锲而不舍，关注成就。帮助组织和队友在面临艰巨的任务或困难时保持良好的心态，迎难而上，执行到位。

（四）交通堵塞

交通堵塞的项目形式如图22-2-4所示。

交通堵塞

图 22-2-4

【项目类型】

团队协作类项目。

【场地】

在相对开阔的平整场地。

【器材】

粉笔1盒、秒表1块、笔1支。

【人员要求】

10～20人。

【项目时间】

50分钟左右。

【项目目标】

（1）确立核心领导的必要性。

（2）严格的执行力是保证项目成功的关键。

（3）体会在缺乏有效沟通的条件下，不能进行有效的领导。

（4）当团队处在低迷的状态时，大家要放下心理负担，抱着"不抛弃、不放弃、不抱怨"的心态来挑战。

（5）高效自律、自觉自发的状态是团队实现利益最大化的关键。

（6）注重对细节的把握，细节决定成败。

（7）体验到个人和团队的高峰体验，更加信任自己的集体。

【项目组织】

（1）教师布置场地。

（2）将队伍平分成两组，面对面站成两路纵队，每人占一个方格，两队当中空一格。

（3）一个空格只能站一个人。

（4）移动时，只能走进自己相邻的空格，或者隔着一个人跨入旁边一个空格。

（5）整个过程中只能前进，不能后退。

（6）最终完成两组学员的整体换位，即第一组的排头学员最终移动到第二组的排尾学员所站的方格里，依此类推；同时，第二组的排头学员最终移动到原来第一组排尾学员所站的方格里，依此类推。

（7）项目结束、回顾、总结与分享。

【注意事项】

（1）注意空格数只能比总人数多一个。

（2）允许使用图纸等物品进行试验。

（3）过人跨格时，注意安全。

【引导讨论】

（1）领导型人物是怎样产生并被大家接受的?

（2）在这个项目中，解出排列方案的学员未必具有领导能力，领导与高智商职员之间的关系需要如何处理?

【指导点评】

（1）培养决策和统筹意识，增强相互合作的团队精神。

（2）目标分解是团队战略层面的问题，战略制定的正确与否直接决定了目标是否能实现，正确的目标分解保证了执行不走样，促进总体目标的实现。

（3）感受个人及团队态度对执行力的影响，体会态度决定一切。在困难面前，要锲而不舍，帮助组织和队友在面临艰巨的任务或困难时保持良好的心态、迎难而上，执行到位。

（4）感受团队决策的贯彻和执行能力。

第三节　拓展训练课考核评价标准

拓展训练课的总成绩由平时考核成绩和课外跑步成绩组成。

（1）总成绩＝平时考核成绩×70%（个人课堂表现占10%；实训考核成绩占60%）＋课外跑步成绩×30%（表22-3-1）。

（2）个人课堂表现由教师根据学生考勤、课堂表现及进步幅度评定。

（3）实训考核：学生拓展训练项目中的随堂表现、投入程度及小团队完成的成果。

（4）评分标准：根据学生的总成绩采用等级赋分制，即以优秀（A）、良好（B）、中等（C）、及格（D）、不及格（E）记录成绩。

表 22-3-1　课外跑步评分对照表

得分	计算依据	100 分	90 分	80 分	70 分	60 分	0 分
跑步锻炼次数	3次/周×17周	≥50 次	45～49 次	40～44 次	35～39 次	30～34 次	≤29 次

？思考题

1. 简述拓展训练的锻炼价值。

2. 总结你在七巧板项目中的收获。

3. 总结你在信任背摔项目中的收获。

4. 总结你在交通堵塞项目中的收获。

第二十三章

综合训练课

第一节　综合训练课概述

一、综合训练课的目标

身体素质是一个人体质的外在表现，一般是指人体在活动中所表现出来的力量素质、耐力素质、速度素质、柔韧素质、灵敏素质等身体素质。一个人的身体素质与先天遗传有关，也与后天的营养和体育锻炼关系密切。进行正确和适当的体育锻炼，可以从各个方面提高身体素质。

综合训练课主要是使学生通过掌握100米跑和小杠铃挺举的动作要领和练习方法，提高学生的身体素质，使学生养成良好的锻炼习惯，为终身体育打好基础。

二、综合训练课提高的各项身体素质

（一）力量素质

1. 力量素质的概念

力量素质是指肌肉抵抗阻力的能力。不同的锻炼方法可以产生不同的肌肉锻炼效果。肌肉力量不足者应该注重肌肉力量的锻炼。对于青少年来说，锻炼肌肉力量可促进身体的健康发展，并使其形体更加完美。一般来说，负重抗阻练习是增强肌肉力量的基本手段。

2. 力量素质的锻炼方法

（1）确定最大负荷的百分比。力量练习的负荷是影响力量练习效果的重要因素。锻炼者应根据自身状态来确定力量练习的负荷。练习负荷一般以最大负荷的百分比表示。最大负荷用RM表示，即进行抗阻负荷练习时，一次连续性地对该负荷量的最大重复次数的阻力负荷量。通常以RM的70%为最大限度负荷。

（2）渐增阻力原则。在多次重复练习中，由于肌肉力量的增加，原来的超负荷训练逐渐转变为低负荷训练。这时为使肌肉力量继续增加，锻炼者就需要逐渐增加负荷。

（3）根据肌肉力量增长状态调整最大负荷。在锻炼过程中，肌肉会逐步对刺激产生适应，因此，锻炼者每周要对最大负荷进行2次以上的效能性调整。

（4）合理顺序原则。为了取得锻炼的最佳生理效果，锻炼者应以从大肌肉群到小肌肉群为序安排锻炼，即大肌肉群锻炼在前，小肌肉群锻炼在后。

（5）合理选择锻炼肌肉力量的时机。以健身为目的的力量锻炼，锻炼者应先进行准备活动，在身体发热后再开始；若想增加肌肉的生理面积，则锻炼者应在完成有氧运动之后进行力量锻炼。

3. 发展力量素质的注意事项

（1）进行力量练习时，要全神贯注，注意安全。

（2）紧密结合专项特点安排力量训练，注意正确的技术动作规格。

（二）速度素质

1. 速度素质的概念

速度素质是人体进行快速移动的一种能力，从表现形式上可分为反应速度、动作速度、位移速度。

2. 反应速度的锻炼方法

反应速度是机体对各种信号刺激的快速应答能力。利用一切信号让练习者迅速做出相应的反应动作是最常见的锻炼方法。

3. 动作速度的锻炼方法

动作速度是机体快速完成某一动作的能力。提高动作速度的锻炼方法如下。

（1）降低练习难度，增加助力，如顺风跑、下坡跑等。

（2）提高练习难度，如跳高前的负重跳、推标准铅球前做加重铅球练习，紧接着做跳高或推标准铅球的练习。

（3）时限法，如按照一定的音乐节拍或跟随在动作节奏快的人后面跑步，以改变自己的动作节奏和速度。

4. 位移速度的锻炼方法

位移速度是周期运动中单位时间内人体快速移动的能力。提高位移速度的方法如下。

（1）最大速度跑，如短距离重复跑、接力赛跑等。进行此类练习时，每次练习一般控制在30秒以内，每次间歇的时间可稍长。

（2）加快动作频率的练习，如快频率的小步跑、计时且计数的高抬腿跑、快速摆臂练习等。

（3）发展下肢的爆发力，如负重跳、单脚跳、跨跳等。

5. 发展速度素质的注意事项

（1）注意合理安排速度素质练习的顺序和时间。

（2）注意以发展力量和柔韧素质等来促进速度素质。

（3）发展速度素质应重视对肌肉的放松。

（三）耐力素质

1. 耐力素质的概念

耐力素质是指机体在一定时间内保持特定强度负荷或动作质量的能力。耐力素质是人体最重要的身体素质之一，分为有氧耐力和无氧耐力。

2. 有氧耐力的锻炼

有氧耐力的负荷强度一般为心率控制在140 ～ 170 次 / 分，即锻炼者所能承受最大强度的75% ～ 85%。如果负荷强度太低，心率在140 次 / 分以下，则心输出量达不到较大值，同时吸进的氧气也较少；如果负荷强度太高，心率高于170次/分，机体就会产生氧债，不利于有氧耐力的提高。有氧耐力锻炼的持续时间一般不低于30分钟。

3. 无氧耐力的锻炼

为了保持快速跑的能力，要多进行无氧耐力锻炼。无氧耐力锻炼对提高短距离跑（如100米跑、200米跑、400米跑等）的能力有显著效果。锻炼者在进行无氧耐力锻炼时，运动强度较大，应重视医务监督。

4. 发展耐力素质的注意事项

（1）注意耐力练习的时间和强度。

（2）要增强身体小肌肉群的练习方法。

（3）耐力练习后要加强放松活动。

（四）柔韧素质

1. 柔韧素质的概念

柔韧素质是指人的各个关节在不同方向上的活动幅度，以及肌肉、韧带的弹性和伸展能力，即身体各关节的整体灵活性。

2. 柔韧素质的锻炼方法

（1）动力拉伸法。动力拉伸法是指有节奏地多次重复同一动作的拉伸方法，通过与关节有关联的肌肉的收缩或伸展来提高关节的灵活性。在肌肉拉长度相同的情况下，动力性拉伸的肌肉张力比静力拉伸大2倍以上。肢体的摆动、绕环等都属于动力性拉伸练习。这类练习不适合锻炼小肌肉群或韧带，如颈部肌肉、踝部肌肉等。

（2）静力拉伸法。静力拉伸法是指通过缓慢的拉伸，将肌肉、肌腱、韧带等软组织拉长，并停留一定时间的练习方法。静力性拉伸练习一般不会超过肌肉、韧带所能承受的伸展限度，能使人有意识地逐步放松拮抗肌，有效地避免拉伤，适合对各关节的肌肉和韧带进行锻炼。

（3）主动拉伸法。采用主动拉伸法练习，用力大小易于掌握，适合锻炼人体的各肌肉群和韧带。

（4）被动拉伸法。被动拉伸法是依靠外力的作用促使关节灵活性提高的方法，主要采用加大动作幅度、拉长肌肉和韧带的练习形式，如压腿、压臂等。被动拉伸法练习必须依靠其他人或外力的作用，是主要针对大肌肉群的一种有效的锻炼方法，但应避免用力不当，否则易造成拉伤。

在练习过程中，通常把动力拉伸法与静力拉伸法、主动拉伸法与被动拉伸法结合起来运用，根据不同关节活动范围的需要来确定发展柔韧素质和保持柔韧素质练习的重复次数。例如，在拉伸大腿后侧肌群时，可以先自己拉伸，当感觉酸痛想放弃时，再请同伴施加助力，这样能更好地发展柔韧素质。将多种练习方法结合起来运用，能明显减少一些较激烈的对抗运动给身体造成的损伤，适合运动前热身、锻炼后的整理放松和损伤后的康复训练。

（五）灵敏素质

1. 灵敏素质的概念

灵敏素质是指人体在复杂的条件下，快速、准确、协调地变换身体姿势和运动方向，以及随机应变的能力，它与人的速度、力量、疲劳程度、神经类型等因素有关。

2. 灵敏素质的锻炼方法

（1）持续时间以20秒内为佳。灵敏素质需要通过最快速度来表现，因此，灵敏素质的练习持续时间不宜过长，以维持最高的动作强度。

（2）要不断地改变方向。体现灵敏素质的动作包含起动、急停和迅速改变方向三个过程。因此，在锻炼方法的设计中，应将改变方向作为其中一个极为重要的因素。如果缺乏此因素，锻炼就会趋向于速度锻炼，无法锻炼灵敏素质。

（3）要反复地练习。反复进行练习，不但可以缩短反应的时间，而且可以促进神经、肌肉的协调，使动作更加流畅。

（4）避免在疲劳的情况下进行锻炼。体现灵敏素质的动作过程要求维持最高的强度，疲劳时不但锻炼效果不佳，而且容易导致运动损伤。因此，要避免在疲劳的情况下进行灵敏素质的锻炼。

3. 发展灵敏素质的注意事项

（1）练习方法、手段应多样化，并经常改变。

（2）消除练习者的紧张心理状态。

（3）要有足够的间歇时间。

第二节　综合训练课的主要内容

一、100 米跑

（一）起跑

短跑比赛运动员必须采用蹲踞式起跑，必须使用起跑器，要按发令员的口令完成起跑动作。起跑器的安装方式主要有普通式和拉长式2种。运动员应根据个人的身高、体形、身体素质、技术水平等来选择起跑器的安装方式。

普通式：前起跑器距起跑线约一脚半长，后起跑器距前起跑器约一脚半长。前、后起跑器的抵足板与地面夹角分别为40°～45°和70°～80°，两起跑器的左右间隔约为15厘米。

拉长式：前起跑器距起跑线约两脚长，后起跑器距前起跑器约一脚长。起跑器的抵足板与地面的夹角及两起跑器的左右间隔与普通式基本相同。

起跑技术过程包括听到"各就位"口令后、听到"预备"口令后和听到枪声后三个阶段。

听到"各就位"口令后，运动员走到起跑器前，俯身，两手撑地，两脚依次蹬在前、后起跑器的抵足板上，脚尖应触及地面，后腿膝关节跪地；接着两臂收回到起跑线后撑地，两臂伸直，两手间的距离比肩稍宽，四指并拢，并与拇指成八字形，颈部自然放松，注意听"预备"口令。

听到"预备"口令后，运动员逐渐抬起臀部，臀部要稍高于肩部，重心适当向前上方移动，肩部稍超出起跑线，重心落在两臂和前腿之间。两脚紧贴起跑器的抵足板，集中注意力听枪声。

听到枪声后，运动员两手迅速推离地面，两臂屈肘做积极有力的前后摆动，同时两脚快速用力后蹬起跑器。在后脚快速蹬离起跑器后，前腿迅速屈膝向前上方摆出，前脚快速有力地蹬伸。

（二）起跑后的加速跑

起跑后的加速跑是从蹬离起跑器到途中跑之间的一个跑段，一般为30米左右。其目的是尽快加速以达到自己的最高速度。

起跑后的第一步约为三脚半长，第二步为四脚至四脚半长，之后逐渐增大步长，直至达到途中跑的步长。脚蹬离起跑器后，身体处于较大的前倾姿势，为了避免身体向前摔倒，要积极加快腿的蹬伸与臂的摆动，以保持身体的平衡。最初几步，两脚着地点并非在一条直线上，随着速度的加快，两脚内侧着地点逐渐趋于一条直线。

（三）途中跑

途中跑在整个短跑中是距离最长的，主要任务是继续保持较长距离的最高速度。途中跑的动作特点是前脚掌落在重心投影点的稍前面，脚触地后膝关节微屈，脚跟下沉，使重心很快地移过垂直面，接着后腿同侧的髋关节、膝关节、踝关节依次迅速伸展，完成快速有力的后蹬。后蹬的角度约为50°，后蹬方向要正。随着脚的落地动作，摆动腿的大腿迅速前摆，小腿随惯性折叠。蹬地脚蹬地时，摆动腿大腿积极向前上方摆动，并把同侧髋关节带起。落地前，大腿要迅速积极地下压，这时由于惯性，小腿自然前伸，接着前脚掌迅速且有弹性地向下、向后做扒地动作。

途中跑时，头要正对前方，两眼要向前平视，上体保持正直或微前倾。以肩关节为轴，两臂轻松有力地前后摆动。前摆时，手不超过身体中线和下颌，上臂与前臂之间所成的角度约为90°；后摆时，肘关节要稍微向外。摆臂动作应以自然协调为原则。

（四）终点跑

终点跑是全程跑的最后一个跑段。运动员在离终点线15～20米时，尽力加快两臂摆动的速度，加大摆臂的力量。当离终点线一步距离时，上体急速前倾，用胸部或肩部压向终点线。跑过终点后，逐渐减速。

二、小杠铃挺举

（1）准备活动。准备活动主要有慢跑、扩胸运动、腹背运动、全身运动、正压腿、左垫跳和右垫跳等。

（2）动作要领。两脚左右开立，与肩同宽，可以进行左右的开合跳，还可以进行前后的垫跳。正握小杠铃，两手与肩同宽。手臂、手腕向前上方挺举，肘关节伸直，随后下放于锁骨窝处。

第一次练习：徒手练习，练习6组，每组20次；负重10千克，练习3组，每组10次；负重20千克，练习3组，每组10次。

第二次练习：徒手练习，练习6组，每组20次；负重10千克，练习2组，每组10次；负重15千克，练习2组，每组10次；负重20千克，练习2组，每组20次。

第三次练习：徒手练习，练习3组，每组20次；负重20千克，练习2组，每组20次；负重

20千克，练习2组，每组30次。

（3）整理活动。操场慢跑；韧带拉伸10分钟。

第三节　综合训练课考核评价标准

综合训练课的考核主要采用等级制进行评价，分为优秀、良好、及格和不及格。

一、100米跑考核评价标准

（1）优秀：（男）13秒1至13秒7；（女）16秒4至17秒。

（2）良好：（男）13秒8至14秒3；（女）17秒1至17秒6。

（3）及格：14秒4至15秒5；（女）17秒7至18秒8。

（4）不及格：15秒5以上；18秒8以上。

二、小杠铃挺举考核评价标准

男生小杠铃负重为20千克，女生为15千克。

（1）优秀：（男）43个以上；（女）34个以上。

（2）良好：（男）35~42个；（女）28~33个。

（3）及格：（男）30~34个；（女）24~27个。

（4）不及格：（男）29个及以下；（女）23个及以下。

思考题

1. 综合训练课提高的身体素质有哪些？

2. 100米跑中的途中跑的动作要领是什么？

3. 简述小杠铃挺举的动作要领？

4. 总结自己在综合训练课中得到了哪些提升？

参考文献

[1] 大学体育与健康教程编委会.大学体育与健康教程（上）理论知识[M].北京：北京体育大学出版社，2005.

[2] 赵斌，张钧，刘晓莉.体育保健学[M].6版.北京：高等教育出版社，2018.

[3] 常智，刘岩，何志强.新编大学体育与健康[M].2版.北京：南开大学出版社，2017.

[4] 中国足球协会.足球竞赛规则（2020/2021）[M].北京：人民体育出版社，2020.

[5] 孙民治.球类运动——篮球[M].3版.北京：高等教育出版社，2001.

[6] 陶志翔.网球运动教程[M].北京：北京体育大学出版社，2007.

[7] 虞重干.排球运动教程[M].北京：人民体育出版社，2009.

[8] 中国羽毛球协会.羽毛球竞赛规则（2020）[M].北京：北京体育大学出版社，2020.

[9] 马鸿韬.健美操运动教程[M].北京：北京体育大学出版社，2007.

[10] 郑旭旭.中国武术导论[M].北京：高等教育出版社，2010.

[11] 寿文华，魏纯镭，荣丽.体育舞蹈[M].北京：北京体育大学出版社，2007.

[12] 中国网球协会.网球竞赛规则（2018）[M].北京：人民体育出版社，2018.

[13] 中国排球协会.排球竞赛规则（2017—2020）[M].北京：人民体育出版社，2017.

[14] 中国乒乓球协会.乒乓球竞赛规则（2016）[M].北京：人民体育出版社，2017.

[15] 田佳.运动创伤学[M].北京：北京体育大学出版社，2017.

[16] 网球运动教程编写组.网球运动教程[M].北京：北京体育大学出版社，2016.

[17] 邬建卫等.中国传统运动养生学[M].北京：北京体育大学出版社，2010.

[18] 石大玲，梁军，李春君.大学体育立体化教程[M].北京：北京体育大学出版社，2020.

[19] 史冬博.大学体育[M].北京：北京体育大学出版社，2020.

[20] 史文清，苏庆永，马卫东.现代大学体育信息化教程[M].北京：北京体育大学出版社，2020.

[21] 中国篮球协会.篮球规则（2020）[M].北京：北京体育大学出版社，2020.